公共文化服务的理论与实践

曹爱军　杨　平　著

科学出版社
北　京

内 容 简 介

发展公益性文化事业是服务型政府履行政府职能、实现民主行政的内在要求，是维护和保障公民文化权益、满足多元文化需求的必然选择，是弘扬社会主义先进文化、构建和谐社会的本质要求。本书着眼于以人为本和经济社会协调发展的目标，阐述了论题的时代背景和理论背景，对公共文化服务的相关范畴和理论问题作了梳理和整合研究；着重从基础制度的建构和创新方面，对公共文化服务均等化发展的基础平台进行了研究；并以甘肃农村公共文化服务发展状况为例，论述了新农村公共文化建设的宏观思路、制度设计和模式选择。

本书适合公共管理等专业的学生和研究人员使用，也适合政府机构和文化系统的工作人员阅读参考。

图书在版编目(CIP)数据

公共文化服务的理论与实践/曹爱军，杨平著．—北京：科学出版社，2011
ISBN 978-7-03-030312-7

Ⅰ.①公… Ⅱ.①曹…②杨… Ⅲ.①农村-文化事业-建设-研究-中国
Ⅳ.①G12

中国版本图书馆 CIP 数据核字(2011)第 024097 号

责任编辑：徐 蕊/责任校对：李 影
责任印制：张 伟/封面设计：耕者设计工作室

科 学 出 版 社 出版
北京东黄城根北街 16 号
邮政编码：100717
http://www.sciencep.com
北京厚诚则铭印刷科技有限公司 印刷
科学出版社发行 各地新华书店经销
*
2011 年 4 月第 一 版 开本：B5（720×1000）
2024 年 1 月第五次印刷 印张：14 1/4
字数：280 000

定价：82.00 元

（如有印装质量问题，我社负责调换）

序　言

公共文化是社会主义先进文化的重要组成部分，是人类精神文明实践的重要形式，是推动先进生产力发展的重要因素。公共文化服务作为现时语境下一项理论与实践并进的研究课题，正处于迅速的发展中。

党的十六大以来，党和政府对公共文化服务发展给予高度关注。十六大报告指出："发展各类文化事业和文化产业都要贯彻发展先进文化的要求，始终把社会效益放在首位。国家支持和保障文化公益事业，并鼓励他们增强自身发展活力。"十六届三中全会通过的《中共中央关于完善社会主义市场经济体制若干问题的决定》提出了以人为本，全面、协调、可持续的科学发展观，突出了文化建设在三个文明协调发展中的基础性和战略性地位。这一决定还明确了文化体制改革的总目标，提出了文化事业和文化产业的改革方向与目标。党的十六届四中全会把提高建设社会主义先进文化的能力，作为提高党执政能力的一个重要内容，全会通过的《中共中央关于加强党的执政能力建设的决定》提出，要"深化文化体制改革，解放和发展文化生产力。根据社会主义精神文明建设的特点和规律，适应社会主义市场经济的要求，进一步革除制约文化发展的体制性障碍……以体制机制创新为重点，增强微观活力，健全文化市场体系，依法加强管理，促进文化事业全面繁荣和文化产业快速发展，增强我国文化的总体实力"。党的十六届六中全会审议通过的《中共中央关于构建社会主义和谐社会若干重大问题的决定》，提出了"加快发展文化事业和文化产业，满足人民群众文化需求。……加强公益性文化设施建设，鼓励社会力量捐助和兴办公益性文化事业，加快建立覆盖全社会的公共文化服务体系"。

国家"十一五"时期文化发展规划纲要，清晰地阐述了公共文化服务发展的指导思想，即"以马克思列宁主义、毛泽东思想、邓小平理论和'三个代表'重要思想为指导，以科学发展观为统领，牢牢把握社会主义先进文化的前进方向，紧紧围绕实现全面建设小康社会宏伟目标和构建社会主义和谐社会的要求，弘扬以爱国主义为核心的民族精神和以改革创新为核心的时代精神，树立新的文化发展观，解放思想、实事求是、与时俱进、开拓创新，发展面向现代化、面向世界、面向未来的民族的科学的大众的社会主义文化，不断满足人民群众日益增长的精神文化需求，努力培育有理想、有道德、有文化、有纪律的社会主义公民，提高全民族的思想道德和科学文化素质，促进人的全面发展和社会全面进步"。《纲要》明确了"十一五"时期我国文化发展的总体目标，即"完成'十一五'

时期全面建设小康社会赋予文化建设的任务，文化为人民服务、为社会主义服务的能力显著增强，为经济发展、政治稳定和社会进步提供强有力的思想保证、精神动力和智力支持；文化的创新能力和整体实力明显提高，文化产品更加丰富，更好地保障和满足人民群众的基本文化需求，促进城乡和区域之间文化的共同发展；中华文化在世界上的影响力不断扩大，文化在综合国力竞争中的地位和作用日益突出，文化发展的水平与我国的经济实力、国际地位相适应”。

在党的十七大报告中，胡锦涛总书记明确提出，要推动社会主义文化大发展、大繁荣，激发全民族文化创造力，提高国家文化软实力。党的十七届五中全会指出，要着力保障和改善民生，逐步完善符合国情、比较完整、覆盖城乡、可持续的基本公共服务体系，提高政府保障能力，推进基本公共服务均等化。全会提出，文化是一个民族的精神和灵魂，是国家发展和民族振兴的强大力量。要推动文化大发展大繁荣、提升国家文化软实力，坚持社会主义先进文化前进方向，提高全民族文明素质，推进文化创新，深化文化体制改革，增强文化发展活力，繁荣发展文化事业和文化产业，满足人民群众不断增长的精神文化需求，基本建成公共文化服务体系，推动文化产业成为国民经济支柱性产业，充分发挥文化引导社会、教育人民、推动发展的功能，建设中华民族共有精神家园，增强民族凝聚力和创造力。

党的十六大以来，党和政府对公共文化服务发展给予的高度关注，体现了党对当今时代发展趋势和我国文化发展方位的科学把握，体现了新的历史条件下党高度的文化自觉。

实践上，自 2003 年开始搞改革试点以来，各地政府开始重视文化建设。例如，青岛市在建立公共文化服务的长效机制方面、发展农村公共文化方面、建立公共文化服务指标体系方面进行了富有成效的实践，并取得了诸如“公益项目推介会”等影响全国的优秀经验。宁波市在采取市场化的方式满足多样化需求方面获得成功。深圳市则在构建公共文化服务方面取得了宝贵的成功经验。2006 年 4 月 26～27 日，深圳举行了“构建公共文化服务理论研讨会”，主要讨论了建立公共文化服务过程中政府职能的转变、体制改革、文化经营模式、公民文化权利、农村公共文化服务的建立等问题。进入 21 世纪，甘肃省委、省政府高度重视文化建设，2002 年召开了全省文化工作会议，初步提出了建设特色文化大省的目标，并印发了《甘肃省特色文化大省建设规划纲要》，为文化建设绘制了蓝图；2006 年，甘肃省被国家列为全国文化体制改革试点地区，同年 6 月 7 日，甘肃省委文化体制改革工作领导小组第一次会议召开，会上指出要坚持以体制机制创新为重点，在重塑文化市场主体、完善文化市场体系、改善宏观管理、加快转变政府职能等关键环节实现新突破；2010 年 5 月，国务院办公厅发布了《关于进一步支持甘肃经济社会发展的若干意见》，确定了甘肃“建设文化大省”的目标，为甘肃省文化事业和文化产业的发展奠定了坚实基础。2010 年 11 月，文化部又印发了《关于进一步支持甘肃文化建设的意见》。该意见是文化部贯彻落实“国扶 47 条”的重大举措，提出了支持甘肃文化建设的 11 条措施，涵盖了甘肃省文化建设的方方面面。

改革开放 30 年是中国社会快速发展和全面转型期，经济、社会变迁的过程必然伴随着传统文化的扬弃、社会主义新文化的孕育和形成。在这一社会转型及构建社会主义和谐社会的历史时期，坚持文化秩序建构的社会主义方向，全面推进具有全民性和健康文化价值导向性的公益性文化发展是必然的选择。

推进公共文化服务发展，是保障公民的基本文化权利、回应公民的文化需求的基本要求。文化权利与经济权利、政治权利是当今社会人的三大权利，也是公共文化服务的基本诉求。在三大权利中，经济权利是基础，政治权利是保证，文化权利是目标。公共文化服务主要是满足全社会成员的基本文化需求，而基本文化需求则是人在其生存和发展过程中所衍生出的对文化的需求，这一需求在相同的社会发展阶段中与个体需求的取向是基本一致的，它是个体的人在其社会存在中所应享有的最基本的文化权利。从社会发展的角度，一个国家、民族在其社会的发展过程中，必须首先考虑其成员基本的生存状况，达到一定的生存状况的文化需求，保证其基本的文化权益，在此基础上，进一步考虑国家安全、民族传统、文化形象等问题，才能保持社会的稳定与和谐。保证人民基本的文化权益是对一个健康、文明的社会的基本要求，也是一个国家、民族的文化形象和民族传统继承和弘扬之所必需。

推进公共文化服务发展，是坚持文化发展的正确方向、弘扬社会主义先进文化的本质要求。目前，我国正处于体制转轨和社会转型的双重变革时期，社会生活的方方面面正经历着激烈的碰撞。在这一社会历史时期，各种不同性质和类型的文化鱼目混杂、粉墨登场，一时之间我国文化市场“硝烟弥漫”，主流文化与世俗文化、先进文化与腐朽文化、民族文化与外来文化并存共生，如果不弘扬社会主义文化主旋律，及时引导先进文化去占领文化阵地，腐朽文化就会兴风作浪，使我国社会主义事业陷入困境。弘扬社会主义先进文化，是公共文化服务承担社会服务功能的基本价值导向：通过公共文化服务，传播马克思主义的基本理论、观点和方法，树立正确的世界观、人生观、价值观，确立科学的发展观，承担着用马克思主义理论统领社会主义现代化建设各项事业的功能；弘扬社会主义先进文化、民族优秀文化与民族精神，承担着文明传承和确立文化自信心、自豪感，激发人民群众建设社会主义现代化的热情的功能；提供文化设施、场所和产品，承担着满足人民群众日益增长的精神文化需求，实现人民群众文化利益的功能；通过文化活动与实践，激发人们的想象力、创造力，承担着培育人文精神与人文情怀的功能。

推进公共文化服务发展，是实现文化资源平等共享、促进社会和谐发展的必然要求。在党的十六大上，中央提出了科学发展观和构建社会主义和谐社会的目标，并将积极发展文化事业和文化产业提到全面建设小康社会的国家战略高度，明确指出要快速发展文化事业和文化产业，以满足人民群众的精神文化需求，并把推动文化事业和文化产业的发展与建设和谐社会、提高政府执政能力结合起来，凸现了文化建设在人民精神文化生活及经济社会发展中的重要作用。建立覆盖全社会的公共文化服务体系，需要大量的资金投入为其提供经济基础，需要文化市场的建立和完善，需要科学合理的管理体制，需要社会整体的协调发展为其提供良好的发展环境。构建公共文化服务体系，建立公共文化资源的共建共享机制，加大公共文化产品的生产供给，推动基本公共文化服务在地域、城乡和阶层之间的协调发展，就会增进整个社会的稳定团结，促进社会经济、政治、文化的协调发展；推动公益性文化事业的可持续发展，努力发展面向现代化、面向世界、面向未来的，民族的、科学的、大众的社会主义文化，也是增强我国文化凝聚力和国家软实力的重要途径。

目　　录

下　　篇

上　　篇

第一章　文化发展：广义视角的观瞻

新经济时代，知识、文化等因素日益深刻地融入经济运行中，现代经济运行的质量和文化品格得以大大提升，并创造出无穷的机会。可以说，新经济是具有丰富文化底蕴的经济形态。在全球范围内，文化变革与文化竞争正在成为新时代最重要的历史事件。文化正在产生的影响力几乎彻底改变了以往对政治、经济问题的研究视角，并且不断地创造出新的研究价值。希利斯·米勒认为，全球化如今已成为"文化、政治以及经济生活中许多领域里一个决定性的因素"，"文化认同"成为全球化时代国家软实力的基础因素。可持续发展理论的出现是人类发展思想史上的一次革命，使人们在对待人与自然的关系、人与社会的关系的认识方面发生了深刻变化。可持续发展战略是以人为中心的发展观，它强调人与自然的和谐关系，以提高人类的生活质量为目标。可持续发展理论的核心是文化观念的转变，可持续发展理论中关于人的全面发展、人与社会协调关系的观点有着合理的文化内涵。

第一节　经济发展的文化诠释

一、经济的文化诠释

21世纪，经济和文化的发展日益融合，出现一体化的趋势，文化力日趋成为区域发展的一种强大的内在驱动力，对整个经济与社会发展起到越来越重要的作用。在现实生活中，人们很难把经济活动和文化活动完全分开。这是因为，经济活动是人类最基本的社会活动，它融入一个国家、民族的社会文化生活之中，体现、反映着不同历史文化的特质，并作为一种动态的文化而存在。可以说，几乎所有的经济活动都是按一定的文化运行的，文化的特性深刻地渗透于整个经济活动之中。文化既是一种动力，又是一种资源。文化的这种看不见、摸不着的底蕴作用，便成了经济发展中所隐含的深层次的动力。

对经济的文化诠释，是把文化本身的特质与经济现象、经济规律、经济学的基本原理相结合来解释社会经济问题。一方面，把经济现象和经济理论置于大文化的人文环境中去分析，研究文化、历史、制度、观念、习俗、地理环境等非经济因素对经济发展、经济思想、政策产生的影响；另一方面，从经济学的角度分析探讨文化、制度、观念等非经济因素作为经济的外生变量是如何影响或左右社会经济发展的方式、道路和进程的。

从根本上讲，文化与经济的联系在于人既是经济活动的主体，又是一种文化、习俗、价值观念的载体，更是一个民族历史传统的延续者和承继者。推动、影响人类经济活动和行为的不仅仅是经济规律和准则，还有经济以外的因素，而且这种因素对一个民族经济发展的影响往往大于经济规律本身。马克斯·韦伯在谈到资本主义生产方式产生和发展时说："在任何一项事业背后，必然存在着一种无形的精神力量，尤为重要的是，这种精神力量一定与该项事业的社会文化背景有密切的渊源。"① 因此，马克斯·韦伯提出了一个似乎与马克思主义存在决定意识相悖的观点："任何一种类型的经济，如果它要求人们具有一种与这个伦理道德相悖的民族精神，那么这种经济将不会发展；相反，如果一种经济与这种伦理道德相一致，那么它必然兴盛起来。"①按照马克思主义的辩证唯物主义和历史唯物主义的原理，文化是由历史进程所创造的。存在决定观念，而不是观念选择存在。我们知道，唯物主义的最高形态是实践的唯物主义。因为它看到了物质世界中能动的活动主体——人，看到了亿万客观实在中具有创造性意义的力量。看到了人及其力量，就是看到了文化的力量。正是由于文化的力量，客观的物质世界发生了变化：不仅具有一个物质的世界，而且还具有一个精神的世界，这个精神世界不仅产生于物质世界，而且越来越超脱于物质世界，并改造着物质世界。因此，当马克思说："物质生活的生产方式制约着整个社会生活、政治生活和精神生活的过程"② 时，并非要人们对"物质生活的生产方式"做机械的理解，而是让人们更加注重在社会生活领域的"物质基础"。而社会生活领域及其历史领域的"物质基础"，实质上就是人的活动。无论是构成生产力的要素，还是生产关系变革的力量，都是与人的活动密切相关的。

人类创造着文化，文化塑造着人类自身。各个民族以不同的方式创造着不同的文化，不同的文化也用不同的方式创造着各个民族。不同民族有着自己区别于其他国民的特殊的生活方式、思维方式、价值尺度、审美情趣、情感意向和心理素质等，这就造成了文化的国别性，而文化的国别性是能够带来经济发展道路、模式的国别性。任何社会经济的发展及发展的形式，都不能离开本民族的文化和历史的背景来解释或选择，文化、历史、价值取向的力量会使不同的民族选择不同的、抑或形式相同但内涵差异的经济发展道路和方式。所以有欧美资本主义和以"四小龙"为代表的东方资本主义之别。西方文化赋予欧美资本主义的人文内涵是自由、民主、个人主义；东方文化赋予以"四小龙"为代表的东方资本主义的内涵是集权、集体主义，然而两种模式都是成功的。此外，对相同文化的不同

---

① ［德］马克斯·韦伯．新教伦理与资本文精神［M］．成都：四川人民出版社，1986：3～4.

② 马克思恩格斯选集（第2卷）［M］．北京：人民出版社，1995：83.

解释，也会培育出不同的民族精神，并创造出完全不同的经济环境和发展道路与模式。例如，儒学在中国和日本就产生了迥然不同的经济结果，这恰恰证明了文化对经济的选择。或许可以这样说，马克思所揭示的是人类社会发展以及物质与精神关系的最基本的因果链条，而马克斯·韦伯的理论则是把积累了一定历史时期的民族历史、文化、价值观念作为研究的前提，把一个成熟的民族国家作为已知存在来探讨一脉相承的历史、传统，潜移默化的文化、观念，根深蒂固的习俗、习惯和惯性思维方式，对一个民族的经济发展及发展道路、方式的制约与影响。①

二、知识经济的文化底蕴

随着经济全球化进程的加快、信息高科技的迅猛发展，一个以不断创新的知识为主要基础的经济时代已悄然来临。文化是人类思想的灵魂，在经济愈趋发达的知识经济时代，用文化来指导生活、规范经济，更显得突出和重要。当代人类面临的一系列需要解决的问题都具有高度综合性，它们取决于当代自然科学、技术科学、经济科学和人文社会科学多方面因素的有机整合，这是当代新经济发展的新趋势。当前各种全球性问题的出现，从一定意义上讲都是由科学技术广泛应用于社会而引发的。而且，这些问题的解决超出了国家范围，也超出了自然科学能力的范围，这些问题涉及经济增长的目的和方式。因此，必须综合运用自然科学、技术科学和人文科学的知识去研究解决。

文化水平是衡量人类发展的一个特殊尺度，也标志着人类把握这些方式的程度。文化既是人自身发展、创造新事物能力的一种手段，又是一种标志。科技和经济在人类文化进步中起着巨大的推动作用。科技和经济的创新不能脱离它产生的社会文化背景；人类创造和发展了科学技术，推动了经济增长，而科学技术作为一种文明的力量不断完善着人类自身，改变人的认识能力，进一步创造出现代文明。第二次世界大战之后的几十年中，科学技术的概念、方法和手段向人文科学渗透，与此同时人文社会科学的价值、伦理观念和理论在科技经济领域的广泛应用，也引起了当代思维方式的深刻变革，使当代思维方式从绝对走向相对、从单一走向多维、从精确走向宏浑、从因果性走向必然性、从确定走向多变、从可逆性走向不可逆性、从分析方法走向系统方法、从定域论走向场论、从时空分离走向时空统一。这种思维特点使人类认识事物的水平提高到一个崭新的阶段。许多有识之士，十分重视经济和文化的结合，以此来造就新经济赖以发展的人文环境。

知识经济是一种全新的、运用人类知识文化和高新科技的经济形态，其特点

---

① 陶一桃．经济文化论［M］．北京：冶金工业出版社，2001：139～141.

表现为知识密集型、智力密集型和技术密集型。由于知识、智力、技术、文化等因素作为生产和经济要素直接进入经济运行之中，这使得人力资本、智力资本、技术资本等成为经济的主要构成部分，并从中发挥着重要作用，这样，知识经济就其根本性质来说，不同于以扩大耕地和人口劳动力为基础的农业经济，也不同于以开采大量的自然资源，其中又以加工制造原材料和消耗能源为主要基础的工业经济，它的核心不再是单一的金融资本、固定资产、生产成本等，而是知识资本、技术资本、智力资产等。这种形态的经济，其特点是具有广泛的扩散性和渗透性。随着发达国家的经济迅速走向知识化、高科技化，知识经济也就愈来愈成为世界经济全球化、一体化的重要构成因素，并将对 21 世纪全球经济产生极为深远的影响。

进入知识经济时代，以工业为主导的产业开始让位于以知识为主导的产业。产业结构的变化引起了社会结构的变化以及对人才需求的变化。由于传统的工业产业减少，传统的产业工人开始不断地被大批的以从事知识生产为主导的脑力劳动者、技术劳动者、管理工作者所替代，劳动的方式也发生深刻的变化，劳动力的知识含量超过了体力劳动含量，劳动不再是单一的使用工具作用于劳动对象和参与直接生产的过程，大量的劳动则是处在直接生产过程之外。为人们津津乐道的工业时代中以福特制为主的流水线、标准化、大规模生产方式，也将让位于以强调知识含量、体现个性特征和文化品位、需求灵活多样、附加值高、边际报酬丰厚为主导的生产方式。在这种生产方式当中，突出的标志是强调人和社会的现代化，其文化含义是对个性的充分尊重和关心，并始终以独立的、自由的和自立自强的人作为生产力的首要因素和最活跃对象。在这种模式中，生产活动以不断创新的知识为其技术基础，同时也要求管理的重心由常规的生产管理转变为技术创新和信息化的知识管理。

知识经济强化了经济与知识、文化之间的互动关系，尤其突出了经济运行之中的每一个活动主体背后的相关文化背景与经济发展潜力及前景的关联作用。在当今，人们一直奉为圭臬的市场经济发展到现代，也绝对不是没有文化、没有主体的单纯经济运作过程，其主体是具有健全的经济理性和道德约束的文化人。因此，知识经济发展就离不开人的知识、文化素质的提高，离不开先进文化的指引，它的根本宗旨是使经济活动都具有一个鲜明的主题，能够充分地表达出对人生意义的真切理解和对人类命运的关怀之情，并关注着有关人的生存境况、存在意义、精神归属、未来发展和人生价值等方面的内容，促使经济与文化的互动成为引导知识经济朝着有利于推动人类社会、经济、文化进步方向发展的内在动力。显然，知识经济时代的到来，对人和社会的发展提出了更高的要求。如果说知识经济在将知识、智力、技术、文化等因素直接纳入经济运行范畴当中，把对于以人为中心的人力资源开发、人力资本培育等推到了一个重要的位置，同时又在所形成的管理文化当中，更进一步地突出了以人为本的管理理念，那么，也就是说知识经济需要与之相适应的文化底蕴和人文内涵。

总之，知识经济时代，知识、文化等因素日益深刻地融入经济运行中，现代经济的运行质量和文化品格得以大大提升，并创造出无穷的机会。正是在这个意义上，可以说，知识经济是具有丰富的文化底蕴的经济形态。通过发展知识经济来提升经济的文化含量，发挥知识的最大价值，就能从根本上改变贫穷、落后的状况，推动人类社会的文明发展。

第二节　全球化视域中的“文化认同”

在全球范围内，文化变革与文化竞争正在成为新时代最重要的历史事件。文化正在产生的影响力几乎彻底改变了以往对政治、经济问题的研究视角，并且不断创造出新的研究价值。希利斯·米勒认为，全球化而今已成为“文化、政治以及经济生活中许多领域里一个决定性的因素”①。兹比格涅夫·布热津斯基认为：“国家实力有四个主要方面，即军事、经济、技术和文化。它们合在一起造成决定性的全球政治影响力。”②

一、全球化时代是一个文化资本扩张与价值观全球竞争的时代

20世纪以后，“资本”扩张的实质发生变化：从货币金融资本的扩张演化为知识资本的扩张，这种改变是新全球化时代的主要特征。借助文化资本扩张的实力，强势国家的价值观在全球竞争中占据了优势，众多民族国家越发难以有效保护自己的国家利益。国家政治的含义在这样一个时代变得更为复杂难辨。

人们对全球化的未来依然不能确定，对它的理解也是随着全球化的进程而不断丰富。马克思早已敏锐地发现了资本主义制度的核心：它自始至终是一种扩张性制度，是一种“全球性”的制度。“资产阶级由于开拓了世界市场，使一切国家的生产和消费都成了世界性的了。”③ 资本的扩张只是为了获取更大的利益，但资本扩张的力量向经济以外一切领域的入侵程度及其后果却远超乎人们最初的想象。在新经济“规则”之下，商品、金融资本以及生产过程本身都以前所未有的方式进行流动。阿尔博说：“全球化必须不仅被视为一种经济规则，而且是一种社会关系体系，它植根于社会权力特有的资本主义形式中，而且这种权力控制

---

① ［美］希利斯·米勒．论全球化对文学研究的影响［J］．当代外国文学，1998，(1)：154.

② ［美］兹比格涅夫·布热津斯基．大棋局［M］．中国国际问题研究所译．上海：上海人民出版社，1998：33～34.

③ 马克思恩格斯选集（第1卷）［M］．北京：人民出版社，1995：276.

在私人资本和民族国家手中。基本上讲，全球化意味着市场作为一种经济规范者（regulator）日益普遍化。但是随着市场经济的不断全球化，经济活动的无国界以及各国的相互依赖成为经济全球化的两大趋势，形成了一种发达国家与发展中国家相互依存但并不平等的新型国际分工格局。这种结局既是意料之外，同时也是情理之中。也正因为如此，以“资本扩张”为特征的全球化过程被打上了“强权政治”及“西方中心论”的烙印。在殖民化时代结束以及大量民族国家独立的早期阶段，全球化的格局曾是一个“发达国家推动、民族国家参与”的进程。但是在20世纪中期以后，这个格局被彻底打破了。首先，资本主义全球扩张明显地从以货币及金融资本为主转向以资讯传播为主，主导世界的力量取决于知识的生产和传播能力。知识经济时代是一个“新资本时代”或者“新知本时代”，众多民族国家的知识能力难以跨越“数字鸿沟”。其次，正是由于这个原因，民族国家对全球化的参与越发显得被动，对于发达国家输出的知识资本越来越依赖，付出的成本也越来越高。这是因为知识资本的扩张速度、渗透及增值能力大大超越了货币资本。以两种资本并行的全球扩张，给被动参与全球化过程的民族国家带来了更大的危害。

全球化时代，民族国家文化利益的损失不仅体现在物化的层面，更主要体现在政治和精神的层面。在发达的传播系统的支持下，一些强势文化对其他民族国家内在的意识形态带来冲击，直接或者间接地在不同层面上改变了其他民族国家人民的价值认同，意识形态的混乱或者结构性的改变直接导致国家政治权威的损失，造成民众对于国家的“认同危机”。全球化时代大量出现的经济或者政治的跨国界组织将那种“超国家”意志强加给成员国，这是民族国家主权损失的一个重要原因，也是对国家合法性结构基础的威胁。从个人的角度看，全球化时代国际劳动力市场的形成导致人员的跨国界流动性增加，从而对单一政治体系内公民的相互认同、相互依赖产生影响。这种公民认同的削弱也直接对民族认同产生影响，进而造成“民族主义”在全球化时代的困境。但是全球化时代的基本特征之一是“统一”与“多元”并存。除了经济全球化之外，还没有出现政治的、道德的，或者事实上的文化全球化，这三者依然以多元的形式存在于当今世界环境中。

二、全球化时代文化的发展及其特征

全球化时代，尽管古老的文明正在被资本主义文明所融解，“全球化的力量正在同化世界各地的本土化文化”[①]，但是“普遍的资本主义文明却没有建立起

---

① ［美］谢里夫·海塔塔．美元化、解体和上帝［A］．载：［美］弗雷德里克·杰姆逊．全球化的文化［C］．马丁译．南京：南京大学出版社，2002：239.

普遍的合法性，因为它伴随着而且意味着一个极端化的世界体制”①。资本主义的世界政治经济文化体系，以其无情的逻辑，消灭异己因素，建立同样的制度、习惯、法律和行为方式，决定了它将“迫使一切民族——如果它们不想灭亡的话——采取资产阶级的生产方式；迫使它们在自己那里推行所谓文明制度，即变成资产者。一句话，它按照自己的面貌为自己创造一个世界。”

当发达国家的政府开始用工业的手段推动文化发展时，或许还没有意识到它反过来对于政治的影响力。“在战后的资本主义世界，文化商品化大大加快了其过程。出版业、广播业、电视业、新闻业以及广告业都已成为巨型产业，与其他企业形成了一种纵向联合，构成了企业资本主义的连锁网。在这种背景下，标准的审美判断和批评范畴已经不复适用：由于文化变成了一种产业，文化创作者的作用也随之发生改变，文化研究的着眼点不仅仅在于文化内容，而且必须落于文化的生产分配和接受。实际上，这三者已经不可分离，就如同其他商品领域一样，生产、销售、消费是三个不可分割的环节。”②

全球化时代，文化促进社会发展的作用正在受到更多的重视。传统的研究视角认为，民族的乃至宗教的文化能够直接促进经济社会发展。在韦伯看来，资本主义兴起的原因被归结为“西方文化特有的和独具的合理主义”③。他把注意力聚焦于宗教对资本主义文化哪些方面产生了影响并推动资本主义生产力的发展，从而得出结论说，“清教的职业思想以及这种思想对禁欲主义行为的重视，势必直接影响资本主义生活方式的发展。”“这种对上帝的恩典使一个人完美自身的感激之情渗透在中产阶级清教徒的生活态度之中，同时在发展英国资本主义时代的人们所特有的那种讲求方式、吃苦耐劳的端正性格方面，也发挥了自己的作用。”④ 所以在韦伯的眼中，宗教或者民族文化精神对于国家社会的发展所能起到的积极作用并不是一个意外的结论。

亨廷顿在《文化的重要性》一书中提出了一个基本的问题：价值观是如何影响人类进步的？这个问题在全球化时代的背景下显得格外具有挑战性。他在书中举了一个更为直接的例子，以说明文化内涵对于国家进步的影响。20 世纪 60 年代加纳和韩国的经济发展水平极为相似，人均国民生产总值大致相等。但是 30 年后，韩国成了一个工业巨人，经济名列世界第 14 位，拥有一些跨国公司，大

---

① ［埃］萨米尔·阿明．世界一体化的挑战［M］．任有谅等译．北京：社会科学文献出版社，2003：103.

② 萧俊明．文化转向的由来［M］．北京：社会科学文献出版社，2004：127.

③ ［德］马克斯·韦伯．新教伦理与资本主义精神［M］．韩水法译．西安：陕西师范大学出版社，2002：25.

④ ［德］马克斯·韦伯．新教伦理与资本主义精神［M］．韩水法译．西安：陕西师范大学出版社，2002：158.

量出口汽车、电子设备及其他高级制成品，人均收入接近希腊的水平。加纳却没有发生这样的变化，它的人均国民生产总值仅相当于韩国的1/14。导致这种结果的原因之一便是文化的差异。韩国人珍视节俭、投资、勤奋、教育、组织和纪律。加纳人的价值观则不同。"简言之，文化在起作用。"① 但是经济发展不是文化作用的唯一目的，文化本身的繁荣也是经济发展的目标。1995年世界文化与发展委员会一份题为《我们创造的多样性》(*Our Creative Diversity*) 的报告中，深入论述了文化在人类发展中极其重要的作用。并且认为，发展不仅包括得到商品和服务，而且还包括过上充实的、满意的、有价值的和值得珍惜的共同生活，使整个人类的生活多姿多彩。因此在一个以信息化为主要特征的新全球化时代，发展的目标应服务于促进文化的大繁荣。文化能够促进社会的发展，社会的发展反过来又影响价值观，推动文化价值观的进步。这就是文化与发展互为促进作用的表现。

1998年，联合国教科文组织在瑞士斯德哥尔摩召开了"文化政策促进发展"政府间会议，会议讨论了《文化政策促进发展行动计划》(以下简称《计划》)，为其后许多国家在文化领域内的政府行动提供了行动框架和基准 (benchmark)。这份《计划》的主要观点是，"文化的创造性是人类进步的源泉。文化多样性是人类最宝贵的财富，对发展是至关重要的。""对今日世界来说，文化间的对话成为最主要的文化和政治挑战之一""文化政策应该致力于创造一种多元共同体的国家意识……将其植根于男性和女性都能接受的价值观之上，并为国家所有成员提供得以介入的机会、空间和声音""在发展过程中，文化的繁荣同工业和后工业经济一样，也是社会整合、政治民主和经济平等的决定因素之一"。

《计划》还列出了国家通过这些原则所要达到的广泛的目标。例如：使文化政策成为发展战略的一个重要组成部分；提高文化生活的创造性和参与性；加强文化遗产保护方面的政策和实际行动，促进文化产业的发展；在信息社会中提高文化和语言的多样性，并以此促进信息社会的发展；为文化发展提供更多的人力和财力资源。《计划》还推荐了实现这些目标的具体措施，"未来世纪的文化政策必须面向和更加适应新的飞速发展的需要"。因此，将文化从"边缘"引入各国政策制定的中心已成为各国决策者决策行为的要务。

三、全球化时代国家的文化主权与文化利益

1. 全球化时代我国文化主权与国家文化利益面临的挑战

"文化是一个民族的灵魂，今天的文化就是明天的政治"。一个国家或民族要

---

① [美] 塞缪尔·P. 亨廷顿等. 文化的重要作用——价值观如何影响人类进步 [M]. 程克雄等译. 北京：新华出版社，2002：1.

保持其鲜明的个性和独立的品格，就必须首先保持其文化上的独立性，如此方能谈得上国家的完全独立。“国家文化主权”具体是指现代民族国家将本民族的文化习惯、信仰、价值观念和规范意识上升为国家意志，是对本民族文化拥有的最高权和独立权，其核心是民族文化的独立存在权和发展权。维护国家文化安全的最直接目的就是保护国家文化主权不受侵犯，而国家文化主权的完整存在将为文化安全提供权力支持和政治保证[①]。捍卫国家文化主权不仅事关文化的独立性，而且关系到一个民族的政治主权和独立地位。21 世纪初，中国崛起成为世界政治格局中最重要的因素。但是文化实力的成长未能与经济腾飞同步，这是导致文化安全产生隐忧的原因之一。面对全球化时代文化霸权主义的挑战，“在中国面临的各种危机中，核心的危机（the core crisis）是自性危机（identity erisis）”，“中国人正在失去中国人之所以为中国人的中国性（Chineseness）”[②]。中国维护政治主权与文化主权时必须有一种危机感，以文化自身的力量形成一种反制能力。

从全球文化竞争的格局来看，中国的不利地位首先表现在当代中国还不是一个文化生产大国，对外输出文化理念的能力不足，参与全球竞争的实力与经验不够。面对美国这种“市场＋政府”的文化行销模式，尚未建立一套相应的“软实力”制约模式和制约机制。文化主权的维护必须上升至“国家利益”的高度加以审视。最近的 10 年中，中国正在学习如何从维护国家利益出发考虑文化战略问题。文化的全球化特征在于通过订立国际公约，拆除文化跨国贸易的各种壁垒，允许各种思想和文化商品的自由流通，以形成“文化内容的延伸与文化受众的扩大，文化观念的更新与文化审美的泛化，以及文化载体与文化形式的多样化，文化创造机制的科学化与开放化，文化生产的产业化与市场化趋向等”[③]。联合国教科文组织第十三届大会曾提醒各国注意，文化商品和服务的自由流通不能任凭国际市场法则的摆布。因为处于一个被动的地位，中国必须动员国内与国际上的一切力量来保护自己的文化产品、文化价值与文化身份。否则，中国的人文社会科学、文化艺术、民族认同、民族凝聚力乃至意识形态，都不可避免地要受到严重的威胁。面对全球化的挑战，中国文化市场的综合实力过于薄弱，缺乏综合的文化要素整合能力，无法与国际市场形成平等的对话权。文化事业的创造能力与文化产业的生产能力的不足将导致文化市场遭到国际资本的瓜分。

一些西方国家已经看到了中国巨大的文化消费能力并制定了进入中国文化市

---

① 吴满意等．中国文化安全面临的挑战及其战略选择［J］．当代世界与社会主义，2004，（3）：118.

② 转引自李慎之．全球化与中国文化［J］．美国研究，1994，（4）：132.

③ 王宁．全球化与文化：西方与中国［M］．北京：北京大学出版社，2002：267.

场的战略计划。同时，他们已经注意到中国幅员辽阔、人口众多，各地的经济文化发展极不平衡，地域间的差异非常大，地方保护主义盛行。因此，他们的策略是不把中国作为一个总体上统一的市场，而把中国看做是许多有着独立特征及不同机会的市场组合。中国地方经济割据及保护主义的发展策略给西方国家牟取利益提供了机会。全球文化贸易以及文化生产的相关数据更直接证明了问题的严重性。从总量上看，中国文化产业产值在2005年占GDP的比重达到2%，但是韩国2004年文化产业总量占GDP的比例就已经超过6%。美国2002年文化创意产业产值就已经达到5351亿美元，占GDP的比重为5.24%；创造就业机会800万个，接近全国总就业人数的60%。2005年时它的文化产业总值占全世界的44%。[①] 中国于2004年年初发布的《文化及相关产业分类》和《文化及相关产业指标体系框架》两份文件中提供了中国文化产业发展的相关资料，全国文化产业总产值约为3935亿元，2005年为4328亿元。而据国家统计局的数字推算，2005年全国居民教育文化娱乐服务消费总量在8300亿元以上。中国文化产业的产值约折合530亿美元，如果以美国当下2万亿美元的文化产业产值水平为标准，可放大40倍。由此可见，中国潜藏着巨大的文化消费需求，而这种需求目前还无法由我们自己的生产能力加以满足，从而给国际资本留下了运作空间。

2. “文化认同”与国家文化软实力

20世纪90年代开始，国际社会关于“中国威胁论”的论调甚嚣尘上。亨廷顿在他的《文明的冲突与世界秩序的重建》中认为中国儒家文明将会是西方文明的“天敌”，并由此造成冲突[②]。“文明冲突论”的观点在全球具有现实影响力，客观上具有某种合理性。文化价值观的冲突是其他各种冲突的根源，往往难以通过谈判、以外交方式解决。因而文化差异所导致的冲突，解决之道仍在于“文化”本身。面对两种文明的冲突及其隐忧，问题不仅在于西方以什么样的方式了解中国，更重要的是中国向西方宣扬什么样的理念和价值观。文化软实力的构建是实现和平崛起战略目标的基础，是让西方了解现代中国的必要条件。

国家的软实力集中来自于三种资源：文化（在能对他国产生吸引力的地方起作用）、政治价值观（当它在海内外都能真正实践这些价值时）及外交政策（当政策被视为具有合法性及道德威信时）[③]。当代中国文化的现代化正在继承

---

① 牛维麟．国际文化创意产业园区发展研究报告［M］．北京：中国人民大学出版社，2007：137.

② ［美］塞缪尔·P. 亨廷顿．文明的冲突与世界秩序的重建［M］．周琪等译．北京：新华出版社，1999：250.

③ ［美］约瑟夫·奈．软力量——世界政坛成功之道［M］．吴晓辉译．北京：东方出版社，2005：11.

传统的基础上实现创新，以便与西方文明达成进一步的理解。“和平崛起”的途径首先需要“文化崛起”。构建中国的“文化软实力”以反制威胁论扩散对中国国家形象的伤害，这是实现和平崛起很自然的求解之道。“和平崛起”的实际意义事实上超越了对文化霸权主义的抗衡，因为中华文化本身并不具有霸权的思想，也没有包含对抗的因素。所以中国的和平崛起，特别是文化的崛起，只会以中国传统文化中的“兼容并包”的理念为基本特征和基础，在全球范围内宣传自己在全球化时代的政治理想，塑造一个充满活力的现代化中国的国家形象。这是中国“和平崛起”战略目标下审视自己的政治和文化利益的根本出发点。

全球化时代随着经济活动对世界格局深刻的影响，对各民族国家而言，领土安全已远不是国家安全的全部内容，民族的思想文化、民族尊严、民族生存的环境条件、民族工业的生存条件、物种安全、资讯安全等一系列问题都关系到国家安全和国家主权。中华民族的思想文化如果不能保持长久的生命力和影响力，也难免遭受衰落的命运。文化的衰败会导致民族的衰败。英国前首相撒切尔夫人认为，中国不会成为严格意义上的大国，因为中国没有那种可用来推进自己从而削弱西方国家的具有国际传播影响的学说。撒切尔夫人的话即使不是盖棺定论，至少是对中国在文化全球化时代一个阶段的现实描述，也是一种警示。民族的独立生存源于思想文化的活力和创造力。民族如果遭受奴役，必定是其思想文化、道德伦理、法律制度乃至国家体系的构成及理念都失去了独立性。在通过国家文化战略的制定和执行以影响国际社会方面，中国还未能培育出足够的软实力以发挥应有的作用。全球化时代不能实现文化创新、无法向世界输出文化理念的现实，是当代中国文化利益最大的损失。

“如果一个国家能够使自己的力量被他国视为合法，并建立促使他国以和谐的方式确定其利益的国际制度，它未必需要像其他国家那样耗费昂贵的传统经济资源和军事资源”[①]。在国际政治中，能够产生战略影响力的软实力的资源，很大一部分来源于一个组织或国家所表达的价值观。这种价值观体现在它的文化中，体现在它的对内行为和政策所树立的榜样中，也体现在它处理同其他组织或国家关系的方式中。实现中华文化的大发展和大繁荣，维护中华民族的文化利益，对全球化时代资本主义的文化扩张形成有效反制，是“和平崛起”战略目标下构建文化软实力的重要目标。实现中国“和平崛起”的战略目标，文化的传承与创新都是亟待解决的问题。

---

① ［美］罗伯特·基欧汉，约瑟夫·奈．权力与相互依赖［M］．门洪华译．北京：北京大学出版社，2002：263～264.

第三节 发展观：文化发展的认识论基础

一、传统发展观与文化发展

不同的发展观会有不同的发展目标、发展战略和发展模式，从而在文化建设上也采取不同的态度。单纯经济增长的片面发展观是近代资本主义发展过程的产物，是那个历史过程的观念反映。自英国古典经济学家亚当·斯密以来的许多资产阶级经济理论实际上都是这种发展观的理论表现。这种发展观把现代化过程片面地归结为单纯的经济增长过程，把经济增长过程又片面地归结为物质财富的增长过程，而在讨论物质财富和经济增长的时候又往往脱离了社会、历史和文化，认为一种脱离了具体社会、历史、文化的自由市场的自发调节就可以实现物质财富和经济的增长。在经济学著作《国民财富的性质和原因研究》一书中，斯密把人设想为只追求自身物质利益的“经济人”，他们虽然追求自己的物质利益，但在市场这只“看不见的手”的导引下，会在总体上造成国家物质财富和社会福利的增加。虽然他写了《道德情操论》一书，试图在经济生活之外去规范人们的行为，但自发的市场经济只能导致单纯的经济增长。因此他的经济理论包含的发展观实际上是一种单纯经济增长的发展观。

新古典学派继承了英国古典经济理论的基本思想，建立了一种更加抽象的纯经济理论，论证了一种更为明显突出的单纯经济增长的发展观。新古典学派的理论更加突出地强调了市场通过价格机制所自发实现的调节作用，认为供给和需求之间的关系影响着价格，而价格的变动又会影响调整供求关系，从而实现供求平衡，在局部的、微观的均衡基础上实现宏观的、一般的总供给和总需求之间的均衡，从而实现稀缺资源的最优配置，实现最优的增长和发展。这种理论还假定了一种静态的、瞬时的，因而也是超时间、超历史的均衡，否认了经济过程的历史性质。显然，如果新古典学派所描述、所假定的市场和市场要素现实存在的话，那么，这种增长只能是外延式的增长，只能是单纯经济增长式的发展。20 世纪 30 年代西方资本主义国家发生的经济危机使自由主义的经济发展理论受到了重大打击，于是出现了凯恩斯的宏观经济理论，提出了对市场调节进行国家宏观调控的思想。凯恩斯的国家宏观调控仍然局限在经济范围，因此在他的理论和模式中所包含的也是一种单纯经济增长的发展观。

可以说，直至资源、能源、环境等全球问题凸现之前，在西方理论界对近 300 年来工业发达国家的传统发展模式提出反思之前，西方工业发达国家理论中占支配地位的发展观和发展理论就是单纯经济增长的片面发展观，这种发展观总的思想是认为，只要经济增长了、物质财富丰富了，人类就可以过上富裕、舒适、幸福、自由的生活。可是随着发展过程的推进，这种片面发展观及其影响下的资本主义社会的发展模式、发展道路的消极的、负面的影响和问题越来越清楚地暴露出来，因而也就不断地受到进步思想家的批判。18 世纪的空想社会主义，特别是 19 世纪中叶诞生的马克思和恩格斯的科学社会主义都曾经尖锐激烈地批判过这种发展观和发展模式。20 世纪 50 年代以来，西方工业发达国家中还出现了不少站在资本主义立场上的思想家对这种发展观和发展模式的批判。丹尼尔·贝尔指出："美国自由主义的经济理论过去一直植根于发展观念……发展概念作为一种经济思想已被广吸收利用，以至于人们再也无法说明它在多大程度上属于自由主义者的创新……正是这种经济发展观念现在正遭受攻击——而且是来自自由派人士的攻击。他们不再认为丰裕是解决社会问题的答案。"①

单纯经济增长的片面发展观及其发展模式在文化建设上的弊端也是显而易见的：单纯经济增长的片面发展造成了经济增长和社会发展之间的紧张关系。由于追求片面的单纯经济增长，把追求经济增长作为发展的根本目的，就会把本应作为经济增长为之服务的人变成实现单纯经济增长的手段，从而造成马克思曾经指出的人的劳动及人自身的异化现象，造成人的畸形片面的发展。单纯经济增长的片面发展造成大量的外溢性影响，使社会承受着各种片面发展所造成的社会代价、社会成本的沉重负担，加剧了效率和公正、自由和平等、速度和效益、量和质、个人和社会、城市和乡村、富有者和贫困者之间的矛盾，它对自然资源的滥采滥用及对环境的破坏和污染加剧了人类和自然环境、人类的今天和明天之间的矛盾。

更为严重的是，单纯经济增长的片面发展观排除了文化在发展中的地位，在实践中则贬低，甚至否定文化建设的重要性，造成经济和文化之间的紧张和对立。路·冯·米塞斯对此有一段非常清楚明确的陈述，他说："自由主义是一种真正研究人类行为的学说，其着眼点和最终目的是促进人们外在的物质福利，而不是直接满足人们内在的、精神上的以及形而上的需求。它并不向人们许诺幸福和满足，而是尽一切可能把外部世界所能提供的物质用来满足人们的诸多要求。自由主义的这种面向世界、不求永恒、纯粹追求外在的和唯物主义的观点很容易使它成为多方面的指责的对象。"② 丹尼尔·贝尔指出，传统的道德哲学家都未曾割裂经济和道德的关系，都没有把财富创造的本身作为目的，而是把物质生产作为促进美德、创建文明生活的手段。但是，资本主义在其强调的积累过程中，却把积累活动变成了目的本身，这就把经济和道德、文化割裂开来，于是便出现了实际发展过程中的经济和文化的紧张和对立。这种

---

① ［美］丹尼尔·贝尔．资本主义文化矛盾［M］．上海：上海三联书店，1989：127～128.

② ［美］路·冯·米瑟斯．自由和繁荣的国度［M］．北京：中国社会科学出版社，1995：46.

紧张和对立不仅表现在两者在社会发展中的轻重地位关系上，社会资源如资本、人力在两者分配的关系上，还表现在两者所提倡的价值观念之间的冲突上。丹尼尔·贝尔把这种现象称为资本主义社会发展过程中经济和文化的断裂，称为资产阶级社会的历史性文化危机。他说："工业社会的特有品格有赖于经济与节俭原则：即追求效率、讲究低成本高利润、最优选择和功能合理性。然而，就是这种品格与西方世界领先的文化潮流发生了冲突，因为现代主义文化强调反认知和反智模式，它们都渴望回到表现最初的本能。一方强调功能理性、专家决策、奖勤罚懒；另一方强调天启情绪和反理性行为方式。正是这种脱节现象构成了西方所有资产阶级社会的历史性文化危机。这种文化矛盾将作为关系到社会存亡的最重大分歧长期存在下去。"①

可以说，把经济和文化对立起来并无视文化重要性的片面发展，一开始就使资本主义工业化、现代化过程充满了种种复杂尖锐的矛盾，伴随着经济迅速发展和增长的同时，往往存在着思想道德文化上的退化堕落，思想道德文化成了经济增长的牺牲品：一方面，片面发展观推动着人们树立"经济"观念，讲究用最小的投入获得最大的效益，让人们在投入和产出之间作种种的精打细算，力求经济地、节约地使用各种资源。它也推动着人们的"积累"观念的建立，尽量减少生活消费以增加生产投入，把追求资本的扩大、财富的积累作为经济活动的目的；另一方面，在片面发展观下，为了扩大产品的销路，扩大市场需求，总是鼓励人们扩大消费追求生活享受，在人们的购买力不旺或市场疲软的时候，还要采取各种手段刺激人们的消费欲望，以形成所谓的市场有效需求。这种双重影响导致了个人和社会的思想道德文化在价值观上的分裂。马克斯·韦伯曾经把勤奋、节俭的新教伦理称作资本主义精神，认为这种精神推动了经济和生产的发展，这是因为它适应了市场经济的前一方面的文化要求，但这一方面的要求又受到后一方面文化要求的限制和冲击，而且随着个人的发财致富或社会整体上物质财富的增加，后一方面的文化要求所形成的价值观和生活方式对前一方面的冲击或否定变得越来越大，并且最终导致了以拜金主义、享乐主义、利己主义为主要特征的文化价值观念。以上论述已经表明，在西方资本主义工业化、现代化过程中形成并在后来一个时期得到发展的单纯经济增长的片面发展观，及自由市场经济体制的发展模式导致了对文化的否定和排斥，导致了文化价值的分裂，并最终导致了文化危机乃至社会危机。②

---

① ［美］丹尼尔·贝尔．资本主义文化矛盾［M］．上海：上海三联书店，1989：132.

② 陈筠泉，李景源．新世纪文化走向——论市场经济与文化、伦理建设［M］．北京：社会科学文献出版社，1999：47～54.

二、可持续发展：人类文明的新觉醒

1. 可持续发展：人类的必然选择

20世纪60年代以来，西方工业发达国家的一些社会学家、未来学家、经济学家开始在批判、反思、总结传统的片面发展观和发展模式的基础上，探索新的发展观和发展模式。罗马俱乐部的学者们在向人们提出人类面临的一系列全球问题的同时，提出了新的增长模式，该俱乐部在1972年提出的第二个报告中指出："人类在历史发展中正处于一个转折点上"，并提出了"世界系统有机增长"的概念。美国世界观察研究所所长莱斯特·R. 布朗在1981年出版的专著《建设一个持续发展的社会》中全面论述了"从经济增长转向持续发展"的必要性、迫切性。法国经济学家佩鲁在1982年出版了专著《可持续发展观》，从发展中国家的情况出发阐述了可持续发展观。

学者们的研究和探索很快得到了各国政府和联合国有关组织的重视。20世纪80年代发展中国家与发达国家开展了一系列对话，共同商讨经济发展与环境问题。1987年，世界环境与发展委员会的报告《我们共同的未来》在开篇中充满激情地写道："20世纪中叶，我们从太空第一次看到了地球……从太空中，我们看到了一个小而脆弱的圆球，显眼的不是人类的活动和高楼大厦，而是一幅由云彩、海洋、绿色和土壤组成的图案。然而，人类没能使其活动与这幅图案相适应，这正从根本上改变着地球系统。许多这样的变化是伴随着威胁生命的公害出现的。这是我们不可回避的新的现实……"。1989年5月联合国环境与发展委员会第15届理事会发表了关于可持续发展的声明。1992年，在被称为"地球首脑会议"的里约世界环境与发展大会上，百国首脑相聚，磋商人类摆脱环境危机的对策，大会通过了全球《21世纪议程》这一框架性文件。里约会议后，"可持续发展"概念在世界迅速传播，各国政府陆续出台本国的《21世纪议程》。这说明从传统的片面发展观、发展模式向可持续发展观、发展模式的转变已不再是一个理论上、认识上的问题，而是一个实践上、政策上的问题。

2. 可持续发展：中国的一项重要国策

与西方国家一样，我国也有一批敏感而有良知的知识分子，时刻警惕着社会发展中隐藏的社会危机。在世界环境与发展委员会公布《我们共同的未来》的同年，一本题为《山坳上的中国：问题、困境、痛苦的选择》的书深深震撼了千百万中国读者。该书作者直述了中国现代化道路上潜伏的人口、资源、环境、教育、干部等近20个方面的危机，并发出"中国的未来，取决于我们现在的认识和行动"的呼吁。1989年，中国科学院国情分析研究小组发表了一份国情报告，从生产力诸因素的角度，指出了制约中国长期发展的主要限制性因素：人口膨胀与老龄化，就业负担沉重；农业资源接近资源承载极限；环境污染迅速蔓延与自然生态日趋恶化；粮食需求迅速扩张与增产举步维艰。报告还对此进行了综合的趋势性分析，结论是沉重的：①在步入现代化，实现小康和富裕的历史过程中，“中国正处在前所未有的多重危机之中”，“历史留给我们及后代的回旋余地是狭小的，调整时间是短暂的，基础条件是苛刻的，发展机会是最后的。”②中国只能走节约资源、适度消费的非传统的现代化发展模式。报告呼吁关注“生存的危机感、树立民族的忧患感、改革的紧迫感和历史的责任感”。事实上，这些都是中国可持续发展的最早的呐喊。现在，这些最初微弱的呐喊已得到了各阶层的呼应，并引起了高层领导的关注，1994 年国务院公布了《中国 21 世纪议程》。

《中国 21 世纪议程》是中国实施可持续发展战略的体现，是制定我国国民经济和社会发展中长期计划的指导性文件，同时也是中国政府认真履行 1992 年联合国环境与发展大会文件原则立场的实际行动。这个战略在总的指导思想下从三方面展开，即社会可持续发展、经济可持续发展和环境保护与资源合理利用。在中国政府以往的纲领性文件中，还没有一个像《中国 21 世纪议程》这样把经济、社会、资源与环境视为密不可分的整体，并如此正视中国发展的重大制约因素和潜在危机。在这个议程中构筑的综合的、长期的、渐进的可持续发展框架以及相应的对策，实际是指向了一条新的发展道路和一个新的体制。这与中国正在进行的经济体制和经济增长方式的“两个根本转变”的要求是不谋而合的。

三、文化：可持续发展的灵魂

可持续发展战略强调经济发展与社会发展的协调。可持续发展战略是以人为中心的发展观，它强调人与自然的和谐关系，以提高人类的生活质量为目标，这与传统单纯的以经济增长为发展目标的模式具有本质的不同，可持续发展理论的核心是文化观念的转变，可持续发展理论中关于人的全面发展、人与社会协调关系的观点有着合理的文化内涵。

1. 可持续发展观把人的发展和社会进步作为发展目标，高度重视文化在人的发展和社会进步中的价值

人的生存和发展离不开物质价值，所以人要从事物质生活资料的生产，要同自然界进行物质、能量、信息的交换，要发展经济，实现经济增长。但经济增长只是实现人生存和发展的手段，这就是说，即使是物质、经济，其价值也取决于对人的意义，取决于对文化的意义，如果把物质价值的追求和拥有、把发财致富作为人的终极目的，那么人就沦为物质财富的奴隶、金钱的奴隶，就可能成为物

质财富上的百万富翁、亿万富翁，而在精神世界里却是贫困者和乞丐。“每个人和每个人类社会都在探究他们命运的意义，而这种意义就是文化的意义。”一般地说，人在自己的生存和发展中，不仅有物质生活条件上的追求，还有精神上、社会上的追求，希望形成正确的世界观、人生观、价值观，希望拥有丰富的精神生活，希望同他人、同社会建立一定的关系和交往，希望获得他人、群体、社会的尊重，获得自由和自主。人希望在认识和改造客观世界的实践活动中显示自己的存在价值，追求真善美。人的所有这些要求和希望归结起来就是文化的要求、文化的追求，就是要使自己实现对自然界中动物的那种存在状态的提升和超越。一旦人们这样认识了自己的生存和发展，就会超越那种单纯经济增长的狭隘眼界而认识到文化的价值和意义。

社会进步固然要有经济上的发展和增长作基础，人们也必须根据生产力的发展状况来建构他们的生产方式，建构他们之间的生产关系、经济关系，并以此为基础建构他们之间的政治关系、思想关系。虽然这一过程在开始的时候往往是一种自发的过程，但这一过程的结果却是人们自觉活动的产物，人们的这种自觉就是一种文化，因此文化也参与了社会关系、社会结构、社会制度的形成和创造。任何一个社会的经济制度、政治制度都深深地打上了文化的烙印。它们本身就意味着某种文化。因此没有文化上的觉醒和进步就不可能实现社会的全面进步。现代工业发达国家的许多有识之士已经认识到仅仅物质上、经济上的富裕不可能解决所有社会问题，也不可能实现社会的全面进步。那些发达国家、富裕社会面临的危机不是物质上的匮乏，而是文化、精神上的危机，这正说明了文化在实现社会全面进步中不可或缺、不可替代的重要地位。

2. 可持续发展观把发展理解为具有能动性的人的活动的结果，重视文化在发展中的重要作用

传统的单纯经济增长的片面发展观，在讨论经济发展时把现实的人及活动抽象掉，仅仅依靠表示物的各种经济范畴建构经济增长或发展理论，因而就排除了文化的作用。然而“即使是经济分析，也不得不同作为理性和道德实体的人发生关系”。可持续发展观把现实的人及由现实的人组成的现实的经济单位作为讨论发展理论的出发点，这就必然要重视文化的作用。因为现实的人和现实的经济单位，都是历史形成的文化环境的产物，都深受文化环境的影响。他们在生产、交换、消费的经济活动中，在追求经济价值时，不是也不可能是一种纯粹的理性经济人，他们所具有的思想的、伦理道德的、社会的种种价值观念即文化价值观念同样也在产生或大或小的影响，有时甚至还会起决定性的影响。佩鲁指出：“经济体系总是沉浸于文化环境的汪洋大海之中，在这种文化环境里，每个人都遵守自己所属群体的规则、习俗和行为模式，尽管未必完全

为这些东西所决定。意义比较明确的价值使某些目标处于相对优先的位置，对这些目标的追求，激励着每一个人对经济和社会的发展作出自己的贡献，但是，他们也可能提出反对意见，采取阻挠行动，抵制这种发展。”因此文化价值观念影响、制约着人们在经济活动过程中的行为及彼此发生的各种关系，影响着各种习俗、规范、制度，影响着人们的生产活动方式、经营管理方式、市场交换方式的文明程度及文化程度。

3. 可持续发展观是一种协调的持续发展观，包含着文化自身的发展

协调发展是通过对发展过程遇到的一系列矛盾、问题的正确认识和恰当处理来实现的。这种处理不仅意味着要调整各发展单位、发展部门、发展地区之间的比例关系，调整人、社会和自然生态环境之间的关系，还意味着调整人们的各种利益之间的关系、调整各社会集团及群体之间的利益关系。调整和协调的过程是社会利益结构的变动过程，这就要求人们不仅认识到自己的、眼前的、局部的、经济的利益，还要求人们认识到他人的、长远的、全局的、非经济的利益，要求人们在认识各种利益关系的基础上改变与协调发展相抵触的价值观念和行为方式，形成与协调发展相一致的价值观念和行为方式，人们的这种观念和行为方式改变的任务也只有在文化的参与下才能完成。因此协调发展是在文化的作用下实现的。

可持续发展要求人们处理好当前发展要求和未来发展要求之间的关系，要求今天的发展为未来的发展留有余地，要求今天的发展不仅不应该耗尽或毁掉未来发展的基础和条件，而且应该为未来的发展提供更好的基础、条件，创造和开辟更广阔的发展可能性。为了实现持续发展，要求人们今天恰当、合理地利用自然资源，在利用自然资源的同时保护自然资源和生态；为了实现持续发展，要求人们为今后的发展作好科学上、理论上、人力资源上的各种准备。这就要求人们不仅开展各种能在今天带来发展效益的文化建设和文化活动，也要开展今天虽然不能立即带来发展的效益但能在未来的发展中显示效益的各种文化建设和文化活动。可以说，今天的文化就是明天的发展、明天的经济。要实现持续发展，就要重视文化的发展和建设。

第二章　公共文化服务：范畴与理论

1982年，联合国教科文组织在墨西哥召开的“世界文化政策大会”，标志着国际社会开始把广义的文化问题纳入经济、政治和社会发展战略。公共文化服务是公共服务的一部分，与文化产品与文化服务息息相关，它满足的是人类素质提升与自我发展的需要，面向的是全体社会成员，内容丰富、形式多样，其结果是人的幸福感、成就感的增强，人类文明的提升和经济社会的进步。文化生产力理论，是分析我国的文化生态环境、文化生长机制、文化管理体制和文化发展规律的理论工具，并揭示主流文化与大众文化、文化事业与文化产业的关系，表明国家文化转型的目标方向。西方有关公共文化服务的理论，可追溯至20世纪80年代兴起的“新公共管理”、“政府再造”及在反思“新公共管理”的基础上兴起的“新公共服务”运动，这些学说从不同视角和层面为公共文化服务的发展提供了理论指导。

第一节　公共文化服务：相关概念阐释

一、文化：复杂纷纭的概念

“文化”一词，中国古已有之。“文”的本义，系指各色交错的纹理，有文饰、文章之义。《说文解字》称：“文，错画也，象交文。”其引申为包括语言文字在内的各种象征符号，以及文物典章、礼仪制度等。“化”本义为变易、生成、造化，所谓“万物化生”（《易·系辞下》），其引申义则为改造、教化、培育等。文与化并联使用，最早见于《周易·贲卦》之“观乎天文，以察时变；观乎人文，以化成天下”。最先将“文化”合为一词而用的是西汉的刘向，他在《说苑·指武》中写道：“凡武之兴，为不服也，文化不改，然后加诛。”晋束皙《补亡诗·由仪》称：“文化内辑，武功外悠。”南齐王融《三月三日曲水诗·序》中云：“设神理以景俗，敷文化以柔远。”中国古代的这些“文化”概念，基本上属于精神文明范畴，往往与“武力”、“武功”、“野蛮”相对应，本身包含着一种正面的理想主义色彩，体现了治国方略中“阴”和“柔”的一面，既有政治内容，又有伦理意义。需要说明的是，古代“文化”一词与现在社会学中所讲的“文化”概念不同。近代以来，中国学者对文化概念进行了多方面的探讨。梁启超在《什么是文化》中说，“文化者，人类心能所开释出来之有价值之共业也。”梁漱溟在《中国文化要义》中说："文化，就是吾人生活所依靠之一切……文化之本义，应在经济、政治，乃至一切无所不包。"庞朴主张从物质、制度和心理三个层面去把握文化概念的内涵，其中"文化的物质层面，是最表层的；而审美趣味、价值观念、道德规范、宗教信仰、思维方式等，属于最深层；介乎二者之间的，是种种制度和理论体系"。

西方的"文化"一词来源于拉丁文的"cultura"，其主要意思是指耕作、培养、教育、发展出来的事物，是与自然存在的事物相对而言的。"文化"一词在西方也在逐步演变。在古代希腊罗马时期，随着人们越来越广泛的社会生活和政治生活，文化被理解为培养公民参与社会政治的品质和能力。到了欧洲中世纪，由于神学占据了统治地位，文化为"祭祀"一类术语所代替，人们改造自然的能力让给了神的创造力。后来，文艺复兴时期的思想家主张人道，反对神道，倡导以古代希腊罗马文化代替宗教神学文化，文化被用以说明人的形成和发展过程。到了18世纪，在启蒙运动时期的思想家们的著作中，文化与教养联系了起来，"文化程度"、"文化水平"成了理性的表现。他们把文化历史过程归结为人类理性的发展，用科学、艺术的成就来说明当时市民的社会秩序和政治设施合乎理性，用人的自然本性及其需求来说明当时的自然观，并与原始民族的"不开化"和"野蛮性"对立起来。在德国古典哲学家的著作中，文化则被视为处于人们社会规范以外的绝对精神领域，人类社会文化发展存在的目的与意义，被认为在于达到这种精神的绝对自由。不难看出，法国启蒙思想家和德国古典哲学家的文化观点，乃是当时工业社会发展的需要在社会哲学思想上的反映，它和后来社会学作为一门学科所讲的文化概念的含义是不同的。

自19世纪后期现代文化学诞生，人们才从学科的角度对文化有了全新的解释。但是由于流派众多，对文化概念的界定仍然见仁见智，文化一词尚无统一的定义。在近代，给文化一词下明确定义的，首推英国人类学家E. B. 泰勒，他在1871年出版的《原始文化》一书中，第一次把文化作为一个中心概念提了出来，并且将它的含义系统地表述为：文化是包括器物、秩序在内的由"知识、信仰、艺术、道德、法律、习俗，以及由作为社会成员的人所获得的任何其他能力和习惯的复合整体"。泰勒所说的"文化是一种复合体"的概念，显然将文化解释为社会发展过程中人类创造物的总称，包括物质技术、社会规范和观念精神，其包含的内容是非常广泛的。泰勒的文化定义虽然是描述性的，而且缺少物质文化的内容，但它却第一次给文化定义了一个整体性的概念，并给后来的社会学家、人类学家研究文化现象界定了一个基本的范围。英国人类学家B. K. 马林诺夫斯基发展了泰勒的文化定义，于20世纪30年代所著的《文化论》一书中，提出"文化是指那些传统的器物、货品、技术、思想、习惯及价值而言的，这概念包容着及调节着一切社会科学"。他还进一步把文化分为物质的和精神的，即所谓“已改造的环境和已变更的人类有机体”两种主要成分。英国人类学家 R. 弗思在 1951 年出版的《社会组织要素》一书中指出，如果认为社会是由一群具有特定生活方式的人组成的，那么文化就是生活方式。美国文化人类学家 A. L. 克罗伯和 K. 克拉克洪在 1952 年发表的《文化：一个概念定义的考评》中，分析考察了 100 多种文化定义，然后他们对文化下了一个综合定义：“文化存在于各种内隐的和外显的模式之中，借助符号的运用得以学习与传播，并构成人类群体的特殊成就，这些成就包括他们制造物品的各种具体式样，文化的基本要素是传统（通过历史衍生和选择得到的）思想观念和价值，其中尤以价值观最为重要。”

二、“公共文化服务”相关概念阐释

1. 公共产品和公共文化产品

按照公共经济学的理论，公共产品是区别于私人产品的集体消费品，具有两个基本特征：一是非竞争性，即一个使用者对某一商品或服务的消费不会减少该商品或服务对全社会的供给；二是非排他性，即任何人都无法阻止一个用户对该商品或服务的消费。

公共文化产品是公共产品的一部分，且与文化产品息息相关。文化产品是一种以提升人们精神生活为目的的特殊产品，它包括物质和精神两种形态，前者以物化劳动形态为存在形式，后者以活的劳动或劳务形态为存在形式。参照一般公共品的分析框架，可以将文化产品分为三类：一是纯公共文化产品，即公益性文化产品。它“直接关系到国家文化主权、文化信息安全或社会稳定，或与国家和民族文化创新、传承直接相关”①，如国家公共电视台、国家信息网络，重要文物和历史文化遗产的保护研究和开发利用，基础类或直接面向国家决策的重大理论研究课题等。公益性文化产品用以满足全体社会成员最基本的文化精神需求，经营方式不以营利为目的，而是以社会效益的最大化作为价值取向。由政府或非营利社会组织以无偿方式向社会提供，公众可以免费享有。二是准公共文化产品，即准公益性文化产品。它“与国家文化主权、文化信息安全不直接相关”①，包括艺术教育，广播电视和出版业中的科技、财经、农业、生活类文化产品，代表国家水准的艺术院团和节目创作，各类文化场馆提供的文化产品和服务等，各类图书馆、博物馆、文化馆、美术馆及其提供的文化产品和服务等。对这类产品，政府给予一定的财政支持，同时也参与市场竞争，消费者需要花一部分钱才

① 韩永．博物馆与公共文化服务［EB/OL］．http://www.hawh.cn/html/20071226/967314.html，2007-12-20.

能享有。三是私人文化产品，即营利性文化产品。包括音像制品、商业演出、电影放映等。经营性文化产品以商品形式提供给消费者，消费者需要按市场价格付费才能获得该文化产品。作为纯公共品的文化产品不进入市场，由政府通过公共预算由公共部门来提供或由非营利组织提供；准公共品的文化产品由文化事业部门提供，但可部分引入市场机制；非公共产品部分的文化产品，则作为商品进入市场，主要由文化产业部门按市场规律进行生产和销售。

公共文化产品是具有非竞争性和非排他性的文化产品，即文化产品中的纯公共文化产品和准公共文化产品，是社会性公共产品的重要内容。这类文化产品由于具有消费的非竞争性和非排他性，市场无法全部提供，必须由政府进行干预和提供，以解决市场失灵的问题。然而，文化是一个社会的灵魂，从这个意义上看，“任何文化产品在本质上都是公共的”①，都具有商品和公共产品的双重属性。作为精神产品的文化产品，同其他物质商品一样，是一种劳动产品，具有商品的一般属性。但是，文化产品又和一般商品不同，它具有公共品的特殊性。一般物质商品的消费是人们占有与直接的使用消耗，而文化商品的消费方式在很多情况下是欣赏，它所消耗的只是文化艺术的物质载体，其文化价值不但不会消耗，反而在人们的共鸣中进一步丰富。许多文化产品不会在消费中立即消失。一部优秀的作品、电影，则可以通过再版复制而获得永久的流传。许多非竞争性的文化产品的消费不影响其他人的消费。如广播电视报道的时事新闻，可以被世界各国数以亿计的人同时接受。受众人数的增加，既不会减少原有的消费，也不会增加供给的成本。有些文化产品是以整个社会为对象，社会的每一个成员都可以无偿获取并消费，如城市街头的雕塑、画廊、广场社区的音乐会等。同时，由于文化产品作为满足人们的精神文化生活需要的精神产品，是人类精神生产——“不受肉体需要的支配也进行”的生产，是“按照美的规律来建造”的生产结果，文化产品具有天然的意识形态属性，具有传承品格。因此，在任何情况下，都不能放弃文化产品的公共性，必须保持“清醒而理性的意识形态自律，对极端意识形态和意识形态性的庸俗化泛滥保持高度的警惕”。②

2. 公共服务和公共文化服务

从公共管理学角度看，公共服务是公共部门与准公共部门为满足社会公共需要，共同提供公共产品的服务行为的总称。公共服务是一种具有非竞争性和非排他性的社会服务。就其内容而言，公共服务涵盖了公共产品。公共服务就是提供公共产品和服务，包括加强城乡公共设施建设，发展社会就业、社会保障服务和

---

① 章建刚．公共文化的范畴与提供方式的创新趋势［J］．深圳文化研究参考，2006，(2)：16.

② 王列生．论构建公共文化服务体系的意识形态前置［J］．文艺理论与批评，2007，(2)：128.

教育、科技、文化、卫生、体育等公共事业，发布公共信息等，为社会公众生活和参与社会经济、政治、文化活动提供保障和创造条件。这是对政府公共服务范围的概括，也是对服务型政府内涵的界定。通过提供公共服务，全体社会成员都能够享受发展和改革的成果。公共服务通常由法律授权的政府组织、非营利组织和企业承担，其中政府是责无旁贷的公共服务提供主体。在我国，公共服务是进入21世纪以后正式提出的。2002年，党的“十六大”报告第一次把政府职能归结为四个方面：经济调节、市场监管、社会管理和公共服务；提出要“进一步转变政府职能，改进管理方式，推行电子政务，提高行政效率，降低行政成本，形成行为规范、运转协调、公正透明、廉洁高效的行政管理体制”。2003年，党的十六届三中全会进一步提出了“完善政府社会管理和公共服务职能，为全面建设小康社会提供有力的体制保障”的目标。2004年2月，温家宝总理在中央党校省部级主要领导干部“树立和落实科学发展观”专题研究班结业式上的讲话中，进一步明确了我国公共服务的范围和内容。

公共文化服务是公共服务的一部分，与文化产品及文化服务息息相关。公共文化服务是具有非竞争性和非排他性的社会文化服务，是政府公共服务的重要组成部分。公共文化服务是为满足社会的公共文化需求，向公众提供公共文化产品和服务行为及其相关制度与系统的总称，它涵盖了广播电视、电影、出版、报刊、互联网、演出、博物馆、图书馆、档案馆和哲学社会科学研究等诸多文化领域。从公共管理学角度看，公共文化服务属于公共服务中的社会性公共服务，公共文化服务包含纯公共文化产品和准公共文化产品。纯公共文化产品主要指那些用于展现国家文化形象、传承文化精神、保障国家文化安全的文化产品。这类文化产品和服务由于其投资大，同时具备公共性、共享性和非竞争性，通常无法通过正常的市场机制获取相应的利润。大多数的文化产品都属于准公共文化产品这一类。准公共文化产品既具备一定的公共性，同时又具备排他性和竞争性，是满足人民群众文化需求的主要组成部分，与人民群众的文化权利息息相关。

公共文化服务满足的是人类素质提升与自我发展的需要，面向的对象为社会全体成员，内容丰富、形式多样，其中很多是涉及国计民生和社会发展的基础性投入，带有非营利性，承担普及传播先进文化和保障公众基本文化需求的任务，如义务教育、广播电视工程等，都需要大量的资本，并且一旦投入就很容易产生资本刚性沉淀，因而公共文化服务多由政府负责提供。公共文化服务平等地向社会的每个成员提供产品和服务，实现公众的共同利益目标，社会成员联合消费共同受益，一个成员的消费和受益通常并不影响另一个成员的消费和受益，具有典型的非排他性。公共文化服务的结果不仅是服务的购买方受益，而且每一个有关联的社会成员都能够从中受益。这些效益是第三者事先未预料的也不需要付出成本的收益。公共文化服务的共同结果是人的幸福感、成就感的增强，人类文明的提升和经济社会的进步，具有很强的正外部效应。

3. 公共文化服务的本质特征

（1）文化性。公共文化属于文化范畴，因此必然具有文化性特征，这也是公共文化的本质特征。这里的文化性本身包含对客体与主体的双重要求："作为公共文化设施、场所、活动，本身需要具有一定的文化素质与精神积淀；同时，对艺术品欣赏者、文化活动参与者自身的文化能力也做出了一定要求。"首先，公共文化设施、场所必须具有丰厚的文化内涵，代表一个国家、地区精神进步的呼声。一方面，现代社会是一个知识经济型社会，随着文化水平的提高，广大群众对文化的需求越来越高，因此博物馆、图书馆、展览馆等公共文化场所内部所蕴含的巨大文化价值与精神含量可以对渴求知识的人们产生巨大的感召力，并通过这种感召使文化在社会范围内实现流动。另一方面，因为公共文化场所、设施以及公共文化活动本身就是一个城市或地区文化精神的载体，它们以一件艺术作品或是一种艺术形式的方式存在，是人类精神文化的凝结，当中蕴含丰厚的文化内涵。公共图书馆、展览馆本身就是建筑艺术的集成之作，雕塑公园不仅具有深远的内涵，同时也拥有各种艺术的造型，而消夏晚会、广场音乐节的出现不仅是弘扬社会主义精神文明的载体，同时也是传播艺术美的重要途径，是使人感到赏心悦目的一种文化形式。其次，对公共文化服务对象而言，大众不是公共文化的被动参与者，他们必须具备一定的文化接受能力，了解文化艺术作品或文化活动本身具有的文化意义和价值要求，并能赋予这种文化作品或活动以新的意义和价值，即出现文化的增殖和衍生。环艺雕塑、文艺展演等公共文化作品是文化活动本身即艺术家艺术思想的凝结，带有鲜明的意识形态特征，希求通过欣赏者的理解达到共鸣，从而实现其艺术价值；观赏者也在产生共鸣的同时提高了自己的审美趣味与鉴赏能力，这种趣味与能力是其参加公共文化活动的文化基础。只有满足了参与者心理上和精神上的需求，公共文化服务的目的才能实现。可以说，公共文化服务活动中参与者本人的知识水平与鉴赏能力呈螺旋状上升：随着鉴赏能力的提高，参与者获取的知识也就增多；随着知识的增多，参与者的鉴赏能力也就获得更高层次的提升。

（2）公益性。公益性包括社会公有性、社会共享性和社会共用性三个层面。公益性公共文化服务绝大部分是政府直接投资并拨付日常经费进行管理的。而政府财政是由纳税人上缴的税金和企业创造的利润积累起来的，实际上政府的钱即公民的钱。由此可见，各种国办公益性文化事业和提供的公共文化服务，无论是图书馆、博物馆、文化馆、美术馆还是公园、文化广场等，理所当然地为社会全体公民所有[①]。既然这些文化设施为全体社会成员所公有，它理所当然就应为全社会成员所支配；由于公共文化服务设施为社会所公有，它就必然为社会所共享。例如，美国华盛顿国会图书馆，尽管冠以威严的“国会”二字，但它对任何达到入学年龄的人都免费开放。其他公益性文化场所也是为社会所共享的，例如，各国的博物馆、纪念馆、美术馆，公民或者花很少的钱买票，或者持有效证件即可进入参观。公共文化服务要面向全社会、面向公众，全心全意做好各项服务工作，使广大公民能够平等地、充分地享受和利用现有的公共服务及其设施，从中汲取知识，获得教育，受到美的熏陶，享受健康娱乐。为公众提供服务就是公用，而这种服务越周到越全面，越能体现公共文化服务的公用性。

（3）社会性。公共文化服务的第三个特征为社会性，包括两个层面：一是指随着历史发展，一部分宗教圣地、名胜古迹、名人故居、文物古籍等历史遗存的私人属性发生改变，逐渐沉淀为社会性的公共文化，成为广大市民追忆往昔的载体，也成为科研工作者进行历史研究的依据；另一方面是指绝大多数公共文化设施、产品为满足社会大众需要具有大众化特点，尽管一定程度上仍然带有精英艺术家的创造性思维，但现阶段仍然以平民化语言为主要表现手段与传达内心意志的载体。

作为享誉世界的文明古国，我国广袤土地上随处可见的文化古都、历史文化名城以及那些形态各异但同样蕴含深厚积淀的文化遗址，是今天公共文化的重要组成部分。随着新中国的成立，文物工作迎来了崭新的春天，大批文物古迹重见天日，皇家陵园甚至皇宫大院也揭开了神秘的面纱，向社会公众开放。由此可见，一部分公共文化场所本身是由历史文化遗产转化而来，随着文化事业的发展逐渐成为服务于大众的文化场所，并在从私人属性向社会属性转化的过程中对社会大众实现审美渗透与文化影响，不仅从观赏的角度给人以陶冶情操的作用，同时还具有极大的精神力量与教育意义。与此同时，原本属于精英文化范畴的高雅音乐会、诗词赏析等文化活动，为满足社会大众对精英文化的渴求，而被赋予了更加平民化的、具有公共性的文化属性。

（4）非营利性。公共文化服务以注重社会公共利益为目标，但它提供的产品和服务也会以不同形式进入市场，由于这类产品和服务的自身价值同市场价格往往有较大程度的背离，所以不能通过市场交易来实现它的价值。许多高雅艺术、文化著作和传统民族文化，以及一些以特定社会群体为服务对象的文化产品如科普、儿童读物与影视等，都在不同程度上具有这种特征。这类产品与服务所担负的使命是社会文化、科学价值的传承及社会主流价值观念的传播，体现一个国家的文化面貌和水准，以实现某种意识形态的传播为目的。对这类产品和服务的衡

---

① 孙萍．文化管理学［M］．北京：中国人民大学出版社，2005：145.

量标准，不是它的市场价值，或者说它们所能得到的市场收入不是主要的，只是从属性的和附带性的。

第二节　文化生产力理论及其实践价值

一、生产力与文化生产力

生产力问题是一个永远充满活力的问题。作为隐藏在人类社会发展背后并推动社会不断前进的动力，生产力在人类的实践活动和文化创造中，不断地把自身的功能和作用透过社会历史演变的过程显现出来。一方面，人类的创造力促使科学技术日新月异，使生产工具得到不断的改进和提高，推动了生产力水平由低级到高级的发展；另一方面，人们对生产力的认识也由浅入深，生产力理论在人类的视野中不断地被确认和深化，生产力的内涵被更多地揭示出来。

文化生产力的提出反映了人们对生产力理论认识的进一步深化。李斯特首次提出了“生产力理论”，认为生产力是指个人进行财富创造的能力，是精神劳动的生产力，是自然生产力、物质生产力、政治生产力和国家生产力。李斯特的观点在某种程度上影响了同时代的马克思。毫无疑问，马克思在唯物史观中对生产力的描述是有史以来最有价值和最有影响力的。资本主义社会的飞速发展，世界市场的不断开拓以及生产工具的迅速改进为马克思的生产力理论准备了事实基础，在马克思，生产力意义得到进一步完善，并将精神生产力看做是社会生产力的一个重要组成部分。在《1844 年经济学哲学手稿》中，马克思就曾提出：“宗教、家庭、国家、法、道德、科学、艺术等等，都不过是生产的一些特殊的方式，并且受生产的普遍规律的支配。”① 1847 年马克思在《哲学的贫困》中把人类“文明的果实”称为“已经获得的生产力”。在《1857～1858 年经济学手稿》中，马克思更是谈到“一切生产力即物质生产力和精神生产力”②，他说：“固定资本的发展表明，一般社会知识，已经在多么大的程度上变成了直接的生产力，从而社会生活过程的条件本身在多么大的程度上受到一般智力的控制并按照这种智力得到改造。”③ 到了 19 世纪 60 年代，马克思在《资本论》中又指出：“劳动生产力是由多种情况决定的，其中包括：工人的平均熟练程度，科学的发展水平和它在工艺上应用的程度，生产过程的社会结合，生产资料的规模和效能，以及自然条件。”④ 晚年，马克思在写作《巴枯宁〈国家制度和无政府状态〉一书摘

① 马克思恩格斯全集（第 42 卷）[M]．北京：人民出版社，1979：121.
② 马克思恩格斯全集（第 46 卷）（上）[M]．北京：人民出版社，1979：173.
③ 马克思恩格斯全集（第 46 卷）（下）[M]．北京：人民出版社，1979：219～220.
④ 马克思恩格斯全集（第 23 卷）[M]．北京：人民出版社，1972：53.

要》时又一次提到了“已经获得的生产力（物质方面和精神方面的）、语言、文学、技术能力等等”[①]。显然，在马克思那里，生产力不是指单一的物质生产力，还包括精神生产力。虽然在马克思的话语中，为了纠正以往历史观忽视物质生产的作用，特别强调了物质生产的重要性，但如果把物质生产当作历史发展中唯一起决定作用的因素，就违背和歪曲了马克思的思想。

20世纪以来，随着科学技术的发展，人们对生产力的认识有了新的发展，突出表现在哈贝马斯和邓小平的“关于科学技术是第一生产力”的论述上。哈贝马斯认为，“自19世纪后25年以来，在最先进的资本主义国家中出现了两种引人注目的发展趋势：其一，强化国家干预，这确保了制度的稳定；其二，推进科学研究与技术之间的相互依存，这使科学成了第一位的生产力”[②]。邓小平在1988年初的一次讲话中指出：“马克思讲过科学技术是生产力，这是非常正确的，现在看来这样说可能还不够，恐怕是第一生产力。”[③] 哈贝马斯和邓小平虽然处在不同的社会制度中，但他们对生产力内涵的论述和揭示无疑反映了社会的发展和时代的要求。

通过对生产力理论发展过程的梳理，不难发现，随着经济的发展、科技的提高和社会的进步，生产力的内涵也越来越丰富，人们对生产力的认识也越来越深入。文化生产力的提出无疑是生产力理论在当今时代发展的一个突出表现。文化生产力就是指人们围绕满足人类自身的精神需求，把人类自身的思想、意志和情感作为文化资源，生产文化产品、提供文化服务和创造社会财富的能力。物质生产者与精神生产者在相对独立的发展过程中形成了具有自身内在特征的生产力形态。物质生产力主要面对人同自然的物质关系，具有物质形态的主导特征；文化生产力是人类社会意识、社会心理等精神方面的发展成果，具有突出的意识形态特征。在文化生产力中人自始至终处于主体地位。人的主体地位表现为人是文化的创造者、使用者和消费者。文化生产力同时具有物的属性和意识形态性。只有当文化作为服务人类的精神消费时，文化生产力的实现才有可能。文化生产力特殊的二重性，使得文化既是上层建筑中意识形态的重要组成部分，又是生产力最先进的、最具活力的部分。文化生产力的二重性在社会实践中表现为产业性与精神性。一方面是指它具有和其他产业一样的经济性质、市场运作方式、产业管理规范及追求经济效益等一系列特征；另一方面是指把人类的思想、观念和认识等作为产品内容。文化生产力特殊的二重性决定了它既有巨大的经济能量，又有影响民族文化心理和整合社会关系的力量。文化的产业性是意识形态性的载体和最

---

① 马克思恩格斯全集（第18卷）［M］．北京：人民出版社，1964：682.

② ［德］哈贝马斯．作为“意识形态”的技术和科学［M］．上海：学林出版社，1999：38.

③ 邓小平文选（第3卷）［M］．北京：人民出版社，1993：275.

有力的传播工具。任何一种价值观念和道德信仰的形成，都是通过文化产品和有效的传播途径，被广大民众潜移默化地接受的。与其他任何一种商品均不同的是，“文化产品”具有最独特的“外部效应”，它是唯一对人的精神产生作用的“产品”。大工业生产的商品所创造的价值始终不能与文化生产所创造的价值相等同。可以断定，文化作为生产力是由其内在本质所决定的。人们通过满足自身的文化需求，创造出文化经济、经济文化和文化市场；通过满足文化的市场需求，创造出文化传播的渠道和手段；通过满足人们的精神需求，创造出人类共同的价值理念；通过满足人们自由和全面的发展，创造出人类文化自主、文化交流和文化融合的繁荣局面。

二、文化生产力理论的实践价值①

1. 文化生产力揭示了主流文化与大众文化的关系

主流意识形态是在文化竞争中形成的，具有高度的融合力、较强大的传播力和广泛认同的文化形式，是凝聚人心和稳定社会的精神力量。现代高新科技革命正在对人类当代文化的发展产生着以往所无可比拟的巨大影响。文化生产方式的改变、主导传媒形式的革新和新兴文化形态的崛起引起了原有文化艺术生态格局的全面变化，封闭的、落后的、狭隘的文化和缺乏竞争力的文化，都将在文化市场中被文化消费者遗忘。在现代社会里，一切关于思想文化的有效传播、意识形态建设和文化经济的实现，都只有通过和借助文化产业的规模和手段才能实现，因此，主流文化之间竞争的背后实际上是国家和民族的综合实力的竞争。

大众文化既是主流文化的营养基因，又是主流文化异化的力量。一个民族的价值观和道德文化都是通过大众文化的传承而得以生存和发展的，逐步形成了人们普遍认同的主流文化。大众文化用工业化的手段，在以满足人们好奇心为内容传播人类共同价值观念的同时，也渲染脱离现实社会的、违背人类本性的和煽动民族歧视的极端化倾向，以误导民众。大众文化在传播意识形态消极因素方面的强大力量，使每一个国家和民族都必须高度重视，所谓的国家文化安全问题就是指大众文化传播过程中对民族文化和主流文化形成的威胁。

“守土有责”是主流文化的历史责任。然而，由于对具体的“土”的概念缺乏足够科学的界定和把握，忽视了思想文化领域里“土”的内涵和外延已经在形态上和本质上都发生了很大变化的事实，依然沿袭固守传统的思想意识、运营模式和管制手段。面对文化市场化的趋势，这些手段和方法都因背离社会发展、远离广大群众而苍白无力。主流文化只有不断保持先进文化的大众化和大众文化的

---

① 丁言．文化生产力理论的实践价值［J］．中共四川省委党校学报，2006，(2)：54～55.

先进化的统一，才能提高主流文化的先进性和普适性；主流文化只有不断增强自身的造血功能，壮大其产业性，提高文化的扩张能力，才能赢得全球化文化市场竞争的优势。主流文化只有充分利用现代技术和文化传播的手段，才能彻底改变主流文化因公益性和普及性而造成的市场主动和市场敏感的天然缺陷。面对自主的文化主体和铺天盖地的文化信息，主流文化必须改变教条式的、公式化的和僵化的运作方式，不断提高融和力、亲和力和整合力，只有这样才能提高国家和民族的凝聚力、向心力和前进动力，成为国家和民族的精神支柱。

2. 文化生产力揭示了文化事业与文化产业的关系

文化事业与文化产业相互联系，互有差异。公益性文化事业主要包括学术研究（包括哲学社会科学和自然科学研究）、基础教育、文学艺术以及博物馆、图书馆等文化设施、文化产品和文化服务体系，其事业性的本质决定了它的公共性、创造性和服务性，这也就是所谓公共文化设施供应的“非排他性”。所以靠市场手段建设公益性文化设施和提供文化服务是不现实的，也是有限的。发展公益性文化事业，为公众提供文化服务，以满足人民群众公共性的、高品位的文化需求，提高人民群众的思想和科学文化素质，就理所当然地成为政府管理文化的重要职责。经营性文化产业的市场特征决定了它的消遣性、娱乐性、益智性和营利性，是公民市场主体地位的本质在文化市场化上的反映，它强调的是市场主体为民众提供文化消费服务的自主趋利性。公益性文化事业和经营性文化产业属性的不同决定了其运作主体、实现方式和发展规律的差异。

文化事业与文化产业相互促进，共同发展。从表面上看，两类文化生产存在明显的差异。事实上，公益性文化事业在满足人的公共文化服务需求时，为经营性文化产业提供了丰富的文化资源、创作源泉，培养了高素质的创作队伍和消费群体，完善了文化发展的基础设施。经营性文化在满足人的特殊文化需求时，为公益文化发展提供了巨大的市场空间，激发传统文化资源的传承和交流活力，拓展了文化服务领域和视野，加快了文化的传播速度和效率。没有公共文化设施和公共文化服务，文化资源就不可能得到保护、利用和开发，文化产业的发展就成为无源之水，而没有文化产业的大力发展，文化的公益性和普及性就难以实现。经营性文化产业的市场性并没有完全改变它特有的公益文化性质，文化产业是内容产业，它特定的内容和便捷的传播渠道在丰富公民精神文化生活和传播消费文化的同时，也承载着传播公益文化的功能。两者相辅相成，共同发展。文化的生命力在于它是否符合文化主体总体性的需求和人的全面发展的要求，任何垄断文化和文化的垄断都违背人是不同文化的创造者、消费者以及文化主体对文化需求无限性的发展规律。

3. 文化生产力揭示了国家文化转型的目标和方向

转变党管理意识形态的执政方式、提高党的文化执政能力是建立国家文化管理体制的核心。在相当长一个时期里，文化在我国的国家政治社会生活中占有特殊的地位，意识形态领域里的阶级斗争理论，是我国文化管理的基本理论。用意识形态理论规定国家文化管理的主要任务和职能，是我国文化管理的重要特征。按照文化生产力的理论，文化的物的特性与意识形态性是两种不同的属性，文化的公益性与经营性、营利性与非营利性在一定程度上与之存在对应关系。这种划分明显地表现出国家文化管理意志和管理政策的制度性重大转型，表明文化生产力理论将成为文化体制改革理论创新和文化转型的基础。如果不能在党管理意识形态与国家文化管理目的、政府文化管理职能和大众文化产业化发展之间取得理论上的重大突破，就不能为我国全面的文化体制改革和文化转型提供法理上的依据。如果我们不能按照文化生产力理论的要求，对严重制约文化生产力的思维模式、传统习惯进行彻底的变革，对那些严重妨碍我国文化生产力解放的制度性障碍进行根本上的改革，中国文化变革与转型的任务就难以实现。在文化体制改革中，如何转变党管意识形态的执政方式是文化体制改革的核心问题。

在社会主义市场经济条件下，不仅意识形态的内容发生了很大变化，而且它的传播手段和受众群体也都发生了很大变化，经济和文化的多样化趋势使党单一的文化管理失去了它的合法性基础，党的文化执政能力要从过去单一的文化管理，向多元的、综合的文化执政能力转变。当大众文化和文化产业已经客观地成为意识形态的重要存在形态和传播路径的时候，当文化市场已经客观地成为没有区域限制的价值观念竞争的阵地时，当公众从被动的文化受体变为文化自觉主体时，执政党必须认真研究执政的规律和文化发展的规律，自觉转变执政理念、领导方式和执政方式，不断完善和创新党管意识形态的制度形态和制度系统，实现党管文化向党重在抓主流意识形态建设转变。党不断根据经济社会发展的需求进行理论创新，通过合法的法律程序将党的文化意志转变为国家意志，通过政府依法建立起国家的公共文化管理制度。邓小平曾指出：要改变过去“把加强党的领导，变成了党去包办一切，干预一切；实行一元化领导变成了党政不分，以党代政；坚持中央的统一领导，变成了‘一切统一口径’”的模式，就必须区分党管意识形态和国家文化事业管理，把政府管理文化的职能性工作权利还给政府。政府依法行政，依法管理一切文化事业；把文化产业的主体地位还给企业，确立其作为市场主体的法律地位；把应该属于市场调节的那一部分权力还给市场，发挥市场在资源配置中的基础性作用。

提出文化生产力的概念，并以此来分析我国的文化生态环境、文化生长机制、文化管理体制和文化发展规律，是由于我国所面临的严峻形势迫切要求中华文化重新获得新的生命力。只有适应文化生产力、推动文化生产力的发展，才能最终使中华文化在文化经济的形态下，实现文化与社会的共同进步。

第三节 公共文化服务：理论镜鉴

1982年，联合国教科文组织在墨西哥召开的“世界文化政策大会”，标志着国际社会开始把广义的文化问题纳入经济、政治和社会发展战略。公共文化需求及权益是整个公共需求和公共权益的一个组成部分。公共文化服务的理论背景可追溯至20世纪80年代兴起的“新公共管理”、“政府再造”及在反思“新公共管理”的基础上而兴起的“新公共服务”运动，这些学说为公共文化服务的发展从不同视角和层面提供了理论指导。

一、公共选择理论与公共文化服务

20世纪80年代，公共选择理论成为西方新自由主义经济学的主要流派，同时也被视为是西方新公共管理学的理论支撑。公共选择理论既是当代西方经济学的一个重要分支，同时又是一个极其重要的涉及现代政治学和行政学的研究领域。从经济学理论的角度来看，它运用的是经济学的逻辑和方法；而从政治学、行政学的角度来看，它分析的是在现实生活中同我们密切相关的政治个体（包括选民和政治家）的具体行为特征，同时包括由此引起的政治团体（尤其是政府）的行为特征。因此，学术界常常把公共选择理论称为“新政治经济学”、“政治的经济学”。因为公共选择理论在分析政治市场中官僚的行为动机时，引入了经济学中的“经济人”假设，并以此为基础，对官僚的“经济人”性质及其危害和治理进行了系统的剖析，从而形成了颇具特色的官僚经济理论，这一理论撕开了传统政治理论覆盖在政府官员身上的理想化面纱，触及了官僚关注自身利益的本质动机，有助于理性地认识政府机构及其工作人员。公共选择理论的研究对象是公共选择问题，而公共选择就是指人们通过民主决策的政治过程来决定公共物品的需求、供给和产量，是把私人的个人选择转化为集体选择的一种过程（也可以说是一种机制），是利用非市场决策的方式对资源进行配置。所以说，公共选择在本质上是一种政治过程。公共选择作为一种政治过程，它又有不同的方面，即要经过立宪、立法、行政和司法三个过程。在立宪阶段，进行的选择是制定根本性的法规来约束人们的行为；立法阶段，主要是在现行的规则和法律范围内展开集体活动；而行政和司法阶段则是执行阶段，它将立法机构通过的法案具体付诸实施，并且执行各项决策。

公共选择理论用经济学的思维方法对政府管理过程中所出现的一系列问题进

行了深入的分析，深刻地揭示了市场经济条件下政府与市场之间存在的一些共同特征，并指出了政府干预经济的限度和政府干预失败的根本原因，为各国行政改革提供了有益的启发：①政府必须把握好干预经济活动的适度原则，在政府利益和社会公共利益之间架构一套激励共容机制。由于市场存在一定的自发性，注定其有时会失灵，所以政府就有必要对市场进行一定程度的干预。但政府在干预经济的过程中，并不一定能弥补市场缺陷，因为政府本身也会失灵。因此，在建立市场经济的过程中，既要发挥好市场对资源配置的基础性作用，同时又要把握好政府干预经济行为的限度，使政府能够有效地弥补市场机制的不足。解决问题的关键是在政府利益与公共利益之间建立一整套激励共容机制，这样政府利益不仅不会损害公共利益，反而更能促进公共利益。②经济市场与政治市场具有相似性，经济过程和政治过程也有密切的联系。政治过程的缺点会对经济过程产生不良的影响。为了完善社会主义市场经济，必须进行相应的政治体制改革，并依据市场经济的内在要求转变政府职能。③公共选择理论中的“经济人”假设，为决策机制设计提供了富有启发性的思路。政治市场中的“经济人”假设的引申含义是，若要使政治决策能符合公共利益最大化的要求，就必须建立一套能约束和监督决策者的有效机制，否则，决策就可能偏离公共利益的轨道。布坎南认为，由于决策者会被自身“经济人”的动机所左右，导致其对公共利益的理解难于切合实际；决策者自利动机的刺激作用，使得他们的决策行为往往不是倾向于最大限度地增进公共利益，而是依据自己获得的信息和个人效用最大化原则来决策，所以政府的决策并不能确保资源的最佳配置。而产生这一政府行为的原因是缺乏一种约束机制来制约政府的决策行为，所以必须为政府制定政策建立某种规则和程序，以使政策方案趋于合理，避免决策失误。

被称为新政治经济学的公共选择理论将经济学的理论和分析方法运用于政治领域，在政府决策和社会、个人选择之间建立内在的联系。公共选择理论关注政府与社会的关系，主张打破政府在公共服务领域的垄断地位，将政府的一些职能释放给市场和社会，建立公私之间的竞争，通过外部的政府与市场关系的重组来改革政府。鉴于此，公共选择理论重新强调市场的价值，指出公共服务的社会化是解决公共物品供给低效率问题的较佳途径。因此，在公共物品的供给问题上，可以根据公共服务的类型来选择适当的社会组织来提供，将公共服务类型与社会组织类型进行理性组合。西方公共改革浪潮起源于英国的私有化运动，当时撒切尔夫人就信奉布坎南的公共选择理论，主张以市场机制作为调节资源配置的主要工具，减少国家干预，恢复自由经济。此后，英国政府开始重新审视对艺术和文化部门的资助和管理，在继续保持对其公共部门的资助外，政府希望艺术和文化机构能够寻求新的经济来源以补充收入。同期，法国也认识到应对文化事业的鼓励、支持采取间接的方式，在不排斥政府干预行动的基础上，将市场机制引入公共文化事业中，希望通过市场经济规律，鼓励私人企业投资文化事业。美国同样认为私有化和市场机制比政府的效率更高，倡导消减用于包括文化项目在内的社会服务的公共开支，解除市场管制，允许资本自由流动。因此，美国文化是将其置入开放性的市场经济和民间社会而发展起来的，政府采取间接管理与规划。公共选择理论在公共文化管理中的运用，是希望在加强政府财政责任的同时，引入市场机制和社会力量，采取政府与非政府公共服务机构分权的形式，来扩大公共文化服务供给范围并提高效率。

二、新公共管理理论与公共文化服务

新公共管理理论是20世纪80年代以来在英国、美国等国家出现的行政改革指导理论，它是对当代西方行政改革实践经验的基础性总结。1990年，彼得·奥库安对英国、澳大利亚和新西兰进行了比较研究，认为这些国家均出现了某种“新公共管理”的发展。1991年，英国公共管理学者胡德归纳了新公共管理的七个基本特征[①]：推行职业化管理；标准化和绩效测量；产出而非过程控制；全力分散化；竞争；引入私人部门管理技术；节约和效率。1992年，美国学者戴维·奥斯本和特德·盖布勒在《改革政府：企业家精神如何改革着公营部门》一书中，将新公共管理改革的原则概括为十个方面[②]：起催化作用的政府——掌舵而不是划桨；社区拥有的政府——授权而不是服务；竞争性政府——把竞争机制注入提供的服务中去；有使命感的政府——改变照章办事的组织；讲究效果的政府——按效果而不是按投入拨款；受顾客驱使的政府——满足顾客的需要，不是官僚政治的需要；有事业心的政府——有收益而不浪费；有预见的政府——预防而不是治疗；分权的政府——从等级制到参与和协作；以市场为导向的政府——通过市场力量进行变革。1995年，经济合作与发展组织（OECD）概括出世界范围内新公共管理运动的八个基本特征：全权利转移，提高灵活性；确保绩效、控制和责任制；发展竞争和选择；提供回应性服务；改善人力资源管理；优化信息管理；提高管理质量；加强中央指导而非干预的职能。

我国学者陈振明教授在《评西方的“新公共管理”范式》一文中，将新公共管理理论的基本观点概括为[③]：①政府作用是“掌舵”而不是“划桨”，政府应该将市场机制、公共权力机制和社会自治机制结合起来治理。政府可以通过民主程序设定社会需要的优先目标，再利用非政府组织和私人部门的力量来

---

① ［英］克里斯托弗·胡德．国家的艺术：文化、修辞与公共管理［M］．彭勃，邵春霞译．上海：上海人民出版社，2009：207～218.

② ［美］奥斯本，盖布勒．改革政府：企业家精神如何改革着公营部门［M］．周敦仁等译．上海：上海译文出版社，2006：73～110.

③ 陈振明．评西方的“新公共管理”范式［J］．中国社会科学，2000，(6)：73～82.

提供公共服务。②公共组织和私人组织具有相同的管理属性，主张引进市场竞争机制和私营部门成功的管理经验和方式。新公共管理强调公共部门应广泛采用私营部门成功的管理手段，如成本——效率分析、全面质量管理、目标管理等；同时引进竞争机制，打破公共服务供给的垄断性，采取政府业务合同出租、竞争性招标等方式，实现公共服务的市场化与社会化。③政府不再是高高在上、自我服务的官僚机构，在政府与社会之间关系的定位上，政府公务人员应该是负有责任的“公共企业经理和管理人员”，而社会公众应该是向政府提供税收的纳税人并且享受政府服务的“顾客”，政府服务应以“顾客”为导向，增强对社会公众需要的回应力。④公共管理部门应由重视“过程与投入”转向注重“结果与产出”，明确规定公共部门应达到的工作目标，并对其最终工作结果进行绩效评估，对达到或超额完成预期目标的机构与人员给予奖励。⑤主张通过授权来改进公共部门的工作，致力于打破科层制的刚性，使公共管理更具灵活性和回应性。⑥重视公共人力资源的管理与开发。与传统公共行政模式下缺乏灵活性的人事管理体制不同，新公共管理重视提高在人员录用、任期、工资及其他人事管理环节上的灵活性，如引进雇员制、实行短期合同制、以工作实绩为依据的绩效工资制等。

新公共管理的核心理念是政府“有限理性”和政府官员的“经济人”假设，其核心内容是力图将私营部门和工商企业的方法用于公共部门，强调市场竞争、政府工作的绩效评估、行政过程的透明取向、成本效率和顾客导向等。新公共管理与公共选择的共同点是尊崇市场作用，但两者也是有区别的：公共选择关注的焦点是政府与市场和社会的关系，主张减少政府干预，充分发挥市场的力量解决政府面临的困境；新公共管理关注的重点是政府公共部门内部，主张通过引进市场机制来完善政府公共组织。在新公共管理理论的影响下，西方国家公共文化部门在管理体制改革过程中呈现出一系列新的取向。这些改革在追求公共文化资源配置的公平、合理以及公共文化部门经营的经济、效率和效益的基础上，使国家文化公共行政管理与国有公共文化服务供给之间实现了体制上的分离。在保持国有或政府所有的前提下，将国有公共文化部门的经营权分散给社团、企业或私人，从而使公共文化行政管理与公共文化经营管理在组织制度上分离开来，最终实现国家文化行政系统与国家公共文化系统之间独立和互补的关系，确立科学有效的公共文化服务体制模式。

三、新公共服务理论与公共文化服务

新公共服务理论是在与新公共管理理论的争论中产生与发展起来的。新公共服务理论的相关研究学者认为，资本主义与民主政治在强调保护个人自由而不是个人发展的现实问题的社会中共存。当今新公共管理的政府“市场模式”超出了早期“改革”的范围，具有削弱公共部门管理中作为主导原则的民主政治的危险。新公共服务学者——美国行政学者罗伯特·丹哈特（Robert B. Denhardt）和珍妮特·丹哈特（Janet Vinzant Denhardt）主张在公共管理改革中倡导参与式国家模式，强调保护公民自由，发挥社区与非政府组织在公共管理中的作用，发挥民主特别是直接民主机制的作用。侯玉兰教授在对新公共服务理论的评述中，将新公共服务的基本原则概括为[①]：①政府的作用是“服务”而不是“掌舵”。公务人员的价值体现在帮助公民表达并满足他们共同的利益，而不是试图控制并将社会掌舵到一个新的方向。现代政府的职能是与非营利组织、私营部门结合起来，为社区面临的问题寻找解决办法；政府的角色要从控制转变为协调，充当相关各方面的调停人、中介人甚至裁判员的角色，为促进公共问题的解决提供便利。②公共利益是目的而不是副产品。公务人员必须树立一种集体的、共享的公共利益观念。其目标并不是被个人选择所驱使去寻找快速的解决之道。相反，它是共同利益和共同责任的创新。确立社会发展的长远目标与规划不能仅仅由政府官员来进行，而应进行广泛的公众对话和协商来共商社会发展方向。政府应该积极地为公民通过对话清晰地表达共同的价值观念并形成共同的公共利益观念提供舞台，政府还有责任确保经过这些程序而产生的解决方案完全符合公正和公平的规范，确保公共利益居于主导地位。③战略地思考，民主地行动。满足公共需要的政策与规划能通过集体努力和合作程序而有效、负责任地获得。政府应鼓励公民责任感的强化，支持群体和个人参与社区契约的订立活动，从而为有效和负责任的公民行动奠定基础。政府应该具有开放性、可亲近性和回应性，能够为公民服务并且为公民创造机会。④服务于人民，而不是顾客。公共利益是通过共享价值的整合而产生的，而不是个人利益的对话。因此，公务人员不应仅仅满足于顾客的需要，而要聚焦于公民并与公民建立信任与合作关系。政府与公民的关系不同于企业与顾客的关系，在公共部门，我们很难确定谁是顾客，因为政府公共服务的对象并不一定是直接的某个当事人，大多时候是一部分团体或组织。因此，公平与正义是政府提供公共服务时必须考虑的重要因素，政府必须关注公众的需要和利益。⑤公共行政官员的行动应该受到包括公共利益、宪法法令、其他机构、其他层次的政府、媒体、职业标准、社区价值观念和价值标准、环境因素、民主规范、公民需要在内的各种制度和标准等复杂因素的综合影响，而且他们应该对这些制度和标准负责。公务人员不仅要关注市场，应该同时关注依法行政、政治规范、专业标准与公民利益。⑥尊重人的价值，而不仅仅重视生产力的价值。如果他们基于对所有人的尊重，通过合作与共享实现组织目标，那么从长期来看，公共组织及其参与者将运作得更为成功。如果要求公务员善待公民，那

① 侯玉兰．新公共服务理论与建设服务型政府［J］．国家行政学院学报，2005，(4)：31.

么公务员本身就必须受到公共组织管理者的善待。⑦尊重公民与公共服务的价值。公共利益将基于公务人员和公民承诺对社会作出富有成果的贡献而实现增进，而不是基于个别具有企业家精神的管理者的个人表演。公共管理者不是他们机构与项目的所有者，政府的所有者是公民。公共管理者有责任通过担当公共资源的管理者、公共组织的监督者、公民权利和民主对话的促进者、社区参与的催化剂以及基层领导者等角色来为公民服务。公务员不仅要分享权力，而且必须将其自身角色定位为负责任的参与者，而非个别企业家。

新公共服务理论的基本内涵是服务而非“掌舵”，重视公民权利和公共服务。它从公民权利、社会资本、公共对话三个维度树立了检验公共行政发展的标尺，构建政府与市民平等对话、沟通协商与互动合作的公共管理新模式。新公共管理理论的进步更多地体现在技术和工具的层面上，而它对终极价值的追求少有兴趣；新公共服务则试图将管理的视角逐渐切换到对管理乃至社会发展根本价值的关注上，呼唤公共行政转向倡导服务的价值和实质的正义。公共文化管理中引入新公共服务理论，使得管理实践中公民导向再次凸显，“公平性”、“民主性”和“服务对象的最大满意度”成为公共文化行政追求的目标。可以看到，近些年西方国家在公共文化机构管理评价标准的制定和修订过程中，十分注重服务的高效率和服务对象的多样化需求与满意度。同时，政府公共文化行政也开始注重建立与公众之间的长期互动关系，针对公众多元的文化需求结构，设计、提供理想的文化产品或服务，并通过各种渠道了解公众的期望，且将此信息作为改进工作和管理的方向；注重公众对公共文化事务管理过程的参与，鼓励公众在参与过程中积极表达观点、看法和意愿。

四、公共治理理论与公共文化服务

90 年代以来，西方学者，特别是政治学家和政治社会学家，对治理作了新的界定。全球治理理论的创始人之一詹姆斯·罗西瑙（James N. Rosenau）在其代表作《没有政府统治的治理》和《21 世纪的治理》等文章中明确指出：治理与政府统治不是同义语，它们之间有重大区别。他将治理定义为一系列活动领域里的管理机制，它们虽未得到正式授权，却能有效发挥作用。与统治不同，治理指的是一种由共同的目标支持的活动，这些管理活动的主体未必是政府，也无须依靠国家的强制力量来实现。换句话说，与政府统治相比，治理的内涵更加丰富，它既包括政府机制，同时也包括非正式的、非政府的机制。治理理论的另一位代表人物罗茨（R. Rhodes）认为：治理意味着“统治的含义有了变化，意味着一种新的统治过程，意味着有序统治的条件已经不同以前，或是以新的方法来统治社会”。他还列举了六种关于治理的定义：①作为国家的最小管理活动的治理，它指的是国家削减公共开支，以最小的成本取得最大的效益；②作为公司管理的治理，它指的是指导、控制和监督企业运行的组织体制；③作为新公共管理的治理，它指的是将市场的激励机制和私人部门的管理手段引入政府的公共服务；④作为善治的治理，它指的是强调效率、法治、责任的公共服务体系；⑤作为社会控制体系的治理，它指的是政府与民间、公共部门与私人部门之间的合作与互动；⑥作为自组织网络的治理，它指的是建立在信任与互利基础上的社会协调网络。

治理理论重点研究治理的方式和价值，研究公共产品与公共服务供给的方式与体制，主张建立政府与社会合作的公共管理模式即善治模式，主张各种公共和私人的机构与政府共同提供公共产品与公共服务。其基本观点包括：①公共管理主体不仅仅是政府，包括各种公共的和私人的机构。它认为政府并不是国家唯一的权力中心，各种公共的和私人的机构只要其行使的权力得到了公众的认可，就可能成为在各个不同层面上的权力中心。②在现代社会，国家正把原先由它独立承担的责任转移给公民社会，即各种私人部门和非政府组织，从而使国家与社会之间、公共部门与私人部门之间的界限和责任变得日益模糊。③各个社会公共机构在集体行为中越来越相互依赖，为达到目标，各个组织必须要交换资源、谈判共同目标，从而使各个参与者最终形成一个自主的网络，通过与政府在特定领域的合作来分担政府的行政责任。④善治是理想的公共管理模式。所谓善治就是使公共利益最大化的社会管理过程，其本质是政府与公民对公共生活的合作管理，它要求有关管理机构与管理者最大限度地协调各种公民之间以及公民与政府之间的利益冲突，从而使公共管理活动取得公民最大限度的认同。善治的实现依赖于政府与公民之间积极而有效的合作。因而，公民必须具有足够的政治权利参与选举、决策、管理和监督，从而与政府一道共同形成公共权威，维护公共秩序。

公共治理理论于20世纪90年代在西方社会科学中流行，它旨在重新探索国家和社会公共事务的管理模式。治理理论与传统的政府理论的不同之处在于，它是在国家—市场经济—公民社会三维结构框架下，探讨政府作用与能力等问题。治理理论的一个基本前提是国家的作用和能力都是有限的，因此它强调多中心治理和管理方式、手段的多样化，要求管理对象参与，以形成上下互动的管理过程，提倡平等协商与合作，反对单纯依靠行政命令或市场机制来进行协调。20世纪以来，西方国家民间文化公共行政系统获得快速成长，在公民、文化从业者和文化企业业主自愿、自主、自发的组织下，通过国家法律法规认可或授权的途径，在文化公共空间营造具有文化公共权威的、代表社会民间文化价值取向的新型行政机制。当代文化政策发展的一大趋势就是以各种灵活的制度安排，建立民主决策机制，逐步提高专家、非政府组织及公民在公共文化服务决策中的参与程度，从而不断提升公共文化决策的专业化与民主化水平。

第三章　公共文化服务兴起的中国语境

文化是人类社会生活的“纽带”，文化是人类精神的集体表达，文化从本质上说具有“社会交往意义上的公共性”。公共文化服务满足的是人类素质提升与自我发展的需要，面向的是全体社会成员，内容丰富，形式多样，其结果是人的幸福感、成就感的增强，以及社会文明程度的普遍提升。社会发展所需要的文化环境应当能够提供足够的文化资源，以此推动社会进步。当下，中国社会由“生存型”向“发展型”的转型、政府由“管制型”向“服务型”的转变、党“以人为本”的文化战略意识的确立以及文化体制改革的推进等，为公共文化服务的发展提供了有利的环境条件。当前中国社会正面临空前的社会流动和社会变革。社会结构的变化，使各种利益关系调整、利益主体多元化等许多社会问题不断产生，表现为城乡差距和贫富差距扩大，财富总量增长与民生问题突出并存。公共文化服务体系是现代文明社会的基本标志，通过公共文化服务体系公平、公益、均等的文化服务，现代文明社会建立了一种保障国民基本文化素质、守护国民特性、推进社会全面进步的文明底线。

第一节　公共文化服务的兴起背景

一、“生存型社会”向“发展型社会”跨越

进入 21 世纪，中国的经济体制、经济增长方式和社会结构正在发生深刻变革。这种变革带来了巨大的发展活力，也潜伏着深刻的社会矛盾。经济体制改革引发社会利益关系的重大调整和重组；多种所有制经济发展和市场竞争导致收入差距扩大和社会分化；二元经济结构转型伴随大规模的人口流动，使千百年来处于停滞状态的农民生存方式发生革命性变化；经济增长方式转变和产业结构变化增加了就业的流动性。这些变化为中国的发展提供了机遇，也带来了挑战。正如《中共十七大报告》提出的：“进入新世纪新阶段，我国的改革发展呈现一系列新的阶段性特征：中国经济发展仍处于较低水平，需要继续把解放和发展生产力作为长期性的根本任务；与此同时，中国又是经济社会转型的大国，经济社会制度还不完善，还需要继续坚定不移地推进改革，进一步激发全社会的创造活力，逐步实现社会公平与正义，促进社会和谐。”

从生存型社会向发展型社会过渡，社会成员对政府提供的生活条件和公共服

务的期望明显提高，这是中国 30 年改革发展的必然结果，也是新阶段中国人类发展的重要背景。这个过渡既带有“转轨中发展”的特点，也带有“发展中转轨”的色彩。进入发展型社会的新阶段，发展性压力集中体现在人的发展上。可持续发展的本质，就是要使人力资源成为经济发展最重要的动力源。广大社会成员在解决了温饱问题以后，会对教育、医疗、基本社会保障等方面提出更高的要求。在物质财富快速增加的新阶段，人们还要求实现公平正义的分配，平等地享受基本公共服务的权利；要求自由选择权、参与权；要求高质量的精神文化产品。发展性压力增大的矛盾和问题，涉及市场经济体制的进一步完善，也涉及以改善民生为重点的社会体制改革，还涉及政治体制、文化体制的变革和创新。适应社会需求的变化，要以人的全面发展为目标，使改革及时、主动地从经济领域拓展到政治、社会、文化等各个领域。

当前，改革已进入经济体制、政治体制、社会体制、文化体制“四位一体”改革的新阶段。面对全社会公共需求全面快速增长的压力，为全体社会成员提供基本而有保障的公共服务体现了民生的普遍要求，是新阶段改善民生的重大任务，其现实性、迫切性全面凸显出来。从现实情况来看，同经济发展、社会转型相比，文化建设相对滞后。建设文明大国，提升“软实力”，需要推进文化的大发展。推进文化创新，增强文化发展活力，保障社会成员的基本文化权益，都对改革现行的文化管理体制提出要求。①

二、执政党文化发展战略意识的转变

当代中国的文化建设自 1949 年以后开始接受中国共产党在思想和政治上的领导。因此，国家文化发展战略的制定与执行事实上也就是执政党的文化建设思想和理论的具体实践过程。这个过程大致分为三个阶段。

1. 以政权巩固为核心的文化战略意识阶段：1949～1978 年

中国共产党自建国后便已开始的“文化革命”。“文化革命”是一个较为彻底的文化意识形态化的阶段，是马克思主义中国化的阶段，同时也是巩固社会主义政权的手段。建国前后，毛泽东对“文化”内涵及功能的定义在意识形态领域内长期占据支配地位。1949 年在新政治协商会议上，毛泽东讲话指出：“随着经济建设的高潮的到来，不可避免地将要出现一个文化建设的高潮。中国人被人认为不文明的时代已经过去了，我们将以一个具有高度文化的民族出现于世界。”但是他同时也认为思想、文艺、教育、科学这些领域基本上还是“资产阶级”的天

---

① 迟福林．站在历史新起点的改革开放［EB/OL］．http://news.163.com/08/0321/09/4712701S0001215M.html，2008-03-22.

下。1951 年开始，中国共产党开展了一系列的文化运动，对各种在社会主义社会已经不属于先进文化序列的思潮和文化影响进行了“革命”和“改造”，社会主义新中国的文化开始萌生，马克思主义的主流意识形态得以确立。此后的 20 年内，党的重要任务就是不断强化这种马克思列宁主义意识的社会主义文化观，中国社会主义文化模式得以确立。

2. 以经济建设为核心的文化战略意识阶段：1979～2000 年

1978 年改革开放之后，中国进入一个社会全面转型的阶段。国家的意识形态发生了一定的调整，“社会主义精神文明建设”作为这一时期文化战略的新设想提出。在执政党和国家一切工作的重心转移到经济建设上的同时，“社会主义精神文明建设”的构想得以提出，是这一时期文化意识形态发展最主要的特征。以经济建设为核心的改革主动抛弃了计划经济模式，实际上意味着国家的经济基础结构将发生重大改变。“经济基础决定上层建筑”，作为上层建筑的政治体制必须随之调整以适应新的社会变迁。“社会主义精神文明建设”正是一种为了解决国家意识形态建设与经济发展可能无法形成正确对应关系的战略构想，嵌入其中的文化政策也开始对国家的文化事业发挥规范调控的作用。在构建国家新的上层建筑时，“精神文明建设”很大程度上沿袭了意识形态工具的特点。但作为一种意识形态创新，它体现了“政治运动型”社会向“经济建设型”社会转变时的诉求，实现了国家意识形态的制度化与合法化，尤其是使文化政策在整个国家政策体系中确立了相应的地位。被纳入到社会主义精神文明框架下的文化政策，在这个时期经历了一个特殊的过渡阶段——从纯粹的意识形态工具向公共政策的逐步转型。文化事业的发展开始逐渐地在国家意识形态结构中获得其相应独立的地位。

3. 以执政能力建设为核心的文化战略意识阶段：2001 年至今

2001 年以来，党的文化战略意识在建设社会主义精神文明这一大前提下，进一步发生了变化。除了国家的意识形态之外，国家利益以及国家文化主权成为文化发展战略构成的前提。执政党对文化发展诉求开始随着社会变迁以及环境的改变而不断革新，进一步推动文化体制改革，解放和发展生产力。根据社会主义市场经济发展的要求，不断革除制约文化发展的体制性障碍。将满足人民群众精神文化需求以及促进人的全面发展为文化战略的重要任务，执政党开始以更加全面的角度审视文化发展的战略。改革的重点放在了健全文化市场体系，依法加强管理，促进文化事业全面繁荣和文化产业快速发展。同时将战略的眼光投向全球，“推动中华文化更好地走向世界，提高国际影响力”。使得民族文化大发展、大繁荣，并且在未来能够继续繁衍不息，这是中国共产党作为执政党的重要责任。

三、“管制型”政府向“服务型”政府的转型

长期以来，受传统计划经济的制约、封建色彩的观念影响，加之政治上对党的领导的机械理解，使得“国家行政权力实际上已逐渐演变为一种居于社会之上、控制社会的权力，政府也最终由服务于民的公仆演化为社会的主人”①。政府本位、官本位的行政模式成为管制型政府的基本特质。现代民主政治的逻辑和现代社会的实践表明，服务更能体现现代政府的本质。相对于管制型政府，服务型政府是更符合当前中国的行政生态环境的政府管理模式。

从1992年我国确立建立社会主义市场经济体制的改革目标到现在，我国的市场经济体系已基本确立并逐步趋于完善。经济市场化要求市场机制对资源配置起基础性作用，与此同时，政府逐渐从微观领域退出，主要在公共领域发挥作用，因为“传统时期的政府职能角色的作用已经随着市场和社会以及其他公共空间的出现而减弱，政府独享的管理职能已部分被市场和社会分割”。市场经济是多元主体公平竞争并相互博弈的经济。它通过竞争、价格及优胜劣汰机制调节资源配置，并趋于最优化。实践证明，市场经济是一种更能激发参与主体积极性和创造性的资源配置方式，它要求充分尊重和维护市场参与主体的合法权益；同时，也要求合理界定政府与市场的作用领域，或者说要求政府从市场、企业与社会自身能做好的微观领域中退出，并把精力集中于社会与公众所迫切需要的公共服务上来。2001年，中国加入WTO标志着我国融入全球化的步伐加快。入世要求政府按国际通行规则办事，政府必须积极回应外部挑战，建立与市场经济相符合的政府管理模式。

多年来，我国政府一直主导着国家经济建设，取得了巨大成就。但是，SARS危机以及层出不穷的生产安全问题对民众的生命财产安全造成了重大损失，以往片面追求GDP，重物不重人的观念开始遭到政府摒弃，取而代之的是以民为本的行政理念。服务型政府是民本行政的具体体现，政府服务的过程可以看做是政府为公众和社会提供公共服务或改善公共服务质量的过程。服务型政府的出发点和归宿都是以民为本，并将自身价值寓属于为民服务、关注民生之中。中共十六大提出的建立“行为规范、运转协调、公正透明、廉洁高效”的行政管理体制以及“三个代表”中的“代表最广大人民根本利益”要求政府管理从“政府本位”和“官本位”转变为“社会本位”和“民本位”，重新确定政府与民众的关系。这种新的“主仆”关系所诉求的政府模式才是真正意义上的公共服务型政府。公共服务型政府的本质可以从政民关系、公民权利、政府职能以及法治保

① 刘熙瑞，段龙飞．服务型政府：本质及其理论基础 [J]．国家行政学院学报，2004，(5)：26.

障四个方面做一个简要的归纳[①]：①在政民关系上，服务型政府摒弃管制型政府的官本位、政府本位、权力本位理念，而向公民本位、社会本位、权利本位回归。②在公民权利上，服务型政府强调以人为本。因此，保障和实现公民权利就是这种新的政民关系的内在要求。③在政府职能上，服务型政府是一切从服务出发的政府，决定了其职能与管制型政府有着原则上的区别。④在法制保障上，无论是从保护公民权利方面看，还是从规范政府行为方面看，服务型政府都需要以法治作基础。更为重要的则是，"政府公共服务要由歧视性的公共服务转向平等的公共服务，实现公共服务的公正化"[②]。服务型政府可以说是对传统管制型政府的超越与替代。服务型政府的建立，不仅意味着政府自身的变革，同时意味着政府与市场、企业和社会关系的重塑；不仅表明政府职能的转变、机构的增减，而且暗含着政府管理模式的彻底转型。

文化内在的公共性特征也对政府职能的履行提出了更高的要求，这种要求与服务型政府的基本诉求相一致。经济体制改革与社会主义民主的发展，为公民个体的自我意识与权利意识的觉醒奠定了经济和政治的基础。文化现代化的核心在于实现"人"的现代化。大众文化时代很自然地提出公民文化权利的诉求，这种诉求不仅是"文化民主"的一种表达，也反映出大众文化发展与政府公共文化责任之间的某种联系。《世界人权宣言》（1948 年）第一次确认了经济、社会和文化权利是人权的重要内容。《公民和政治权利国际公约》及《经济、社会和文化权利国际公约》（1966 年）肯定了人权包含公民的政治与经济权利、社会和文化权利。联合国《发展权宣言》（1986 年）认为，人类的发展权是"一种不可让渡的人权，基于此种权利，每个人和所有的人民都有责任和权利去参与、贡献并享有经济文化和政治的发展，而所有的人权和基本自由就可以在当中被完全实现"。可见，公民的文化权利可被视为是基本的人权与发展权的基础，在此之上方能实现完整的公民意识。维护公民文化权，是对公民个体权益的尊重，也是不断强化国家和民族认同的责任。公共文化发展过程中"人本"意识的提升，使得政府的文化责任也得以进一步明确：政府有责任、有义务为公民提供基本的公共文化产品和服务；政府应创造条件让公民能够参与各种文化活动，并激发公民的文化创意，促进公民文化创造活动的开展；政府应保护公民创造的文化成果，确保其文化成果的价值实现与增值。

四、公共财政体制的改革

国家的财政制度必然与特定的经济体制环境相适应，公共财政体制的建立是

---

① 刘熙瑞，段龙飞．服务型政府：本质及其理论基础［J］．国家行政学院学报，2004，（5）：25～26.

② 李军鹏．论中国政府公共服务职能［J］．国家行政学院学报，2003，（4）：30.

随着公共服务型政府的建立而提出的必然要求。这一类的财政体制是市场经济条件下，政府为满足社会公共需要而建立的财政收支活动的一种新机制和新体制，也是唯一与市场经济相适应的财政类型。公共财政体制的基本特征包括：弥补市场失灵、为市场提供公共服务、非市场盈利性以及法治化。“公共性”的本质对公共财政的内涵与功能形成了特定的要求。建立公共财政必然体现市场经济的基本要求，充分发挥市场在资源配置中的基础性作用——凡是市场能解决的问题，财政就不应介入，已经介入的必须尽快退出，应该到位而没到位的要尽快到位；建立公共财政体制必须以满足社会公共需要为目的，为社会公共产品和服务提供财力保障。

“公共财政”的建立在于它是受市场约束的，预算制度是实现这种约束的体制保障。现代政府预算制度的形成在于代议机关与政府之间是否建立了一种财政分权格局，使得市场可以对政府及其活动进行规范和约束，从而真正形成“公共财政”[①]。财政预算支出的范围以基本公民权的保障为最终目的，以事权为基础，以社会公共需求为基本诉求。而社会公共需要的层次性，又使得预算支出必须按公共产品的层次性确定支出的重点和政府间的支出责任。在以社会公共产品需求为核心的公共预算体制下，预算结构调整以及公共文化支出所占比重上升的变化趋势是明显的。

公共文化事业财政拨付体制绩效改革是构建公共文化服务体系的基础性工作。公共文化事业预算投入不足以及使用绩效的低下成为目前各种相关研究文献中较为一致的批评性观点。公共文化经费不足表现在国家文化事业费的投入和国家对文化设施的投入两个方面。一方面，“六五”以来，国家在公共文化设施（基建）上的投入比重一直呈现下降的趋势。这种情况从“十五”期间开始发生变化。“十五”期间尽管在国家基建规模不断增长的同时，文化行业的基本建设比重仍在持续下降，但是国家财政对文化事业的投入达到了历史最高水平，全国文化事业经费总支出达到497亿元，年均增长22.5%[②]。这种公共财政投入比率基本支撑了国家文化机构及其事业的生存和发展，保证了国家基本文化阵地的稳定，但是对于“社会主义文化大发展”的目标以及庞大的人口所形成的公共文化服务需求而言，还是远远不够。从另一方面看，公共文化机构资金的来源和使用绩效依然沿袭了计划经济时期由政府统一掌控的做法，这事实上与确立这些文化机构独立的市场地位或者社会地位的改革目标不尽相符。作为体制内的组织，参与分配国家公共财政资源并不存在管理绩效的任何压力。部门经费体制和专项资

---

① 王玮．政府预算改革：我国构建公共财政框架的关键［J］．首都经济贸易大学学报，2001，(5)：70.

② 文化部计划财务司．中国文化文物统计年鉴（2006）［M］．北京：北京图书馆出版社，2006：11.

金体系还存在一定的局限性，体现在政府直接对文化单位拨款过分强化了文化发展的政府导向和精英文化色彩，与基层文化需求现状存在着差距。政府的主管部门原则上仅要求下级机构按照分工目标进行常规性管理，完成文化生产的责任与任务构成内容单一。构建公共文化服务体系与国家文化事业预算投入体制和机制改革必须同步进行。

财政体制的构建更直接地与政府行政体制相适应。在“分税制”财政体制改革过程中一个主要的问题是造成了文化领域“财权”与“事权”的错位，具体表现为中央对中西部的转移支付中的“文化”缺席。同时，从中央到地方四级政府体制委托关系过长，政府间关于文化发展的支出责任划分不清。对此，有的专家建议贯通中央到地方的纵向渠道，科学划分中央与地方间的支出责任和财政收入，建立文化专项转移支付制度，以调整中央政府与地方政府的财政责任，保障国家文化发展战略目标的实现。现行公共文化经费管理体制形成于计划经济体制时期，曾对我国文化事业的繁荣发展作出过重要贡献。但是在市场经济条件下，这种传统的公共文化经费体制显现出某些不适应性，“喂食式”文化供给方式造成文化产品的供需脱节。在市场经济条件下，以国家文化发展基金（会）的方式支持民族文化内容建设和创新，是世界各国普遍采用的一种国际化、市场化的通行方式。国家通过公共财政设立的文化（艺术）发展基金扶持创新，如，美国国家艺术基金会、国家人文基金会，加拿大艺术委员会，英格兰艺术委员会，丹麦艺术基金会等，可弥补市场配置资源的失灵。设立国家文化发展基金，促进“国家文化内容创新重大工程”的顺利实施，是根据我国的国情和文化内容创新的需要而进行的具有体制、机制创新意义的重要举措。

五、文化体制改革的推进

计划经济时代所形成的文化管理体制在市场化的改革历程中没能随着改革的进程同步发展，公共部门垄断导致效率低下，市场准入壁垒导致资金来源的贫乏，寻租导致公共福利的损失①，传统管理体制的遗产与公共文化服务的现实发展形成了内在的矛盾。改革开放以来，随着社会文化事业的发展，我国的文化体制改革大体经历了三个阶段：

（1）第一阶段（1978～1992 年）。以“市场化”理念为主的整体改革阶段。我国文化体制改革最初的思路是“摸着石头过河”，并没有一个完整的计划，但是走市场化的道路则是确定无疑的。高度集权的管理体制开始发生松动，转型为由上至下的分权体制。具体的改革内容则包括：调整艺术部门和艺术团体的布局；模仿经济体制改革的经营经验，在文化单位推行以“承包责任制”为主要内

① 周晓丽，毛寿龙．论我国公共文化服务及其模式选择［J］．江苏社会科学，2008，(1)：91～92.

容的改革，以解决体制僵化和分配不均等体制性弊端。同时实行“以文补文”、“多业助文”等措施以解决文化单位的经济困境；实行“双轨制”改革，即一轨为国家扶持的少数全民所有制院团，另一轨为多种所有制的艺术团体。这一阶段改革最重要的成果是“文化市场”的发展及其地位的承认。

(2) 第二阶段（1993～2002 年）。以“产业化”为主导特征的改革阶段。这一阶段，文化体制改革开始对前期过度市场化所致的各种问题进行调整：一是将改革的重点延伸至文化事业单位内部。根据各种文化事业单位不同的性质和特点，建立健全激励竞争机制，努力增强生机和活力。同时推动经营性事业单位的“转企改制”，组建各种文化集团，发展和壮大各类经营性的文化产业。二是继续培育社会主义文化市场，包括文艺演出市场、电影电视市场、音像市场、文化娱乐市场、文化旅游市场在内的文化市场体系。三是文化管理部门加大自身改革的力度，转变职能，提高效率，加强和改进对文化事业的宏观管理。四是进一步完善文化经济政策，开始建立引导文化单位将社会效益放在首位的保障机制。这一阶段的改革进一步下放了政府主管部门在业务上、人事上和财务上的权力，但是政府行政管理体制改革的进展仍然滞后于文化事业单位的市场化改革进程。

(3) 第三阶段（2002 年至今）。“产业”与“事业”相分化的改革阶段。文化体制改革在这一时期进入到重要的转折期。文化事业与文化产业的分化及其对于国家的发展以及民族延续的重要性获得了更高层面的关注。《关于深化文化体制改革的若干意见》为未来的改革提供了一个框架，《国家“十一五”(2006-2010) 时期文化发展规划纲要》作为第一个专门部署文化建设的中长期规划，确定了一段时期内文化发展的指导思想、方针原则和目标任务。这一阶段对文化及其事业的认识有了一个重大飞跃，认为“克服文化矛盾、消除文化危机、实现公民文化权利的充分实现、公民文化利益的充分享有和公民文化民主的充分建立，是构建和谐社会过程中文化建设的重要内容”。发展文化事业的战略意识在于将产业的发展置于维护国家利益的高度，同时实现以产业发展带动事业进步的意图，“文化产业发展要为社会提供新的权利和利益实现方式与实现途径，为文化事业发展提供资本支持和产品支持”。

在近 30 年的发展历程中，文化体制改革的成就主要表现在四个方面①：一是在所有制上的突破，国有文化与非国有文化共同发展，认同现代经营管理制度对文化行业的共通性，对部分地区和部分文化行业实现了战略性重组；二是在资源配置方式上的突破，文化行业中资源计划配置与市场配置方式并存；三是文化市场的建设、培育和管理上的突破，承认并发挥文化市场对文化体制改革的重要

---

① 傅才武，宋丹娜．我国文化体制的缘起、演进和改革对策［J］．江汉大学学报，2004，(2)：85～86.

作用，初步建立了文化市场管理体系；四是在文化行业性质认定和划分上的突破，区别公益性文化与经营性文化、竞争性文化行业与非竞争性文化行业，并在理论上初步确立了不同的管理模式。但是传统体制的“遗产”与当代中国文化发展的不适应在现有的研究文献中也受到了最多的批评。计划经济体制下处于国家强控制状态的文化事业缺乏社会的有效参与，活力不足和效率低下是难免的，从而无法有效满足社会的实际需求；而且旧的文化事业管理主要依赖计划体制为其提供制度性支持——文化行业部门体制结构的基本框架，包括产权制度、生产分类管理制度、户籍制度、社会保障制度、人事制度和财务制度由计划经济体制所规定。这些基本制度又从纵向和横向上规定了文化系统与文化单位的内容、属性和功能。[①] 作为这些制度的基本载体，文化事业机构与转型社会条件下新的社会体制的不适应就表现为：①在隶属关系上，文化事业机构是上级主管机关的“下属单位”，是国家行政权力直接控制的对象；②在总体格局上，文化事业机构的设立与行政管理体制的层级相对应，重复设置，资源浪费；③在结构上，文化事业单位在单一公有制条件下由国家财政独自供养，负担沉重。总体而言，对文化体制近 30 年改革的评价是，体制内改革快于体制外改革、外层制度改革快于核心制度改革、基层单位管理体制改革快于文化行政体制改革[①]。这些现象所反映出的是转型社会条件下文化管理体制改革路径选择的不适应及其导致的多重困境。

目前，我国仍处于由计划经济体制向市场经济体制过渡以及与国际惯例接轨的转型阶段，因而现行的文化管理体制既带有计划经济体制的痕迹，又具有转型期经济体制的烙印。自 2003 年 6 月至今，中央确定的部分文化体制改革的试点地区和单位在实践中积累了经验，取得了初步成效。中共中央宣传部文化体制改革和发展办公室从培育新型市场主体、深化文化事业内部改革、探索新闻媒体宣传与经营“两分开”、推动结构调整资源整合这 4 个角度，对北京、上海、重庆、浙江等 9 个全面推进文化体制机制创新、积极稳妥地落实改革任务的试点地区和 35 个试点单位的经验进行了总结，为我国文化体制改革的全面推行提供了典型示范。公益文化单位的内部改革和经营性文化单位创新体制、转换机制的改革取得积极进展。在公益性单位内部机制改革方面，试点地区和试点单位在加大国家投入的同时，重点推进内部劳动人事、分配和社会保障制度的改革，以转换机制、增强活力、改善服务为着力点，取得成效。中宣部课题组在对我国文化体制改革调研的基础上发布的 2007 年度报告指出，从总体看，全国文化体制改革呈现由东往西梯度推进的态势，西部地区的文化体制改革开始启动。深化文化体制改革、加快文化事业和文化产业发展，是加快社会主义现代化建设的内在要求，

① 孙萍．文化管理学［M］．北京：中国人民大学出版社，2006：381.

是实现经济、政治、文化和社会协调发展，构建社会主义和谐社会的重要内容，也是社会主义新农村建设的重要方面。

第二节 “和谐社会”视域下的公共文化服务

一、“和谐社会”构建的基本诉求

国际社会发展的经验表明，当一个国家的人均 GDP 从 1000 美元向 3000 美元过渡时，其社会的发展状况最值得关注。因为这个阶段既是黄金发展期，同时也最容易爆发各种社会问题，成为矛盾凸显期。中国目前正处于这样一个转型的过渡阶段，构建“和谐社会”成为实现这一目标的战略选择。

1. 推进改革与发展是构建和谐社会的重要使命

改革开放 30 年，随着我国社会主义市场经济体制的建立，社会结构产生了一系列的变化，且这种变化仍在持续当中。在这场新的“千年未有之变局”面前，由于政治体制、经济体制、社会体制和文化体制四个领域的改革进程不平衡，导致了经济社会发展面临极为复杂的矛盾和问题。这些矛盾和问题具体表现在社会利益冲突加剧、贫富悬殊拉大、社会心理失衡、道德与诚信缺失、民族传统经受挑战、治理与善治难以顺利实现、从人治到法治的转型依然艰难等方面①。在改革开放所形成的“利益分化”的格局下，体制内与体制外的人由于可支配资源的差异性而获取悬殊的收益，贫富悬殊与利益冲突的不断加剧进一步导致社会阶层的“断裂”②，社会生活的基本秩序面临失调的危险。各种非均衡的现象成为国家与社会的改革继续深入下去的障碍，也是构建“和谐社会”的重要缘由。

和谐社会的构建，主要目的在于化解种种改革的副作用所积累而成的危机，改革、发展与稳定三者的关系必须寻求到一种“和谐”的处理方式。构建和谐社会，需要探索社会运转和社会服务新机制，形成一套与经济市场化、政治民主化、文化多元化相适应的新型社会治理模式。推进社会体制改革，协调多元力量之间的关系，充分地调动一切积极的因素，成为制度创新的新课题。

2. 执政理念的新取向是构建和谐社会的依归

“和谐社会”理念的提出标志着执政党的执政理念从革命党到建设党的重大转型，也标志着这个国家从阶级斗争向和平发展的彻底转型。构建社会主义和谐

---

① 李景鹏．构建和谐社会的政治学探讨［J］．学习与探讨，2005，(1)：14～16.

② 孙立平．我们在开始面对一个断裂社会［J］．战略与管理，2002，(2)：9～15.

社会是一种全新的执政理念，它明确了"要适应我国社会的深刻变化，把和谐社会建设摆在重要位置"，综合反映出中国共产党对人类社会发展规律、社会主义建设规律和党的执政规律的认识达到了一个新的境界。

中国的未来与中华民族的未来必然是"世界性"的，这种预期既是基于对发达国家历史轨迹的观察，同时也是在对人类社会发展规律的认识基础之上做出的。全球化的趋势无可逆转，中华民族在这样的历史洪流面前唯有把握机会，以开放自信的心态积极参与全球化过程，将中华文明与世界文明相融合，在融合的过程中寻求不断创新、不断发展的历史机遇，这便是有利于维护民族利益的正确选择。中国共产党作为中华民族在全球化时代发展方向的引领者，它的价值观和执政理念必然符合民族的根本利益。一个能够与世界相融合，不断焕发出生机活力的民族，是一个执政党长期保持执政能力以及创造力的依托。符合中华民族根本利益的执政理念，是对民族未来发展的考虑。在"和谐"的诉求下实现中华民族与世界各民族的共荣共存，符合民族未来的长远利益。中国共产党执政理念的"和谐"定位，是对维护民族利益责任的一种担当。

"和谐社会"的思想不但符合中华民族的长远利益，也符合世界各民族的共同利益，是一种融合性的、世界性的价值观。中国共产党在全球化时代同样需要融入世界，与世界各国各党派一起，共同承担引领人类社会未来发展的使命。因此，中国共产党执政理念的设想也必然基于对全人类的共同利益作出权衡和判断。在这样一个"单极化"与"多元化"并存的世界体系中，人类共同的价值观诉求是在和平与发展环境中民族利益的维护，以及人类文明的不断进步。"和谐世界"理念在全球范围内的宣扬，表明了中国共产党执政理念当中对于人类共同价值观的认识和考虑。

二、公共文化服务：和谐社会的文化底蕴

（一）文化传承、引导与创新的工具性价值[①]

1. 传统民族文化的继承

文化是历史的遗产，它的现代化必须"以传统为基础"[②]。中华文化的延续一度依靠的是旧式教育体系，但这种模式在20世纪风起云涌的革命浪潮中遭遇了破坏。新中国成立后，革命文化进一步替代旧文化，重构了中国人民的精神世界。改革开放以后，市场化的浪潮又进一步涤荡了人们封闭的思维，商业文化的

---

① 俞楠．"文化认同"的政治建构：当代中国公共文化服务战略研究［D］．华东师范大学博士学位论文，2008.

② 李慎之．全球化与中国文化［J］．美国研究，1994，(4)：135.

冲击、全球多元文明的入侵使得我们在文化意识的选择上无所适从。传统文化的传承在全球化时代商业文化、大众文化的冲击面前，必须选择新的沿袭方式。构建和谐社会，公共文化服务要为民族和民族文化的传承与发扬提供一个有效的平台，为基于民族文化之上的民族精神的培育提供一种合适的软环境。全球化时代的民族问题变得更加具有特殊的意义，“民族主义往往可以起到其他的意识形态所不能起到的一些重要作用。比如，在社会缺少凝聚力的时候，民族主义可以在国民中造就一种共同意识；在政权的合法性基础受到威胁的时候，可以起到强化政权的合法性基础的作用；在社会的内部分化导致不同阶层间的巨大裂痕的时候，可以使人们减少对这些裂痕的关注，而去更多地关注其间的一致性。”① 因此，民族文化的保护是对这种民族意识的维护，很自然地也成为政府构建公共文化服务的首要目标。

发展公共文化服务需要依靠政府财政资金支持，通过行政手段对现有文化机构进行整合，提高公共文化服务能力，为传统文化的继承和发扬创造条件。政府公共财政资金保障文化服务体系的运作，必须为民族文化传统的发扬提供空间。全球化时代工业文明条件下所形成的商业文化、消费文化的浪潮对传统民族文化构成了巨大的冲击力。在今天，电视、报纸、网络等一切文化传播途径中，传统文化缺乏商业文化所具有的天然动力，对普通公民的影响力不足。政府履行公共文化管理职责，构建公共文化服务体系的战略使命就在于为传统文化的发扬创造必要的条件。传统文化的存在形式是多样化的，它能以物的形式存在，能以思想的形式存在，还能以艺术的形式存在。公共文化服务体系承担文化传承的使命，就必须提供空间，使传统文化多元化的存在形式得以延续。公共文化设施的规划建设为公共文化服务提供了物质条件。除了学校教育之外，整体的社会教育要依靠公共图书馆、展览馆、博物馆乃至承担公益类演出的剧场一类的各种公共文化机构。在社会发展的特定阶段，文化机构的规划建设以及维护能力长期普遍偏低，公共文化服务的状况不尽如人意。构建公共文化服务体系的基础性工作之一就是要对现有文化设施进行科学规划和调整。

文化资源管理是公共文化服务体系履行文化传承职责的基本内容。传统文化多元化形式的背后，包含了极为丰富的资源内容。通过公共文化服务体系对不同的传统文化资源进行功能性整合，是保护传统文化的手段，也是政府文化职能之一。但与此同时，文化内涵的丰富多样性却使得政府无力作为唯一的主体承担这个责任。文化资源管理是一个社会性的责任，政府只能在其中扮演主导而非唯一的角色。因此，这实际上也决定了公共文化服务在传承文化这一功能的实现过程

① 孙立平．汇入世界主流文明［A］．载：李世涛．知识分子立场——民族主义与转型期中国的命运［C］．长春：时代文艺出版社，2000：375～376.

中，必然是一个开放型的体系，各种社会力量将通过各种渠道参与这个体系的运作，对传统文化的继承担负相应的责任。

2. 大众文化的引导

如果一致的“认同”是必要的，那么“引导”就是必需的①。当代中国大众文化的发展顺应了公民对文化消费的渴求。但是市场经济的发展，商品文化借助资本的力量，对中国人的精神生活带来了巨大的冲击。市场文化、商品文化所反映出的价值观更多的诉求于“竞争”的理念和“消费”的内涵，这只是人类社会在资本扩张时期所形成的多元化价值观中的一部分。在市场化的改革阶段，这种价值观却逐渐在社会集体的意识中占据了上风。商品消费意识构成大众文化的主流，这并不是一种合理的现象，它只是“当代中国从传统社会走向现代社会的转型期即将完成”② 时的一个偶然变奏。

民族的发展必须有一种价值观的“基调”，对多元文化的格局加以调控，以无形的方式对大众文化的发展加以引导。否则，公民集体的精神生活便失去了一种共同理念的支撑，对于一个即使以强调“多元”为特征的时代，也未尝是值得肯定的事情。依靠商业文化为核心的理念，无助于中国人由此走向一个全球化的时代。“如果中国人不能继往开来，建立上承旧统而下启新运的道德秩序，我们就将既不能实现现代化，也没有资格在全球化的未来世界上占有一个尊严的位置。”③ 当代中国的主流意识形态及其价值观对普通市民文化意识的影响，必须以一种革新的方式得以实现。公共文化服务透过公共财政支持的公益性文化产品的提供来实现主流价值观的维护，对多元价值观发挥影响力。这种尝试才刚刚开始，但是对它的预期却是极高的。大众文化作为国家文化软实力的一个层面，必然体现出政府所期望的价值观表达。

3. 公共文化的创新

生活的文化水准意味着新需求的出现，以及有新的驱力或决定因素被加之于人类行为④。现代中国工业生产与社会生活的不断进步对文化创新提出了特定的要求。但这种创新一是要从传统文化中汲取营养，二是从世界文明中加以借鉴，以形成适应现代所真正需要的文化内容和形式。

文化由生活在特定时代中的人所创造，也必须服务于现时代中的大众。公共

① 姜奇平．软实力的后现代意义——认同的力量［J］．信息空间，2004，(8)：46～47.
② 李慎之．全球化与中国文化［J］．美国研究，1994，(4)：129.
③ 李慎之．全球化与中国文化［J］．美国研究，1994，(4)：130.
④ ［美］马林诺思基 B. 科学的文化理论［M］．黄剑波译．北京：中央民族大学出版社，1999：53.

文化服务除了要挖掘传统文化中新的表达和传播方式之外，还要利用新的网络技术手段，为文化的创新提供新的空间。文化的现代化指的是通过改造文化的形式以实现内涵的现代化。在全球化时代，国家民族文化的现代化过程面临着更加复杂艰难的局面。因为在现代社会发达的宣传机器推动下，能够在全球范围内产生巨大反响的往往是强势文化，这些文化具有更强的表现力。已经没有哪个民族能够在相对安静平和的条件下，实现文化内涵的自然更新。因此，民族文化的现代化在全球化时代并不是一件容易的事情。中华文化有五千年的积淀，一方面，每一个中国人都负有一定的文化责任，使自己真正“中国化”；但另一方面，现代文明生活方式当中，我们越来越少地接触到传统文化的要素，例如，繁体字的运用、传统艺术形式的鉴赏、传统仪式的经历等。我们距离传统的“形式”越来越远，对传统文化的体会也正日渐发生改变。因此，对于公共文化服务而言，实现现代文化的创新更多的是要发现传统文化新的表达形式，以传递文化的本源内涵。文化必须服务于不断进化着的人类生活本身。只有利用最新的技术手段去表达和传播文化，使文化以最便捷的方式被人所“接近”、欣赏和接受，才能使文化的社会推动和规范作用得以充分发挥。

（二）文化与社会的和谐发展

1. 文化生产力是和谐社会发展的“深层驱动力”

作为社会生产力的重要组成部分，文化生产力在全球化时代表现出其对政治、经济发展的积极作用。文化生产力成为和谐社会发展的“深层驱动力”，在于它通过满足个体的文化需求，从而为社会发展提供基本的保障。人的价值理性包括外在满足和内在满足两个方面：经济建设和政治建设是从物质财富和制度环境方面为主体需求提供外在满足；文化建设是在理性精神和道德境界上为主体需求提供内在满足。文化建设是和谐社会发展的精神内驱反映在如下三个层面[①]：

第一，文化生产力是社会变革的“内燃机”。如果文化的内涵已经内化为人的意识，那么人便因此而具有特定的能力去改造社会。这正如马克思所说的：“批判的武器不能代替武器的批判，物质的力量只能用物质力量来摧毁；但是理论一经掌握群众，也会变成物质力量。”[②] 文化生产力的发展为社会变革提供了理论储备，“任何社会都需要通过解放和发展文化生产力以形成能够转化为推动社会变革与发展的物质力量的强大精神动力”。这对改革开放 30 年的中国而言，文化生产力的束缚条件早已发生改变，文化生产力的逐步解放为社会的变迁与制

---

① 许士密．文化生产力的价值理性与和谐社会的文化自觉［J］．求实，2007，(2)：76～77.

② 马克思恩格斯选集（第 1 卷）［M］．北京：人民出版社，1972：9.

度的改良提供了必需的理论涵养。

第二，文化生产力是社会稳定的“调控器”。文化对人的心理产生深刻的影响，它所塑造的是人对社会秩序以及生活方式的认同和共识。“不同思想观念和价值取向上的对立和冲突，不仅影响民族精神力量的凝聚，而且常常成为社会动乱和不稳定的导火线。”文化生产力的作用就在于“调适人们的心理，整合人们的精神，引导人们的思想”，是“凝聚社会的凝合剂、调节社会的润滑剂”①。因此，文化生产应当有助于社会成员形成普遍的共识，以成为社会稳定的“调控器”。

第三，文化生产力是社会发展的“助推器”。政治与经济以最为直接、最有效的方式推动社会的和谐进步。但是经济和政治作用力的充分发挥都是主体自觉行为的结果，要靠文化力的支撑才能得到积极的动员、整合和强化。从前述英国的例证就可以知道，在满足了人的文化权利的前提条件下，鼓励人在一切文化、科学和艺术领域进行积极创造，结果便将产生一个因为全民素质提升而带来的文化创新热潮。国家创新战略的成功便是建立在这样一个基础之上。

2. 公共文化服务是发展文化生产力的基础平台

“文化生产力是一种客观现实的物质力量”②，公共文化服务体系作为一个具体的平台，可以实现这种力量并使其发挥出推动社会进步的作用。文化生产力的功能体现在为人的活动提供目的、方向和目标的能力，为人的活动提供规范的能力，为人的活动提供根据和内在动力的能力。因此围绕着“人”这一核心，文化生产力功能的实现就体现为对文化的“传承”与对人的“塑造”。文化传承系指传递人类认识及其成果，从而维系社会历史连续性的能力。塑造的能力则是指文化教化人、造就人的能力。这两种能力共同构成了人类区别于自然的遗传方式。

公共文化服务体系是由政府财政支撑的一个具体有形的平台，各种文化设施与服务网络共同构成了平台的内容。“国家公共文化设施数量的多寡决定着一个国家公共文化空间的大小”③，公共图书馆网络、文化馆（站）与文化广场网络，博物馆、美术馆、剧院及艺术中心网络，电影院、书店网络，非营利性电台及电视台，以及文化信息数字网络共同组成了这样一个立体的文化服务平台，为实现文化的传承以及对人的塑造产生综合的实际效果。文化生产力的解放与发展需要一个具体的物的支撑，它必须与社会变迁过程中的种种需求相适应，也是满足这种需求的具体表现。随着社会的变迁，文化生产力的解放是一个始终不间断的过

① 顾伯平．论文化力与社会发展［J］．理论前沿，1998，(19)：11.

② 王鲁娜．文化生产力是一种客观现实的物质力量［J］．学术论坛，2005，(9)：47.

③ 陈威．公共文化服务体系研究［M］．深圳：深圳报业集团出版社，2006：59.

程，因为公众对文化的需求必然随着社会的发展而不断地提出更多更高的要求。随着社会的不断进步，工业化生产能力的不断提升，政府在公共文化服务的生产和提供中的责任也越来越重要。这一点在全球化时代尤为明显，因为全球化时代文化的多样化特征反映为国家间的竞争、地区间的竞争。同样，在一个国家内部，社会的多元化也在文化的层面上有所反映。全球文化的多元化、地区文化的多元化，以及社会文化的多元化均构成为当代世界文化发展的一个总体的特征。解放和发展文化生产力必须适应这样的变化，依托国家经济和政治的实力，特别是现代技术条件的进步，以达成不断演化发展的目的。

（三）文化与经济社会的均衡发展

当前的中国社会正面临空前的社会流动和社会变革，市场经济条件下一个相对复杂的社会结构正在形成。社会结构的变化，使各种利益关系调整、利益主体多元化等许多社会问题不断产生，表现在城乡差距和贫富差距的持续扩大，财富总量增长与民生问题突出并存。“中国非常强烈地意识到，地区间的发展不平衡会威胁到国家统一”[①]，利益关系的变化增加了改革发展的复杂性，因此对基本公共服务供给和公共服务体制创新提出了更为现实的要求。公共文化服务体系是现代文明社会的基本标志[②]，通过公共文化服务体系的公平、公益、均等的文化服务，现代文明社会建立起了一种保障国民基本文化素质、守护国民特性、推进社会全面进步的文明底线。

1. 公共文化服务与人的全面发展

构建公共文化服务体系，维护公民文化权利。公民文化权利是公共文化服务体系的理论基点和终极目标。文化权利是继政治权利、经济权利之后，公民权的又一项重要的内容。这种新的解释是基于托马斯·H. 马歇尔（Thomas H. Marshall）1964 年对公民身份所建立的法律、政治和社会权利解释框架。公民文化权利主要包括四方面内容[③]：一是享受文化成果的权利。社会物质文明的不断发展必然为精神文明的发展奠定基础，同时也提出更高的要求。公民精神生活的权利很自然的要受到政府的承认和法律的保护。文化生活的内容越是丰富，对公民享受文化成果的保障措施越是应当完善。二是参与文化活动的权利。公民参与是现代国家政治生活的重要内容，是公民权得以体现的直接证明。公民参与

---

① ［埃］萨米尔·阿明．世界一体化的挑战［M］．任有谅等译．北京：社会科学文献出版社，2003：186.

② 吕方．构建公共文化服务体系：当代中国发展的新基石［J］．学海，2007，(6)：227.

③ 陈威．公共文化服务体系研究［M］．深圳：深圳报业集团出版社，2006：24.

文化活动时的身份并不像新公共管理理论中所说的“顾客”，而是“主人”。除了参与具体的文化活动之外，重要的是公民对公共文化服务的决策程序的参与，这同样是公民身份的证明。三是开展文化创造的权利。文化本身就是人类自由创造的结果。文化的创造权是体现公民文化主体意识最重要的方式。公共文化服务体系逐步建立起文化创造的空间与机制，以利于不断提升公民文化权利实现的层次。四是文化创作成果得到保护的权利。公民文化创作的成果是公民对文化权利的直接表达，政府只有尊重和保护公民文化创造成果，才能激发公民文化创造的热情。构建公共文化服务体系是政府履行公共文化服务职责、维护和实现公民文化权利的基础。

构建公共文化服务体系，公平配置公共文化资源。构建和谐社会的目标在于“不同的利益群体在民主法治、公平正义、诚信友爱、充满活力、安定有序、人与自然和谐相处的社会环境中，各得其所，和睦相处”。在全球化和信息化时代，因为经济社会的快速发展使得社会公众对文化、教育的公共服务需求急剧增长，受教育程度和信息获取能力更为深刻的影响着人的命运。但是大众的教育程度各有不同，掌握信息的条件以及能力存在较大的差异，这恰恰是导致了人的发展结果不平等的重要原因。这种针对个人的不平等会影响到地区发展程度的不均衡。也正是因为地域差异的原因，文化资源在现实中很难做到公平分配。公共文化服务体系作为财政资金供养的服务平台，有责任“弥合”这种文化资源分配不公的现象，以使生活在不同地区的人获得相对公平的发展能力和机会。政府必须最大限度地使得公众的需求得到满足，使得每一位公民对社会资源都能够公平享受。公共文化服务体系通过对文化资源的合理配置实现个人的信息公平，从而促进地区的和谐发展。

构建公共文化服务体系，提高公民文化素质。公民文化素质与国家发展之间有着直接的关联。美国经济学家鲍曼和安德森（M. J. Bowman & C. A. Anderson）在他们20世纪60年代的研究中曾经提出，除了人均收入达到300美元外，识字率至少要达到30%以上，（国家）才有可能实现经济起飞。约翰·肯德克对1929～1980年的美国经济做了数量分析。他得出的结论是，“在这一期间美国生产力的增长当中，40%是由知识和技术创新获得的，有12%是由劳动力的知识文化素质的提高获得的”。工业发达国家由于科技进步使产业结构发生了根本性变化，经济中的科技、文化知识因素已日益跃居重要地位。通过提高公民文化素质以提升人的创造能力，实现国家创新能力的提高成为国际竞争的又一种新趋势。

人的素质提升与经济社会发展之间形成了良性互动，同时也意味着对人的要求在不断的提高。公共文化服务体系向公民提供的是不间断的社会教育和培训的机会，从而也可以成为国家整体人力资源开发战略的构成。当然，提供专业的技能培训并不是它的首要责任。公民通过对公共文化产品的“消费”，有机会能够“终身学习”，获得精神娱乐享受以及知识培养所形成的能力，其正外部性促使其做出有利于社会发展的恰当行为。社会的和谐、经济的进步以及文明的发展均可得益于公民文化素质的提升。

2. 公共文化服务与社会稳定发展

中国社会主义市场经济体制的建立涉及政治、经济、社会和文化的整体性改革。很明显，这几个领域的改革进度并不均衡——政治体制改革，特别是经济体制改革在总体改革历程中占据了主要的内容，而后两者还处于一个初级阶段。“我国市场取向的改革正进入一个向上伸展，完成社会、政治和文化体制建设的新阶段”①。“上层建筑”与“经济基础”之间出现的不和谐对于改革的深化已经构成了特定影响。改革需要继续深入下去，社会主义基本经济制度必然要向上伸展，建立起具有中国特色的整套社会、政治、文化制度。公共文化服务体系的基本功能之一就是为改革与发展提供一个制度生成的环境。文化与政治和经济的密切联系，使得公共文化服务体系不再是一个单纯提供文化服务的平台。它不但为经济发展提供智力条件和产业发展机会，而且为政治发展提供精神支持和凝聚力。

目前改革的阶段正处于“矛盾凸显期”，各种问题的解决可以通过开放型的公共文化服务体系的建设，提供新的公民参与渠道，以实现不同观点以及利益诉求的表达。一个国家的经济制度、民族文化政策及其分歧可能导致国内冲突，“它可能以深刻、常常是意想不到的方式重新建构民族认同（identities）或政治认同”。中国因为改革与发展所产生的社会矛盾的积累，正面临着政治认同重构的可能。而21世纪的前20年是中国现代化建设的关键阶段，面临着重要战略机遇的同时，各种社会矛盾也层出不穷。在社会主义市场经济体制基本建立的同时，由于制度生长的不合理性，城乡之间、地区之间出现了发展不均衡、分配悬殊的现象。“在人均GDP不断增长、恩格尔系数不断下降的同时，基尼系数在提高，社会和谐程度有所降低。”① 对照欧美国家在资本主义上升阶段所出现过的类似社会问题的解决方式可以发现，建立健全公民参与的渠道及机制是值得借鉴的经验之一。

当代中国社会问题的解决，在不允许出现大规模社会动荡的前提下，需要不断完善现行的制度结构以接纳各种利益的代表者参与政治表达，同时也需要设计新的制度渠道，以拓展政治参与的广泛性。在制度的设计中“变革与继承性须保

---

① 章建刚，陈新亮，张晓明．中国公共文化服务发展的历史性转折［A］．载：李景源，陈威．中国公共文化服务发展报告（2007）［C］．北京：社会科学文献出版社，2007：5.

持一定的平衡”①。公共文化服务的功能之一就是接纳公民的文化参与，体现公民文化权的基本诉求。因此，在将政治参与功能赋予公共文化服务时，必然要求其具有开放性。公民文化参与是实现公民文化权的一种基本形式，这意味着各种传统文化“事业单位”的微观治理结构应当向社会开放，接纳社会对管理活动以及决策程序的参与。公共文化服务解决社会问题的“弥合”作用便是通过这种参与功能的设计而实现的。

3. 公共文化服务与弱势群体的文化救助

中国城乡二元体制的分化导致无法建立城乡统一的公共服务制度。长期以来，农村公共产品的供给主要不是靠公共财政，而是靠农民自己，由此造成城乡居民基本权利和发展机会的不平等，加剧了城乡结构的失衡，使城乡差距制度化。在快速工业化、城镇化的背景下，为农民提供基本而有保障的公共服务，已成为缩小基本公共服务城乡差距和区域差距的焦点问题，当前改变城乡二元的公共服务制度的条件已经成熟，建立城乡统一的基本公共服务制度势在必行。

然而技术的不断进步正在导致农村人口以及城市弱势群体的进一步“边缘化”，信息分化、数字鸿沟成为新的直接导致贫困的原因。从 20 世纪 70 年代起，这个问题就已经成为西方学术界研究的热点之一。西方的学者将社会中的贫弱人群，比如，低收入者、老人、少数民族、单亲父母、残疾人等归入“信息穷人”。这些人群与主流社会的信息差距可以笼统的称为“信息分化”。按照皮帕·诺里斯的说法，数字鸿沟“是指一种包含三方面典型特征的现象：全球鸿沟指的是发达社会和发展中社会之间在进入网络方面的差距；社会鸿沟涉及每个国家中信息富足者和信息贫困者之间的差距；民主鸿沟指的是那些使用和不使用数字资源去从事、动员或参与公共生活的人们之间的差别”②。这三种数字鸿沟中，后两者实质上都是被因特网放大了的社会内的信息公平问题。各国政府在考虑解决这一问题的对策时，都不约而同地选择了支持非盈利组织和社区组织提供网络接入的方式，或提供信息素质教育。进入 20 世纪 90 年代以后，“数字鸿沟”的效应凸显出来。对“信息贫困”和“信息分化”的定义也更加精确。例如，美国学者 Sweetland 将“信息贫困”定义为信息获取的缺少（lack of information access）、信息超载(overland)和信息偏见（self-imposed poverty）。③

---

① ［美］塞缪尔·P. 亨廷顿. 变化社会中的政治秩序［M］. 王冠华等译. 上海：上海三联书店，1998：120.

② ［美］皮帕·诺里斯. 公民参与、信息贫困与互联网络［J］. 莫非编译. 马克思主义与现实，2001，(6)：31～35.

③ 良芝. 理解信息资源的贫富分化：国外“信息分化”与“数字鸿沟”研究综述［J］. 图书馆杂志，2005，(12)：7.

中国绝大部分人口生活在农村，那里是公共文化网络的最末梢，也是力量最为薄弱的部分所“覆盖”的地区。[①] 对于农村人口和城市贫困人口而言，他们是最容易在信息化时代被“边缘化”的人群。这正如丹尼尔·贝尔所说的进入以电子信息网络为沟通方式的后工业社会，原先工业社会中人们的经济收入已变得不再重要，取而代之的是知识和技术在生活中的地位和作用日益凸显出来，导致“社会中轴”的变化。缺乏基本的“信息能力”所导致的贫困状况难以通过个体的力量加以改变。公共文化服务的“均等化”原则为实现文化公平作出了政策铺垫。信息分化导致的贫困恰恰可以通过信息化的手段加以解决，这也正是公共文化服务体系的使命之一。

① 良芝．建立覆盖全社会的公共图书馆服务体系［J］．图书与情报，2007，(5)：24.

第四章　公共财政与基本公共服务均等化

基本公共服务均等化，是扩大公共财政覆盖面，让全体社会成员共享改革发展成果的制度安排。“十一五”发展规划、十六届六中全会决议及十七大报告中都明确提出了“要围绕推进基本公共服务均等化和主体功能区建设，完善公共财政体系，增强政府提供基本公共服务的能力，把更多财政资金投向公共服务领域，以发展社会事业和解决民生问题为重点，优化公共资源配置，注重向农村、基层、欠发达地区倾斜，逐步形成惠及全民的基本公共服务体系”。这标志着我国财政体制改革也开始由建设性财政向民生型财政转变。社会主义市场经济体制与和谐社会建设要求建立惠及全民的公共财政体系，以促进基本公共服务的均等化。社会主义市场经济体制和社会主义和谐社会双重背景下的公共财政，应该是国家为社会提供公共服务而进行的国家分配活动，是以社会主义、市场经济与和谐社会为基础的财政体制改革的目标模式。

第一节　基本公共服务均等化：理论论述

一、公共服务的含义与分类

在研究公共服务的含义时，主要应从以下两个角度进行分析：①公共服务属于服务范畴。从经济学角度看，服务是相对于生产来说的。根据产业结构的划分，三种产业中，第一产业是农业，第二产业是工业和建筑业，这两个产业是物质资料的生产部门，生产出来的产品具有实物形态。第三产业属于服务行业，不生产物质产品，只提供劳务服务。在我国，第三产业即服务行业又可分为四个层次：第一层次是流通部门，包括交通运输、邮电通信、商业等；第二层次是为生产和生活服务的部门，包括金融、保险、房地产、公用和居民服务业等；第三层次是为提高科学文化水平和居民素质服务的部门，包括教育、文化、科学、卫生等；第四层次是为社会公共需要服务的部门，包括国家机关、政党、社会团体等。②公共服务属于公共物品范畴。公共物品和服务与私人物品和服务相对应。公共物品具有两个基本特征：消费的非竞争性与受益的非排他性。这里的公共物品，包含着公共服务的内容，区别只在于，生产领域的公共物品是有形的，而服务领域的公共物品一般是无形的。因此，有关公共物品的分析适用于公共服务。与公共服务相对应的是私人服务，私人服务通过市场来提供，公共服务则主要由政府来提供。有些服务是介于公共服务与私人服务之间的准公共服务，既可以由私人通过市场提供，也可以由政府提供，还可以由私人和政府共同提供。通过上述两方面的分析可以看出，公共服务的内容，既包括第三产业中的第四层次，即国家机关通过直接提供劳务，为社会公共需要服务，也包括政府通过财政支出向居民提供的教育、卫生、文化、社会保障、生态环境等方面的服务。

公共服务可区分为基本公共服务和一般公共服务。对什么是基本公共服务，有着不同的认识。一种观点认为，所谓基本公共服务，是指直接与民生问题密切相关的公共服务。中共十六届六中全会《关于构建社会主义和谐社会若干重大问题的决定》中，把教育、卫生、文化、就业再就业服务、社会保障、生态环境、公共基础设施、社会治安等列为基本公共服务，就属于这种情况。另一种观点认为，基本公共服务，应是指纯公共服务，因此不能笼统地讲文化、教育、科学、卫生、社会保障等是基本公共服务，只有其中的义务教育、公共卫生、基础科学研究、公益性文化事业和社会救济等，属于基本公共服务。还有一种观点认为，基本公共服务是一定发展阶段上最低范围的公共服务。

二、均等化的含义与标准

1. 均等化的理论基础：福利经济学

20 世纪 20 年代，英国经济学家庇古开创了福利经济学的体系。为实现福利最大化的目标，庇古考虑到两个问题：一是个人实际收入的增加会使其满足程度增大，二是转移富人的货币收入给穷人会使社会总体满足程度增大。据此，他提出了两个基本命题：国民收入总量越大，社会经济福利就越大；国民收入分配越是均等化，社会经济福利也就越大。庇古的这项贡献对公共服务均等化起到了基础性影响。由于公共服务也是由国民收入形成，对公共服务的分配能对国民收入的分配起到重要作用，能够增进社会福利，促进社会福利最大化。庇古的国民收入均等化思想对公共服务均等化具有启示性意义，政府应当通过公共服务均等化来实现全社会福利最大化。政府是整个社会的代表，政府的财政收入来自于全体社会成员，因而，公共财政支出也必须用于全体社会成员，即要求政府必须对所有经济主体和社会成员提供“一视同仁”的服务。在“一视同仁”的政策下，政府及其公共财政在为社会提供服务的过程中，对所有的社会成员应该是公平对待的。政府为社会提供服务时的“一视同仁”，具体是通过公共收入、公共支出和转移支付制度来实现的。

2. 均等化的标准选择

“均等化”，就字面理解包含均衡、相等的意思，而均衡有着调节、平衡的过程，最后达到相等。当然，这里的相等，只能是大体相等，不可能绝对相等。均等的内容包含两个方面：一是居民享受公共服务的机会均等；二是居民享受公共服务的结果均等。

对于均等化，有三种不同的理解：一是最低公平标准，即要保底。二是平均标准。即政府提供的基本公共服务，应达到中等的平均水平。三是相等标准，即结果均等。这三个标准并不完全矛盾，实际上这是一个动态的过程。在经济发展水平和财力较低的情况下，首先是低水平的保底，然后提高到中等水平，最后的目标是实现结果均等。基本公共服务均等化的终极目标是应当使人与人之间所享受到的基本公共服务的均等化。

可以看出，基本公共服务的相等标准和平均标准不适合现阶段我国的经济和财政状况，下面重点分析基本公共服务最低公平标准在我国的适合情况：首先，它符合中央的政策目标。该模式将均等化限定为基本公共服务，这与中共十六届六中全会的要求是吻合的。我国处于社会主义初级阶段，人均财力水平仍较低，加上经济建设的巨大支出需求，尚无力达到全部公共服务均等化。面对这一现实，国家有选择地将部分重要的公共服务列为基本公共服务，并以国家的名义来保证最低供给水平，这既有必要性，又有可能性。其次，它符合公共财政改革渐进论要求。在我国，任何一项公共服务全国性改革需要上百亿元支出。例如，若新型农村合作医疗全国普及，按 9 亿农民和人均 25 元的最低政府补助计算，则需财政每年投入 230 亿～250 亿元，这说明基本公共服务均等化的标准、范围应随着国家财力提高而逐步提高，采用渐进策略。基本公共服务最低公平模式正好既顾及了现实财力的可能，也为国家提高最低标准留下了政策空间。最后，它符合我国公共政策走向。我国近年来出台的重大改革，如农村义务教育经费保障新机制、新型农村合作医疗制度等都是按最低公平的思路制定的。尽管新型农村合作医疗要求每个农村居民交 10 元，政府补助 15～40 元，看病报销一半，是最低水平的公平保障，但却在缓解农民“因病致贫、因病返贫”上起到了重要作用，受到普遍欢迎。这说明，最低公平是经实践证明的可行模式，研究和完善这一模式具有重要政策价值。可见，在我国地区间经济发展水平和财力水平严重不均衡、公共服务存在巨大差异的情况下，该模式或许是唯一可行的基本公共服务均等化模式。

第二节　公共财政与基本公共服务：浙江的实践①

改革开放 30 年来，浙江的经济和社会发展取得了令世人瞩目的成绩，到

① 钟晓敏．公共财政与基本公共服务：浙江的实践与经验［N］．中华读书报，2009-01-01.

2007年年底，全省地区生产总值18 640亿元，人均地区生产总值37 130元，城镇居民人均可支配收入20 574元，农村居民人均纯收入8265元，财政总收入达3240亿元、地方财政收入为1650亿元，进出口总额达到1768亿美元，主要经济指标在全国处于领先水平。随着浙江经济的快速发展，浙江的财政充分发挥了其在加快社会建设中的作用，特别是近年来，以和谐社会建设为目标，积极调整财政支出结构，将更多的财力投入到与百姓切身利益相关的民生领域，把支出的重点放在人民群众最关心、最直接、最现实的基本公共服务上，并通过基本公共服务的均等化来满足最大多数民众的根本利益。

义务教育机会均等基本完成。改革开放以来，浙江省始终把义务教育及其均等化作为教育工作的重点来抓。首先，明确政府对义务教育的责任，加大政府对义务教育的投入，财政支出中教育经费支出所占的比例逐年提高，各级财政每年的预算超收部分，按不低于年初确定的教育经费占财政支出的比例用于教育。其次，在义务教育投入上，坚持公平优先的原则，给每个受教育者提供同等的受教育机会和权利，让所有接受教育者共享教育改革发展成果。财政资金重点流向欠发达地区、农村地区、薄弱学校、弱势群体，以保障义务教育的均衡发展。通过“食宿改造工程”以及“万校标准化建设工程”，农村小学的办学条件与城市学校差距进一步缩小。区域、城乡义务教育教师学历合格率差距逐渐缩小。2005年全省小学、初中入学率分别达99.99%、99.4%，“三残”儿童和流动人口子女接受九年义务教育比例均超过97%，学前三年幼儿教育毛入学率达86%，2007年在全国各省区率先达到了义务教育高标准100%的完成率。

覆盖城乡的公共卫生保健制度建立。改革开放30年来，浙江各级政府和卫生部门紧紧围绕卫生现代化与“让人人享有卫生保健”的目标，以改革创新为动力，以强化农村卫生工作为重点，以提升服务品质为保障，着力全面提升医疗卫生工作水平，保持医疗卫生事业与经济社会同步协调发展。经过30年的改革和发展，浙江初步建立起与浙江经济和社会发展相适应的，具有浙江特色的医疗服务体系、医疗保障体系和公共卫生体系。财政对医疗卫生领域的投资逐年增加，从总量上基本解决了卫生资源短缺问题，卫生服务质量有了明显提高，人民群众就医环境有了显著改善。全省居民平均期望寿命已达到74.97岁；孕产妇死亡率为14.44/10万人，比全国水平低28.76个十万分点；婴儿死亡率为10.63‰，比全国低18.57个千分点；农村卫生厕所普及和自来水普及率分别达到67.75%和83.7%，分别高出全国水平21个和30个百分点。3700万农村人口中已有3100多万加入了新型农村合作医疗。经过多年的发展，全省县、乡、村三级公共卫生服务网络逐步完善。在城市，一般以街道为单位设置一个社区服务中心；1.5万～2万人口设置一个社区卫生服务站；每1000～2000个居民配备一个全科医生，为社区居民提供方便、快捷、连续、综合的卫生保健服务。在农村，整合农村卫生工作中的关键要素，将全科医生、合作医疗、乡村一体化管理有机结合，完善服务体系，提高资源利用效率，实行双向转诊断、农民体检、建立健康档案，开展健康教育、设立家庭病床，采取“住村医生”、“联村医生”和“责任医生”等形式，已初步形成“小病在社区，大病送医院，健康进家庭”的社区卫生服务新格局。

社会保障体系建设稳步推进。浙江省在经济发展的同时，十分重视社会保障制度的改革与建设，率先在全国打破城乡分割与户籍壁垒，形成了以城乡一体化的最低生活保障为主体、农村“五保户”和城镇“三无”人员集中供养，各种专项救助为重要内容、较为发达的慈善事业为重要补充的新型社会救助体系。初步建立了覆盖城乡、功能完善、多层次的社会保险体系，一些地区的社会保险制度已经延伸到乡村，社会保险待遇与支付能力持续增强。通过推行“低门槛准入、低标准享受”的“双低”模式，把社保“扩面”的重点转移到非公企业和农民工、灵活就业人员。全省基本养老、基本医疗、失业、工伤、生育五大保险的覆盖面不断扩大。失业保险与下岗职工基本生活保障全面并轨。破除农民进城就业的户籍门槛和限制性政策，统筹城乡就业。在浙江省社会保障制度的改革与建设过程中，公共财政发挥了重要作用。财政社会保障支出从1995年的14.33亿元增加到2007年的300.55亿元，增长了21倍，年均增长28.8%，占同期财政支出的比例提高到16.63%，正因为如此，浙江省城乡居民的社会保障水平要明显高于其他地区，共享经济发展成果的民生目标通过社会保障制度的建设日益得到了体现。

城乡文化体育事业均衡发展。浙江省在“建设文化大省”、“建设体育强省”等相关政策的指导下，各级政府加大对公共文化体育事业的投入，文化体育事业快速发展，群众文化体育生活日益丰富，逐步改变了文化事业发展与经济发展不相称的局面。人均文化活动设施面积达到6平方米，人均文化事业费增加到45.3元，年均增速大大高于同期地区生产总值的增速，也高于同期财政支出的增速。人均体育事业费达到32.5元。各项主要公共文化体育服务指标均大大高于全国平均水平，处于全国各省市的前列。实施了“万场演出进农村”、“万册图书送农村”、“万场电影下农村”的文化下乡“三万工程”。农村的文化设施不断完善，全省行政村有线电视和广播覆盖率达90%和98%，县级文化馆和图书馆覆盖率达98%和84%，乡镇文化站（中心）和行政村文化活动室的覆盖率分别达到了54%和55%。

第三节　公共财政与基本公共服务均等化

社会主义市场经济体制与社会主义和谐社会建设要求建立惠及全民的公共财

政体系，以促进基本公共服务的均等化。社会主义市场经济体制和社会主义和谐社会双重背景下的公共财政，应该是国家为社会提供公共服务而进行的国家分配活动，是以社会主义、市场经济与和谐社会为基础和目标的财政体制改革的目标模式。

一、公共财政职能的定位

前财政部长项怀诚提出："社会主义市场经济条件下的财政职能，主要表现在保证社会公共需要，优化资源配置，调控宏观经济运行，促进公平分配，协调地区经济均衡发展等方面。"金人庆也撰文指出："在构建社会主义和谐社会的进程中，财政支出必须坚持以人为本，把更多财政资金投向公共服务领域，大力支持教育事业发展、大力支持医疗卫生事业发展、大力支持就业和社会保障工作、大力支持生态环境建设、大力支持司法能力建设。"由此奠定了公共财政职能的基调，增强了政府的服务意识，即公共财政的主要职能是直接或间接地为社会提供公共服务，因而，对公共服务领域的界定成为厘清公共财政职能的重要命题。

事实上，公共财政不是资本主义制度的专利，公共财政是与市场经济孪生的一种财政运行模式。在市场经济条件下，公共财政的一般职能为：资源配置、收入分配和经济稳定。但是，在我国必须解决公共财政的共性与特性问题，即在社会主义市场经济与和谐社会的主题下，进行公共财政体系建设，既要解决人们的生存问题，又要推动经济社会发展，更要促进社会和谐，因而公共财政的内容更加丰富。在西方财政学教科书中，公共财政的活动被限定在市场经济范围之外，侧重于从对市场机制进行指导、修正、补充的角度界定公共财政活动的范围。我国公共财政的作用范围并不能局限于弥补市场失灵和解决市场机制缺陷，而是调动各利益主体的积极性，共同构建社会主义和谐社会，因此，社会主义公共财政在为全社会提供公共服务的同时，在宏观调控、收入分配、经济稳定等方面也应发挥重要作用。

二、公共服务领域的界定

公共财政的主要职能是提供公共服务，这就意味着公共财政主要解决的是市场失灵与市场机制缺陷的问题，但并不是所有市场失灵和市场机制缺陷的领域都是公共财政应该涉及的领域。对公共服务领域的界定有诸多尝试，总结起来有如下几种：第一，从公共服务与公共需要的关系入手界定公共服务领域。公共服务与公共需要相对应，但满足公共需要的任务并不一定都由政府来完成，公共服务有其自身特征，非政府组织也可以提供公共服务。因此，从公共需要的角度来界定公共服务领域是不充分的，公共需要不一定非得由公共财政来满足，而财政也不仅仅是为了提供公共服务而存在。第二，从市场失灵和市场机制缺陷的角度界定公共服务领域。公共领域的存在是市场失灵的原因之一，但市场失灵也不完全都由政府去矫正，在公民社会日益发展的今天，市场失灵的矫正任务有相当一部分交给了公民社会去完成；同样地，政府及其财政可以弥补市场机制缺陷，但它们并不是弥补市场机制缺陷的唯一主体。第三，从竞争性领域和非竞争性领域来界定公共服务领域。因为在有些领域，究竟是竞争性的还是非竞争性的很难区分清楚，且竞争性领域的市场经济活动有时还可能需要财政的力量予以支撑，所以也无法以判断竞争性领域和非竞争性领域的方式来界定公共服务领域。第四，从经济性支出和福利性支出相区分的角度界定公共服务领域。工业化与市场化转型尚未完成，经济性支出还在政府支出中占有一定的比重，因而全然用福利性支出概括公共服务也不甚科学。第五，从私人物品与公共服务相对立的角度界定公共服务领域。使用这种非此即彼的划分方法首先要求对私人物品有很好的定义，目前理论界在私人物品的概念上尚未达成一致意见，因而这种界定也不现实。

在不同的国家和同一国家的不同时期，公共服务领域并不是一成不变的，它会受到很多因素的影响。例如，公共服务范围的确定与经济发展水平相关，经济发展水平较高的经济体市场发挥作用的能力较大，相反，经济发展水平较低的经济体市场发挥作用的能力较小。我国作为发展中国家，属于后一种情况，因而对公共服务领域的界定尺度应该放宽。在我国，基本公共服务领域的确定需要摆在优先地位，而基本公共服务又是满足公民基本权利的各项服务，解决的是公民的机会公平、规则公平和结果公平问题，根据历年公开的中央文献资料，我们将现阶段的基本公共服务领域归结为教育、卫生、文化、就业再就业服务、社会保障、生态环境、公共基础设施、社会治安等方面。

三、公共财政框架的建立

实行公共财政，一要矫正政府职能“缺位”与“越位”现象，真正实现财政“归位”；二要完善预算管理制度，深化部门预算、国库集中收付、政府采购和收支两条线管理制度改革；三要建立财权与事权相匹配的财税体制，要给予完成地方性和区域性基本公共服务的地方政府以相应的财权。

1. 明确中央和地方的事权，健全财力与事权相匹配的财税体制

按照法律规定、受益范围、成本效率等原则，明晰划分中央与地方事权，调整中央和地方政府的职能和权限，争取在关系民生的若干重大领域支出责任划分上取得进展。凡属于社会公共领域的事务，市场不能解决的，财政就必须到位；凡属于可以通过市场机制解决的领域，财政就不应介入；介于二者之间的，财政要发挥“四两拨千斤”的杠杆作用。对于国防、外交、国家安全等全国性公共产

品和服务，由中央财政承担；具有调节地区间、城乡间重大收入分配性质的支出责任，由中央财政承担或由中央财政与地方财政共同承担；地区性行政管理、基础设施等地方性公共产品和服务的支出责任由地方财政承担，对少数民族和贫困地区，中央财政可以通过转移支付给予适当帮助；对于在省级范围内有“外溢效应”的公共产品和服务，由中央财政和地方财政共同承担。在充分考虑各地的财政能力基础上，合理确定中央与地方的负担比例，引导地方政府将公共资源配置到社会管理与基本公共服务领域。按照财力和事权相匹配的原则，适当调整和规范中央和地方的收入划分。合理界定中央和地方的税收管理权限，扩大政府间收入划分的覆盖面，保证各级政府有行使职责的财力。结合政府间支出责任划分调整以及逐步将预算外收入纳入预算管理等措施，适当调整共享税分成比例。推动形成合理的资源、环境等要素价格形成机制，全面建立矿产资源等国有资产（资源）有偿使用制度，不断完善水资源费等非税收入政策，研究建立生态环境补偿机制。

2. 调整和优化财政支出结构，完善和规范转移支付制度

以推进基本公共服务均等化为突破口，调整和优化财政支出结构，逐步增加国家财政投资规模，不断增强公共产品和公共服务供给能力，将更多的财政资金投向公共安全、卫生、教育、社会保障和公共基础设施等方面，并加快形成统一规范透明的财政转移支付制度，优化转移支付结构，提高一般性转移支付规模和比例。调整完善转移支付测算办法，加大对禁止开发与限制开发区域转移支付力度，建立资源枯竭地区转移支付制度。建立监督评价体系，着力提高中央财政转移支付效果，分类规范专项转移支付。对到期的、补助数额小、宏观调控政策意图不明显项目予以取消；交叉、重复的项目重新清理，逐步进行归并；对年度之间补助数额不变且长期固定的项目列入中央对地方体制性补助。规范中央对地方专项拨款配套政策，减轻地方政府压力。中央财政新增财力中要安排一定数额用于重点解决中西部地区财力不足问题，配合西部大开发战略，加大对民族地区、边疆地区、革命老区等转移支付力度，并强化资金监管，确保资金主要投向民族地区社会事业发展的薄弱环节。要加大对矿产资源开发地区、生态保护任务较重地区的转移支付，督促地方政府切实履行环境保护职责。并积极引导在经济发达地区和市场基础较好的地区率先建立市场化的污染防治与生态建设投入机制。充分考虑各地自然、地理、人文等因素所导致的成本差异，研究并逐步建立公共服务标准体系，并形成依据社会经济发展情况自动调整的机制。

3. 完善财政奖励补助政策和省以下财政管理体制

县乡财政是国家财政的重要组成部分，是加强基层政权建设、维护社会稳定、提高基层政府基本公共服务能力的物质基础。中央财政在经济发展和财政收

入不断增长的基础上，加大国家财力性转移支付规模，完善“三奖一补”方案，适当提高财政困难县基本财政支出标准，调整精减人员奖励办法，完善对产粮大县的奖励政策，增加奖金规模，使县乡财政困难状况得到明显改善；同时，研究建立县乡政府支出安排绩效评价体系，加大资金使用监管力度，确保财政困难县获得的“三奖一补”资金用于基本公共服务领域；加大对基层政权建设的专项转移支付力度，重点支持中西部贫困地区基层政权建设，改善这些地方政府部门的办公条件和装备水平。强化省级财政调节区域内财力差异的责任，减少财政管理级次，增强基层政府提供公共服务能力，促进辖区内基本公共服务均等化。加大省以下财力差异调节力度和省以下一般性转移支付力度，完善激励约束机制，强化省级政府调节省以下财力分配的责任意识，增强省级财政对市县级财政的指导和协调功能，逐步形成合理的纵向与横向财力分布格局，增强基层政府行使职能的财力保障能力，推进省级直接对县的财政管理体制改革，减少财政管理层次，提高行政效率和资金使用效益，以增强基层财政保障能力为重点，以事权定财力，以责任定财力，对加强的职能要增加财力支持，对弱化的职能要减少支出，体现财力支出向公共服务倾斜、向基层倾斜。

4. 建立基本公共服务的战略规划与法规体系

强化对地方政府公共服务的职责，关键是要有效地发挥政府在基本公共服务中的主体地位和主导作用，提高政府在基本公共服务供给方面的效率，避免政府大包大揽，使有限的公共资源得到合理使用。尽快着手在全国范围内制定基本公共服务均等化的战略规划。整合、优化公共行政资源，提高政府的公共服务能力。加快政务信息化建设，改善基本公共服务供给的技术手段。按照构建公共服务体系的要求，统筹设计和推进事业单位改革，对与基本公共服务均等化密切相关的教育、卫生、文化等事业单位，按照公共性、准公共性和营利性区别对待的原则与办法进行分类改革。探索基本公共服务市场供给的有效模式；建立政府与民间组织在基本公共服务供给上的合作伙伴关系，对民间组织的法律地位予以确认；明确社区定位，充分发挥社区在基本公共服务供给中的作用，建立基本公共服务的多元参与机制。加快建立健全基本公共服务的法律法规体系建设。增强基本公共服务供给的规范性和约束性，逐步建立起具有权威性、规范性的基本公共服务法规体系。以《中华人民共和国宪法》（以下简称《宪法》）对公民基本权利的规定为依据，围绕义务教育、公共卫生与基本医疗、基本社会保障、公共就业服务等领域，形成比较完善的基本公共服务法规体系。整合现有法律法规体系，提升基本公共服务的法律层次，加快基本公共服务重大项目立法进程，使中央与地方政府在基本公共服务中的职责法定化，按照基本公共服务均等化的原则，将公共财政纳入法制化轨道。

第五章　文化权利与公共文化服务均等化

《世界人权宣言》、《经济、社会和文化权利国际公约》以及多数国家的宪法确认经济、社会和文化权利为人权，这意味着经济、社会和文化权利不再是统治者的恩赐和慈悲，不再是国家纯粹的道德义务，而成为政府理当担负的法律义务。国际公约和宪法对经济、社会和文化权利的规定使其成为法律规范的内容，具有判断国家行为合法与否的规范性。正是在此意义上，政府对经济、社会和文化权利负有尊重、保护和促进实现的义务。公共文化服务的性质与特点，决定了社会公正其内在的价值取向，享受基本均等的公共文化服务是公民的权利。在公共文化服务中，各级政府只有依循公益性、公平性和公共参与性等原则逐步建立起"结构合理、发展平衡、网络健全、产品丰富、运营高效、服务优质、覆盖全社会"公共文化服务体系，切实保障和实现广大人民群众的基本文化权利。

第一节　文化权利及其本质属性

一、人的经济、社会和文化权利①

一般来说，人权是指人作为人所应有的权利。这第一个"人"指的是生物意义上的人，第二个"人"是社会意义上的人。一个纯粹生物意义上的人并不具有人权。如果一个人远离社会，不与他人产生关系，就不存在向他人提出要求的权利，也不存在满足他人权利的义务。只有处于社会中的人才存在权利的要求。从这一定义可以看出，人权本身并不是目的，其目的是使生物意义上的人成为社会意义上的人，因此人权并不能自我说明。正如桑德尔所言，"权利及其证明依赖于它们所服务的那些目的的道德重要性"②。也就是说，人是社会中的人，人权应从其社会中寻找根据，而不是诉诸抽象的人性或尊严。社会是人们互相合作的场所，人们的生存和发展并非孤立的个人事件，对他人和社会都有着直接或间接的利益关系，这种利益关系是社会存在和发展的纽带。人权就是对关涉人的重大利益的确认。之所以将关涉个人的重大利益规定为人权是因为：首先，由于权利

---

① 瓮洪洪．作为人权的经济、社会和文化权利［EB/OL］．http://www.docin.com/p-25939351.html，2010-03-24.

② ［美］迈克尔·J. 桑德尔．自由主义与正义的局限［M］．万俊人等译．南京：译林出版社，2001：4.

在制定法中是明示的，被权利化的个人利益就明明白白地显示在众人面前，人们可以了解自己拥有哪些权利、享受何种利益；其次，经济社会和文化权利关涉的利益是具体的个别的利益，根据实定法可以确定，因而有着比较明确的边界，政府容易实施，公民也方便请求。当然，人权与我们的某些关键利益的关系，并不仅仅是手段与目的的关系。人权归根结底是赋予公民更多的选择，即公民自我决定、自我选择的"利益"。自我选择意味着个体对事物的思考，要比其以不能理解甚至反对的理由去做同样的事要有价值；基于自我所认定的价值观去生活，要比旁人强加的价值观去过同样的生活更有意义。如果个体不能对自我的选择负责，而要为他人安排的行为负责，是不符合伦理要求的。换句话说，人权的价值，不在于它所带来的任何实质的利益，而是在于它使自主的人生成为可能，进而赋予了个体人生更多、更高的价值。人权之所以重要，就是因为它可以使人们过自主的生活，自由的追求所选择的价值，以实现其心中的理想。人权并不直接规定人们对具体的事物或利益的享有，而是规定了一个生活空间，在此空间下，人们可以通过自己的努力来获得更好的发展。要证明经济、社会和文化权利是人权，就必须要论证其是否是值得保护的重要利益，是否为人们获得更好的发展提供了一个发展的空间。

从道德的意义上讲，确认公民权利和政治自由为人权，是对人自身的一种肯定。每个公民都是自主的、自足的、理智的个体，不是某个人或某个机关的附属物，可以根据自己的意志来判断何者可为何者不可为，并独立承担因自主选择而产生的后果。公民权利和政治自由就是通过限制政府和其他公民对权利的干涉来保障个体选择的自由，最终实现公民个体的尊严和价值。而经济、社会和文化权利则是从更高的层次维护和保障公民个体的尊严和价值。公民权利和政治自由关注公民个体选择的自由，而经济、社会和文化权利则关注公民个体选择的能力和机会。因而，经济、社会和文化权利应当确认为人权。也正因为如此，经济、社会和文化权利与公民权利和政治权利有着密切的关系。如果一个国家公民权利和政治权利得不到保障，其经济、社会和文化权利也很难得到保障。因为，如果国家要保障经济、社会和文化权利，就必须先了解公民的生存状况和权利需求，并测算自己所拥有的资源，进而决定如何保障公民的经济、社会和文化权利，而这就要求公民与国家之间进行有效的沟通，并对国家的权利保障行为进行有效的监督和制约。这客观上需要一个国家有良好的政治架构，公民可以通过个人的选择来自主决定发展方向，通过言论自由来表达自己的真实需求，通过选举来选择满意的统治者，通过法律来救济被侵害的权利。

二、文化权利的核心：公平性

经济、社会和文化权利与公民权利和政治权利都是人权，都是为了保护人类更好的发展，在权利位阶上具有同样的地位，二者各有其作用范围和领域，不能互相替代。夏勇教授认为，“无论权利体系有怎样的发展，都丝毫不意味着晚近出现的权利比早先的权利更为重要，早先的权利通常是更基本，更可靠的”①，暗示公民权利和政治自由较经济、社会和文化权利更可靠。人权是一个不可分割的整体，构成这个整体的各项权利之间是相互依存、相互补充、相互促进的，剔除其中任何一项权利，其他的权利势必难以得到全面、充分的享受。这也得到了国际性文件和国际实践的认可。《世界人权宣言》对两种权利一视同仁，并未规定公民权利和政治自由优先于经济、社会和文化权利。1993 年 6 月 25 日通过的《维也纳宣言和行动纲领》也明确阐明了“一切人权均为普遍、不可分割、相互依存、相互联系。国际社会必须站在同样地位上、用同样重视的眼光、以公平、平等的态度全面看待人权”。

文化权利是人权的一部分，人权不仅包括公民权利和政治权利，还包括经济、社会和文化权利。1966 年 12 月 16 日由第二十一届联合国大会通过的《经济、社会、文化权利国际公约》第一次在世界范围内以具有法律约束力的条约形式确立了经济、社会、文化权利，并第一次援引《世界人权宣言》，强调了经济、社会、文化权利与公民、政治权利的同等重要性和不可分割性，确立了民族自决的权利，对于维护和促进发展权与建立公正的国际政治经济新秩序产生了积极影响。1997 年 10 月 27 日，我国签署了《经济、社会、文化权利国际公约》，2001 年 3 月 27 日，我国政府批准了该公约，同年 6 月 27 日，《经济、社会、文化权利国际公约》对我国正式生效。

公民文化权利是现代社会公民的基本权利，它包含公民享受文化成果的权利、参与文化活动的权利和开展文化创造的权利等。文化权利的人权属性决定着其核心是公平性。关于公平问题，罗尔斯曾提出了三条原则：①每个人都能获得最广泛的、与其他人相同的自由；②一个人获得的不均等待遇，如地位、职业、利益等应该向所有人开放；③如果起始状况（收入和财富分配）不同，处于不利地位者的利益就应该用“补偿利益”的办法来保证。② 文化公平是指人人都拥有平等享受文化资源的机会和权利，每个人所特有的文化需求都能得到满足，这种机会和权利不受性别、种族、身份、阶层等因素的影响。《经济、社会、文化权利国际公约》第 2 条第 2 款规定：“本公约缔约各国承担保证，本公约所宣布的权利应予普遍行使，而不得有例如种族、肤色、性别、语言、宗教、政治或其他见解、国籍或社会出身、财产、出生或其他身份等任何区分。”文化权利的公平性包括：第一，平等享有公共文化服务的权利。每个公民都有平等享有图书馆、

---

① 夏勇．走向权利的时代［M］．北京：中国政法大学出版社，2000：7.

② 李瑞德．文化公平：构建和谐社会的一个重要支点［J］．学习与实践，2006，(4)：107.

文化馆、博物馆等各种公共文化基础设施，平等享受公益性文化服务的权利。第二，平等享有科学文化进步的权利。每个人都能随着技术的进步而享受文化进步与创新的成果，如接触世界文化遗产、阅览各种科学出版物和期刊、充分享受网络文化等。第三，平等享有参与文化生活与文化创造的权利。公民有平等参与社会文化生活的权利，这种参与是公民按照自己的意愿与审美需求抒发自己情感的自由选择，公民通过参与各种文化活动而获得精神文化的满足并促进自身的全面发展。公民还能发挥自身的文化主体作用，进行文化创造，并享有保护自己创作的文学、科学或艺术作品的精神和物质利益的权利。第四，平等参与文化政策的制定、执行和评估的权利。公民参与公共文化事务的管理是实现其文化权利的前提，公民不仅要参与文化事务的决策，而且还要监督公共文化政策的执行，对公共文化服务的绩效进行评估。

第二节　社会公正与公共文化服务均等化

一、社会公正：公共文化服务均等化的价值依归

1. 公共文化服务的特征

公共文化服务，是相对于私人文化服务而言的一个概念。公共文化服务以国家政府为主导，市场文化服务以私人组织为主导，两者构成了庞大而完整的社会文化服务体系，共同推动着整个社会文化服务的发展和繁荣。在市场经济条件下，绝大多数文化产品与服务，都进入了市场，并以市场经营的方式，为社会公众提供有偿的服务。一些最基本的、社会公众普遍需要的、能够体现社会长远和根本利益的文化产品与服务，必须由政府以及公共部门来提供。因此，公共文化服务是必不可少的，它对于维护社会的公平和公正，实现社会的均衡和稳定，具有十分重要的意义。

与私人文化服务以私人组织为主导不同，公共文化服务以政府为主导，具有典型的“公共性”：一是利益取向的公益性。公共文化服务是现代社会公共服务的基本范畴，公共文化服务以普遍实现公共文化权益为准则，追求社会效益的最大化。二是服务主体的公众性。公共文化服务单位应该面向社会普遍提供基本的无差别的公共文化服务。所有公共文化服务设施，都应该无条件地向公众开放，接纳公众参加各种活动，接受公众的管理和监督。三是服务供给的公平性。享受基本的公共文化服务，是现代社会公民的基本权利，也是现代国家政府的主要职责，政府必须为公众提供同等的接触和享受公共文化服务的机会。四是资源配置的公有性。一般来说，公共文化服务资源都是历史累积留存下来或当代投资建设形成的，其内容体现一定社会的共同价值准则和主流意识形态导向，并符合社会

在文化上的共同、根本和长远利益。因此，公共文化资源应面向公众普遍提供，并为社会全体成员所普遍享用。

2. 社会公正：公共文化服务的价值取向

公共文化服务的性质与特点决定了社会公正是其内在的价值取向。现代社会公正至少应包括以下四个方面的内容：机会均等、过程公平、按贡献进行分配、确保基本的生存和发展条件。其中，机会均等是社会公正的核心，确保基本的生存和发展条件是实现社会公正的关键。不同的人可以在收入分配上存在合理合法的差异。正由于存在差异，就需要政府发挥调节作用，完善公共服务体制，使利益分配差距保持在合理的限度里，保障社会成员基本的生活和发展条件，使社会趋于公正、合理。公共文化服务以社会公正为目标，至少应包括以下几个层面的内容：

（1）公共文化服务的公共性。公共文化服务是公共利益的体现，是国家为社会公众生活和参与社会文化活动所提供的保障，具体指对社会提供公共文化产品和服务。政府所提供的公共文化服务很大程度上是对公共文化物品的提供。公共文化物品具有两大特点：一是消费上的非竞争性，即它供应给一个消费者，同时也能供应给其他消费者，并不需要增加额外成本；二是消费上的非排他性。一旦提供这种产品，即使不付费或拒绝付费的人也能享受。公共文化物品的这两个特性，体现了一种公共性，这就要求必须公平公正地提供公共服务。

（2）公共文化服务要为所有公民平等享有。公共文化服务的目标是建立起公平而有效率地提供公共文化服务的新体制，使基础的公共文化服务能够为所有公民平等享有，包括偏远地区和经济上处于底层的贫困人群。从发达国家的普遍经验来看，地方政府在提供社会福利和公共文化服务方面有较大的自主权。中央政府通过财政转移支付或者专项补贴等形式尽可能减少和平衡不同地区之间公共文化服务水平与质量上的差异。

（3）公共文化服务关系着人民的生存发展和社会的良性运行，必须坚持社会公正的价值取向。目前我国已进入以全面调整利益关系为重点的改革新阶段，进一步的改革和发展对公共文化提出了新的要求。由于长期以来我国以效率优先、兼顾公平的原则指导经济的发展，随着市场经济的深入，其负面影响也逐渐显现。尤其是出现了地区发展不平衡、群体分配不平衡等公共文化服务不均等现象。公共文化服务均等化，已成为当前公共文化服务领域一个重要的议题。

3. 均等化：公共文化服务的基本路径

党的十六届六中全会决议明确提出，要逐步实现基本公共服务均等化。基本公共服务均等化是科学发展观在社会领域的基本体现，也是构建社会主义和谐社会的内在要求。基本公共服务均等化绝不是一个抽象的标准和概念，也不是简单的平均主义，而是与一定社会经济基础相联系的动态的具体过程。首先，公共服务均等化是基本公共服务的均等化，而不是所有公共服务的均等化，均等化服务的内容和范围会随着经济社会发展而不断变化与扩展；其次，公共服务均等化在不同空间和区域有不同的具体内涵，均等化是效果的大体均等，而不是内容的完全均一；最后，公共服务均等化的目标是要消除社会经济发展和个人天赋对社会成员享有基本生存和发展权利上的影响和制约，而不是彻底抹杀社会的差异和不同。

具体到公共文化领域，所谓公共文化服务均等化是指政府及其公共部门要为不同利益集团、不同经济成分或不同社会阶层提供平等的公共产品与公共服务。公共文化服务均等化有助于公平分配，可以实现公平和效率的统一。一般来说，公共文化服务均等化的内容可以从制度、投入、参与、配置四个方面来界定：一是从制度架构上确保全体公民在享有文化公共服务方面权利均等；二是从财政投入上确保全体公民在享有公共文化服务方面资源均等；三是从决策参与上确保全体公民在享有公共文化服务方面机会均等；四是从资源配置上确保全体公民在享有公共文化服务方面效果均等。公共文化服务的设定和提供要从社会成员的基本需求出发，尊重社会成员的自由选择权。既要允许社会成员在公共文化服务体系之外的自由选择，也要在公共文化服务提供的框架之内，为社会成员提供必要的选择空间，不能把公共文化服务均等化搞成计划经济时代的“配给制”，被动的单向的供给模式并不是公共文化服务均等化的初衷和目标。

二、公共文化服务均等化的基本原则

在公共文化服务中，各级政府应依循公益性、公平性和公共参与性等原则逐步建立起“结构合理、发展平衡、网络健全、产品丰富、运营高效、服务优质、覆盖全社会”的公共文化服务体系，切实保障和实现广大人民群众的基本文化权利。

（一）公共文化服务的公益性原则

公共文化服务的公益性原则是指文化服务的出发点、依据和最终目的，是满足广大公众的公共文化权益需求。公共文化服务提供的是公益性极强的公共物品，公共文化服务追求的是公共利益的最大化，体现的是全体社会成员的共同利益。公益性是公共文化服务区别于一般经营性文化服务的本质特征，也是公共文化服务体系建设的根本原则。遵循公共文化服务的公益性原则，公共部门有责任为公民提供免费或优惠的公共文化服务。

公共文化需求来源于“公民文化权利”。所谓公民文化权利，即公民依法享有的参与文化创造、享受文化成果、表达文化主张、其文化创造成果得到应有保护等方面的权利。文化权利与政治权利、经济权利一样是基本人权的重要组成部分。正是公民合法的文化权利，产生了对公共文化的大量需求，同时要求公共文化服务体系的建设必须遵循公益性原则。公共文化服务的公益性原则也可从公共经济学和管理学的角度得到很好的解释。根据公共经济学和公共管理学的基本理论，图书馆、博物馆等公共文化服务，作为一种公共文化产品，具有一定的“非竞争性”（即一个使用者对某一商品或服务的消费不会减少该商品或服务对全社会的供给）和“非排他性”（任何人都无法阻止其他人对该商品或服务的享有和消费），其供应存在“市场失灵”，但毫无疑问，社会对图书馆等公益性文化服务有着巨大的现实需求。因此，公共文化产品的生产、服务和提供应主要由政府或政府资助的公益性机构来承担，并且免费或优惠提供给全体公民，以弥补市场的不足，保证公民享有必要的精神文化生活。

公益性原则的确立也取决于公共文化服务巨大的私人收益的“外部性”及其带来的公共收益。简单地讲，“外部性就是一个经济主体对另一个经济主体产生的影响，而这种影响又不能通过市场价格进行买卖”。图书馆、博物馆等公共文化服务，其服务的对象是私人，直接的获益者是私人，但是，服务在直接带给私人精神文化需求的满足，提高着公民个体的知识水平和精神生活的质量的同时，客观上为服务对象之外的其他社会成员带来经济上和非经济上的收益，公共文化服务这种极强的外部性，间接地带来了巨大的社会收益，因为每个公民文化素质的提高，正是社会整体文明程度提升的基础。换句话说，公共文化服务通过直接服务个人，间接地服务了整个社会，因此具有高度的公益性。事实上，必要而完善的公共文化服务，对促进公民文明素质的提高、社会共同价值观的形成、和谐友爱文化氛围的营造、宽容社会风尚的形成等，都具有无可替代的重要作用。

可见，公益性是公共文化服务的本质属性，也是公共文化服务与其他市场经营性文化服务最大的区别。公共文化服务体系建设的出发点、依据和最终目的的确立，都应当遵循公益性原则。公益性也使得公共文化服务具有社会公有、社会共享、社会公用等公益性事业的一般特征。遵循公益性原则构建公共文化服务体系，既是政府在文化服务上弥补市场缺失的应有举措，也是公共部门回报纳税人，为全体公众创造文化福利的必要之举。在社会主义市场经济条件下，按照公共文化服务的公益性原则，作为公共文化服务提供的责任主体，政府有责任进行必要的公共财政投入，负责制定公共文化服务体系的发展战略和规划政策，扶持、引导社会力量参与公共文化服务体系建设。

（二）公共文化服务的公平性原则

公平或称平等是现代文明社会基于“法律面前，人人平等”基本人权的确认而持有的最重要的价值理念之一。我国宪法将“平等权”列为公民基本权利的首位，规定“中华人民共和国公民在法律面前一律平等”。公民文化权利作为基本人权的重要组成，同样应当获得公平公正的对待，因此，平等的原则也必然应当延续到公共文化服务领域。换言之，所谓公共文化服务的公平性，即人权平等和社会公平价值理念在公共文化领域的延伸和体现。公共文化服务的公平性原则是指每个公民（包括不同社会阶层的成员）在获取公共文化资源、享受文化服务时，享有获得服务机会的公平，服务内容、质量和服务过程的公平。

所谓服务机会的公平，主要体现为服务对象的全体性或者说服务必须惠及全民。公共文化服务的对象，既要包括城市、中心发达地区的居民，也要包括农村、边远落后地区的公民，即所谓地不分南北、人不分老幼、身份不分高低贵贱，都应当有机会享有公共文化服务。换言之，公共文化服务不应有任何地域、城乡、种族、身份等的歧视。所谓服务内容、服务质量、服务过程的公平，则指不论服务对象为何人，均有权享受到同样的、质量稳定、程序公平的对待，从而享有平等的文化服务。

在公共文化服务发展中，公共文化服务的公平性原则对政府部门提出了宏观与微观两个不同层面的要求。所谓宏观层面的要求，指政府在进行文化发展战略的制定、文化资源配置、文化设施规划建设、整体布局调整等重大宏观决策中，应当充分考虑不同社会群体、不同地区的需求，合理配置公共文化资源，努力做到公正公平。所谓微观层面的要求则是政府各具体部门，以及政府扶持资助的各公共文化服务机构，在提供各项文化服务的过程中，应当秉持公平公正的原则，对不同社会阶层和群体一视同仁，使大家获得机会公平、质量稳定的服务。

公共文化服务公平性原则的提出，很大程度上针对了公共文化服务不够公平的历史和现实状况。事实上，由于文化资源的有限和社会阶层差异的存在，公共文化服务的很多领域都长期发生着不公平的情况。以博物馆为例，博物馆集收藏、研究、陈列、展览各类历史文物、文化艺术品于一身，所有过往人类文明的重要成果几乎都在博物馆得到最集中的展示，博物馆服务因而成为公认的最重要的公共文化服务。然而，无论中国还是西方，在历史上相当长时间里，并不存在现代意义上的公共博物馆，一些国家或私人的收藏，为少数人所独占，也只允许少量的王公贵族参观。直到 1793 年罗浮宫开放后，世界博物馆才开始了其服务社会的进程。直至 1971 年，国际博物馆协会才提出“为当代和未来的公众服务的博物馆”的主题。1974 年，国际博物馆协会才提出了博物馆的新定义：“博物馆是一个不追求营利，为社会和社会发展服务的公开的永久性机构。”这一定义对博物馆公共性的强调，体现了博物馆对其基本职能认识的突破性转变，标志着博物馆服务意识的生成，也标志着对民众公平参观使用博物馆这一基本文化权利的正式认可。

（三）公共文化服务的公共参与性原则

在公共文化服务过程中，公民个人和社会各界的参与与创造起着十分关键的作用。因此，公共文化服务还应遵循公共参与性原则。所谓公共文化服务的公共参与性原则，即在公共文化服务体系的构建过程中，政府有责任保障公民能够充分地参与公共文化产品生产、服务提供的各个环节。参与不仅仅是公民个人的依法参与，更希望公民通过组成民间社团、非营利性文化服务机构等社会组织的形式，合法地、有组织地进入公共领域，形成公共文化服务的共同治理结构，实现公共文化服务中政府与公民社会的良性互动。

参与公共事务是现代民主政治制度下公民的基本权利。对公共文化事务的参与，既是现代民主精神的体现，更是公民文化权利的重要表现。从公共管理学的角度看，公民参与性原则体现的是服务型政府理论强调的“善治”的概念，所谓“善治”不同于传统的“统治”，其本质区别主要表现为，统治的权力向度是自上而下的单向度运作过程，而善治则是多元的、上下互动的过程。它通过合作、协调及对共同目标的确定等手段达到对公共事务的治理。公共参与性原则的实施，可以推动公共文化事务的“共同治理”结构的形成，保障公共文化政策能够广泛反映公民的文化权利需求，充分考虑人们生活方式、兴趣爱好和创造性发展的不断变化的需求，从而有效地避免在构建公共文化服务体系过程中政府机构被错误地置于公共文化生活的中心。此外，从社会融合角度来看，公民参与性原则可以增强公民的归属感和责任感，培养现代公民意识，树立公民在公共文化生活中的主人翁意识、文化认同感和凝聚力，从而更好地调动公民参与公共生活的积极性，并激发其无限的文化创造力。

公民参与具体包括了两个方面的含义：一是参与公共文化政策的制定、执行和监督过程，特别是其中的关键性环节，使公民的文化利益诉求得到充分及时的表达，以实现公民合法拥有的民主权利；二是参与文化活动的举办、文化成果的创造，使自己的文化理念得到张扬、文化创造力得以发挥，从而实现公民创造文化成果的权利。目前，发达国家和地区普遍采用理事会制度、公示制度、听证制度、表决制度等，通过理事会、咨询委员会、公民调查、公民会议等技术方法获取专家学者、社会各界及普通公民对公共文化管理及具体文化项目的意见和建议，取得了很好的效果，并在一些技术性环节上积累了不少宝贵的经验。譬如，咨询委员会是一种普遍采用的公共参与形式，在这项参与技术的设计中，各个利益相关群体或组织的代表人被邀请到委员会中来，就特定的政策或问题向公共文化管理者提供咨询及建议。香港康乐及文化事务署自 2003 年起十分注重对公众意见的收集，开发了一套管理资讯系统——公众意见登记系统。通过这个综合资料库的分析，可将公众的意见按类别、性质、对象和次数，定期编制成统计报告，从而为管理层制定改善措施提供很好的决策咨询。

公共参与还包括调动社会力量参与公共文化服务的提供，推动公共文化服务一定程度的社会化和市场化。构建公共文化服务体系必须坚持政府主导的方针和原则，这是政府应尽的职责。但是，无论从投入资金还是精力来看，政府的资源毕竟是有限的，所以在构建公共文化服务体系的过程中，除发挥政府文化部门及传统的公办文化事业单位力量外，还应当通过创新公益文化活动运作机制，通过政府采购、委托承办、承包等形式，吸引社会办各类文化艺术机构参与公共文化服务，推动公共文化服务的市场化和社会化。

在公共文化服务中，各级政府只有依循以上三大原则，才可逐步建立起“结构合理、发展平衡、网络健全、产品丰富、运营高效、服务优质、覆盖全社会的公共文化服务体系”，切实保障广大人民群众的基本文化权利的实现。其中，公共文化服务的公益性原则确立了公共文化服务体系的基本定位问题；公平性原则是公共文化服务体系的一般“游戏规则”；而公共参与性原则充分尊重公民在公共事务中的参与权和自主进行文化创造的权利。

第三节　公共文化服务非均等化：现状与制约因素

目前，在我国建设社会主义和谐社会的进程中，面临的最大挑战是地区间和城乡间发展不平衡、居民收入差距偏大、资源因素约束增加、投资消费结构失衡等问题。[①] 这些问题的出现，在很大程度上是由于公共服务发展的非均等化造成的。就公共文化事业而言，目前我国公共文化发展的不均衡态势集中体现为地域差距、城乡差别和基层差异。这一问题的产生，主要是由财政体制、社会结构、经济发展和政府职能等因素综合造成的。

一、公共文化发展的非均衡态势

1. 文化发展的地域间“鸿沟”

文化作为一种上层建筑，是社会现实，特别是经济现实的反映。由于我国地域宽广，加之自然条件和历史原因，各地区的社会经济发展程度不同，文化环境差异很大，西部地区与东部地区、发达地区与不发达地区存在较大的文化差异。东部地区由于力量雄厚、经费充足，文化设施完备且比较先进，为当地居民的文化娱乐活动提供了较好的物质保障；而西部地区，由于经济发展滞后，资金短缺，致使文化娱乐设施落后，难以满足本地居民的正常需要，在规模和数量上也

① 周明海，吴兆雪．基本公共服务均等化问题探讨［J］．学术界，2008，(4)：136.

难以与前者相提并论。如2005年，东部地区城镇居民家庭人均教育及文化娱乐服务支出为1438.92元，而西部地区仅为960.92元，仅占东部地区的2/3左右。又如，2005年北京市城镇居民家庭人均文化娱乐服务支出为584.43元，而新疆仅为102.33元，仅占北京的17.51%左右。[①] 作为衡量文化资源占有量一个重要标志的高等学府，2010年我国普通本科院校的分布状况为：北京58所、辽宁43所、江苏45所、上海31所、山东48所、广东38所，而西部的广西只有20所、贵州17所、云南19所、新疆11所、甘肃14所、青海3所、宁夏5所。[②] 区域文化资源配置的失衡，使西部文化设施建设长期滞后，不仅损害了文化公平，也深刻制约了当前我国现代化建设。

2. 文化发展的城乡“二元结构”

“城乡二元结构”已经成为我国经济社会发展的严重障碍，这已是学界的共识。这种社会结构反映在文化资源上有两种不同的配置制度。就教育和文化公共设施的投入而言，城市中的教育和文化设施，几乎完全由国家财政投入；而农村的教育和文化设施，国家的投入则相当有限，有相当一部分要由农村自己来负担。由于经济限制和文化素质的制约，农村的公共文化设施相当薄弱，文化资源相当匮乏，城乡居民文化消费数量和结构上存在巨大差异。据2004年文化部在甘肃、宁夏、四川、浙江、福建等地的调研显示，近年来，北京、上海、广州等大城市的春节文化市场总是熙熙攘攘，各种文化娱乐活动令人目不暇接，总体走势较好。而在一些基层乡镇，春节文化活动显得单调，文化场馆设施简陋，未能举行像样的文化活动。此外，一些乡村尽管建有文化站、阅览室、读报栏，但图书以武侠小说居多，期刊以言情媚俗为主，科技类、致富信息类读物非常少见。

华中师范大学中国农村问题研究中心夏国锋的研究（2007年）表明，农村私性文化有长足发展，而公共文化却不断衰微，主要表现在：农民或农民家庭拥有的“私性文化资源”和农民的私性文化活动日渐丰富。如电视机、影碟机、电话、手机甚至电脑等现代文化信息产品已进入了大多数普通农民家庭；看电视、通电话、上网等在一定程度上方便丰富了农民个体式的文化生活。与农民私性文化相比，农村公共文化却严重衰微，具体表现在：一是政府供给的农村公共文化资源严重匮乏。在一些农村地区即便有所供给，也主要停留在县乡一级，极少延伸到村社，农民很难享受到公共文化资源。二是政府主导的公共文化活动数量

---

① 李军鹏．论文化权利与文化公平［A］．载：李景源，陈威．中国公共文化发展服务报告（2007）［C］．北京：社会科学文献出版社，2007.

② 2010年具有高等学历教育招生资格的高等院校名单［EB/OL］．http://www.bao123.com/edu.htm，2010-10-07.

少，且未能针对农民的文化需求开展。政府供给与农民需求之间存在巨大反差。正是在这种情况下，农村社会传统的民间文化形式（如修家谱、祭祖等）日渐“复兴”，封建迷信活动沉渣泛起，农村文化阵地逐渐被一些亚文化甚至反文化所侵蚀。这非但不能满足农村群众的文化需求，更严重影响着农村社会的稳定。

3. 文化发展的阶层间“差序结构”

社会分层是指人们在社会分工的基础上，依据社会关系不同层面上的同一性而形成的社会层次结构，由社会分工而造成的阶层差别是客观存在的。随着阶层文化贫富差距加大，不同阶层享受公共文化资源的权利受到影响。首先，社会分层萌发不同的阶层文化。如处在较为富裕的群体中，就会有较高的文化价值期望，并能更主动地表达这种期望，处于这个阶层的成员也相应地表现出更高的成就动机，这就是著名的“皮格马利翁”效应；相反，处于贫困阶层的成员，由于自身接受信息的机会受到环境限制，对自己及其周围成员的文化期望较弱，甚至会产生文化贫穷的恶性循环。其次，社会经济地位产生不同的文化资源占有机会。由于家庭的文化资本不同，所占有的文化资源在数量和质量上都会不同，贫困阶层绝大多数没有条件享受较好的文化资源，农村和城市在占有文化资源的可能性方面亦存在着相当大的差异。以接受高等教育为例，尽管当前我国加快了高等教育大众化步伐，但社会分层在高等教育入学机会和专业选择上的影响仍十分突出，其基本顺序是：干部、工人、农民。城镇考生，尤其是干部子女，一般具备较好的家庭文化条件，而农村地区及城市的贫困阶层由于自身社会经济地位的限制，在接受教育的机会和综合素质上都处于比较劣势的地位。从阶层文化差异的角度来看，我国存在着不同阶层文化享受的明显差异，贫富阶层之间的文化不公平程度较高。如 2005 年，城镇居民家庭中最低收入户用于文娱用品的支出仅为 43.28 元，而最高收入户为 874.88 元，最高收入户为最低收入户的 20 倍。①

二、公共文化服务均等的制约因素

1. 社会结构因素

城乡二元经济体制和城市偏向型的公共服务供给制度，导致了我国城乡间的公共文化服务供给的不均等。城乡公共服务供给的主体分别为政府公共财政和乡镇集体财力，由于基层政府掌握的财力非常有限，致使乡村公共服务的供给处于非常低的水平。城市政府财力相对充足，政府将主要公共资源投放在城市，城市

① 李军鹏．论文化权利与文化公平［A］．载：李景源，陈威．中国公共文化发展服务报告（2007）［C］．北京：社会科学文献出版社，2007：68～69.

居民享受多项公共文化服务，而广大农村居民却没有享受到经济发展带来的公共文化方面的发展。

城市偏向型的公共文化服务供给制度造成财政资金在城乡间投向的非均衡性。各级财政对城市公共产品的投入有余，对农村的投入明显不足。广大农村的大部分公共文化产品则由农户自筹资金建设，政府仅给予一定限度的补贴。从我国城乡居民的纳税能力对比和税收分摊制度安排看，农村居民的纳税能力明显弱于城市居民，但农村居民的相对税费负担却高于城市居民。而从公共产品的收益分享情况看，我国除国防、外交等公共产品能够大致在城乡居民间均衡分享外，其余众多公共产品尤其是公共文化均采用分割分享制度。城市居民可以享受包括基础教育等为数众多的公共文化产品和服务，而广大农民却没有享受应有的待遇。因此，缩小城乡差距不是缩小城乡经济总量的差距，重要的是逐步缩小城乡居民在公共文化服务方面的过大差距。

长期以经济和城市发展为导向的非均衡增长模式，在效率优先的前提下加剧了各种二元体系的建立，导致文化资源在区域、城乡、人群之间的差别化配置，并逐渐固化为现实的利益分割体系。固化的利益分割体系进一步构成了当前公共文化服务供给过程中各利益相关方的非均衡的参与地位和关系：中央政府与地方政府、省级以下政府之间在与公共文化服务提供有关的财权事权上存在着纵向的非均衡关系，在财权呈现向上集中趋势的同时，事权却越来越多的分散到各级基层政府；政府与社区、公共服务提供机构之间则只存在着单向的服务输出关系，社区（公民）完全处在被动的地位，既不掌握相关信息，也无法对接受服务的过程进行问责，更无法定的参与渠道和地位权利。缺乏平等参与和均衡关系的服务供给过程很容易导致服务内容与基本需求之间的脱节和扭曲，大大削弱公共文化服务均等化的效果。

2. 经济发展因素

我国各地经济发展不平衡，经济发展水平差距直接影响了各地的财政收支能力，财政能力差异很大，致使财政提供公共文化服务的能力的差距加大。由于各地之间先天的自然、历史、地理和社会等差异性，或者由于改革后所享有的政策差异性，出现由收益增效应导致的经济增长差异，而且这种差距越来越明显。落后地区经济基础薄弱，财政收入增长乏力，在公共文化服务上财政投入不足，造成公共文化服务水平低，东西部地区不仅有巨大的经济发展水平差距，更存在着巨大的公共文化服务水平的差距。[①]

以前的公共文化服务体制是与计划经济体制相适应的，承担公共文化服务生

---

① 李晋中．对制约公共服务均等化因素的分析［J］．财政研究，2008，(1)：57.

产和供给职能的主要是各级各类国有企业事业机构，私人部门很难进入。这样做的后果是，当今社会对公共文化需求的数量和质量不断提高，单一的公共财政资源无法满足公众对文化物品和服务不同层次的需求。同时，由于存在市场准入壁垒，潜力巨大的民间资本不能进入公共文化服务领域，导致资源浪费。国外发达国家的经验告诉我们，应该发挥各类民间资本的作用，促使其向公共文化服务领域合理流动，从而形成“政府主导、社会参与、市场运作、多方投资的公益文化发展格局”①。

3. 财政体制因素

我国的公共财政体制尚未完善。长期以来，我国的财政政策一直重经济建设轻公共文化服务。政府对经济活动的直接参与以及政绩考核体系中对经济发展类指标的过度关注导致了政府财政支出向经济类项目的倾斜，相应的，政府用于公共文化服务领域的支出始终保持在较低的层面，在近几年更呈现了逐年下降的趋势。可以说，我国的公共财政体制尚未真正建立与完善，没有形成公共文化服务可持续发展的财政支持体制，再加上行政体制改革滞后，行政管理费支出不断增长，导致公共产品和公共文化服务方面的支出不足且严重不均等。

目前我国政府职能转型滞后，政府“缺位”与“越位”状况并存，突出表现在公共财政用于公共服务的投入不足。义务教育、公共卫生、基础科研和公益性文化事业是公共服务最典型的项目，政府应当担负起提供这些公共服务的责任。而从 1995 年以来政府财政支出情况来看，政府对文教科卫方面的支出投入比例过低，文教科卫支出占国家财政支出总额的比例不仅没有增大，反而从 1995 年的 20.63%下降至 2004 年的 18.06%（1995 年，文教科卫支出 1467.06 亿元，占当年财政支出总额 6824 亿元的 21.50%，而 2004 年，文教科卫支出 5143.65 亿元，占当年财政支出总额 28 487 亿元的 18.06%）。② 而在这其中，国家财政对文化事业的投入总量偏少，从文化部门的统计数据来看，全国文化事业费占国家财政总支出的比例平均为 0.41%，远未达到文化事业投入“增加幅度不低于财政收入的增长幅度”的要求。文化部门的有关统计数据表明，我国地区间的文化投入差异较大，导致地区之间文化发展的不均衡。全国人均文化事业费的极差从 1980 年的 3.99 元一直扩大 2006 年的 44.29 元。从“十五”期间东部、中部、西部农村文化建设投入来看，东部地区的农村文化建设投入所占比例超过了 50%，西部地区所占比例在 25%～30%，而中部地区基本在 20%以下。就城乡公共服务差距而言，有学者估计，城乡间义务教育、基本医疗和社会保障等公共

---

① 周晓丽，毛寿龙．论我国公共文化服务及其模式选择 [J]．政治学研究，2008，(1)：91.

② 数据根据《中国统计年鉴》(1995～2005 年) 的相关数据整理。

服务的差距将 2004 年我国名义城乡收入差距 3.2：1 的比例扩大至 5：1 到 6：1 的水平。[①] 在 2003 年 94.03 亿元的文化事业经费中，城市占 71.9%，农村仅占 28.1%，政府文化事业投资明显向城镇倾斜。[②]

考察我国税制改革的历程，不难发现，从 1994 年以来分税制的实施到随后的农村税费改革，再到农业税的取消，每一次改革都使基层政府的财源进一步减少，农村县、乡、村财力短缺的现象非常普遍。然而，目前我国基本公共服务的事权（包括教育、卫生、文化、社会保障、公共基础设施、生态环境等方面的投入）主要由县乡基层财政来承担。此外，从财权和财力来看，基层政府没有税收立法权，没有举债权，也没有独立的主体税种，收入主要依靠共享税，使其掌控的收入极其有限，转移支付又不到位。据统计，目前拥有全国人口 70%以上的县乡财政组织的收入仅占全国财政收入的 20%左右。可见，财力与事权的不匹配是基层财政困难的根本原因，也是基层政府提供公共服务能力不足的关键。

4. 政府职能因素

受计划经济传统的影响，公共文化物品和服务往往为政府所垄断。对政府来说，由于财力有限，往往供给总量不足，另外，由于垄断管理，即使是已有的公共文化服务，其配置也往往不均衡，导致有限的公共文化设施利用效率不高，部分设施和场地闲置浪费，有的设施在经历了短暂的使用之后，因缺乏有效管理和维护而处于瘫痪状态。随着政府角色定位的日益清晰，政府的管理职能发生变化，公共服务的职能需要不断强化，政府才能最大限度地、有组织地整合公共文化资源，实现公众多层次、多样化、整体性的文化利益。但总的来说，发展公共文化服务，就要打破“政府是唯一公共文化服务提供者”的观念，打破公共部门的垄断地位，政府在加大对公共文化服务的投入的同时，必须创新机制，进一步探索公共文化服务的社会化与市场化道路，寻求社会力量的合作，放手让其他组织和部门积极参与公共文化服务体系的建设。

长期的政府功能缺位、越位和错位以及对社会经济协调发展的认识不足导致社会事业长期处于被忽视和边缘化的位置，公共文化等公共服务供给不足。同时，随着经济社会不断发展，人口流动性的增强、老龄化社会的提前、城市化进程的加快等内外环境的变化，又催生出许多新的公共服务需求，并逐渐成为公共文化服务需求的内容之一。“一新一旧”的双重压力构成了我国实现公共文化服

---

① 中国体改研究会副会长、中国（海南）改革发展研究院执行院长迟福林在“中国公共服务体制建设与政府转型”国际研讨会上的讲话。

② 李少惠等．行政变革中的公共文化服务及其路向［J］．中国行政管理，2007，(4)：26.

务均等化的基本外部生态。[①]

公共文化服务本身缺乏必要制度保障，公共文化服务的提供往往缺乏明确的战略目标、稳定的保障机制和清晰的责任体系。公共文化服务领域普遍缺乏可靠稳定的制度性保障。据不完全统计，近 20 多年来，教育、卫生、文化、社会保障等 13 个社会事业领域的部委级以上法律法规仅 500 余部，每行业年均立法不足两部，而且不少法律法规自 20 世纪 80 年代初以来就未曾更新过。有些领域由于政府缺位而没有制度规定，形成制度空白。如 1997 年中共中央国务院关于卫生体制改革的意见，由于区域分割、城乡二元结构等因素的限制，公共文化服务在区域、城乡和人群之间仍然以户籍身份为基础进行差别对待、分别配置，不同制度间的过渡和衔接不足带来了巨大的调整压力与制度成本。很多关于公共文化服务的制度性安排，都没有对服务供给的责任体系尤其是政府责任作出明确规定，失去了问责的法律基础，形成了一定的责任真空。首先，政府和市场在公共文化服务供给中的界限和定位缺乏明确的制度性安排；其次，中央政府在公共文化服务供给中承担的责任缺乏统一的制度性安排；最后，各级地方政府之间也缺乏清晰的责任关系。正是由于这种责任体系的缺乏，政府在公共文化服务供给过程中的缺位、越位和错位不可避免。

5. 文化体制因素

文化资源和文化设施是公共文化建设的基础和载体。传统的文化建设是按地方和行业的条块分割方式设立的，文化经营管理单位众多，投资规模较小，重复建设严重，服务功能低下。由于目标任务和具体利益歧异，使有限的文化资源因管理部门的不同、所有权的分离，既不能满足人民群众的精神文化需要，又造成了资源的闲置和浪费。目前，尽管已经在不同程度上开始与行政主管部门脱钩，实行专业归口管理和企业化经营，但是还有一些企业利用与行政机构的传统联系，利用企业特殊的社会公益性质和意识形态功能，垄断资源、操纵市场、谋取暴利、而所谓的改革也不过是把本该属于自己的公共文化服务功能推向市场，把本该属于自身保护公民文化权利和实现文化利益职能变为实现其内在效应的市场交易。政府投资公共文化的主体地位明确但又明显“缺位”和“错位”，要么把公益文化推向市场，使有限的公共文化资源因缺乏市场敏感性变成了空壳和“摆设品”；要么垄断经营性文化市场，使市场配置文化资源的活力因垄断的市场而失去活力和效力，严重的挫伤了民间资本投资文化、经营文化的热情，造成了文化资源的闲置和大量流失，加大了文化需求不断扩大与文化产品单调匮乏的矛盾。

---

① 周明海，吴兆雪．基本公共服务均等化问题探讨［J］．学术界，2008，(4)：136.

同时，有的文化建设的政策体系既缺乏法律体系的权威性、公共性、公正性和公平性，又不符合WTO的贸易自由化原则、透明度原则、市场准入原则。文化政策明显的不一致和内在的规则冲突，不但没有从根本上解决我国文化建设体制上一些问题，如行政垄断、市场准入、投资主体多元化、文化企业产权关系改革等，还进一步激起了新的冲突。由于原有的文化政策系统并未因机构改革而失去政策效能，出现了新机构执行旧政策，致使一些地方和领域，文化行政权力在资源重组和优化的名义下，出现了权力和市场的扭曲。

中　　篇

第六章 政府公共文化服务职能创新

十六届三中全会明确指出，要完善政府社会管理和公共服务职能，为全面建设小康社会提供强有力的体制保障。公共文化服务是政府公共服务的重要组成部分，为社会提供公共文化产品是政府应承担的责任。政府必须顺应服务型政府转型的要求，把握公众的文化需求趋势，切实转变自身文化职能，变革文化管理模式，创新文化服务机制。新时期，我国经济社会的全面转型和世界范围的全球化进程，为政府文化职能创新提供了动力和基础，也使得我国政府文化职能创新变得更加现实和紧迫。政府公共文化服务职能创新应重点考虑政治、经济、文化三大类的影响因素，并把握好多种因素的协同作用。政府公共文化服务职能创新的内容应根据行政生态环境的变化，做到明确职能的方向、转移职能的重心和调整职能的结构。

第一节 政府公共文化服务职能

新公共服务学派的兴起，呼吁对新公共管理方法引起的行政终极方向迷失进行反思。正如登哈特所言："当我们急于掌舵时，我们是否正淡忘谁拥有这条船。"我国在重新思考政府本质的同时，提出了建设服务型政府的目标。服务型政府是指"在公民本位、社会本位理念指导下，在整个社会民主秩序的框架下，通过法定程序，按照公民意志组建起来，以为公民服务为宗旨，实现着服务职能，承担着服务责任的政府"[①]。现代服务型政府职能的公共性和有限性，决定了政府职能的核心内容是公共服务，没有公共服务就没有现代政府。

公共文化是文化的一种特殊范畴，它以具有公共性的设施活动为基础，既具有表层文化所体现出来的物质形态，又具有中层和深层文化所折射出的精神内涵、人文意蕴。因此，公共文化的外延也可以分为物质层面、制度层面、价值观念层面三个层次。物质层面的公共文化是指公共文化的物质载体和物质表现形式，具体指公共文化设施、公共文化产品等。制度层面的公共文化是指公共文化精神和公共文化意识的制度表现形式。公共文化的价值观念层面是指公共文化意识形态和公共文化精神导向，主要包括理想信念、价值取向、伦理道德、团队精

① 刘熙瑞．服务型政府——经济全球化背景下中国政府改革的目标选择［J］．中国行政管理，2002，(7)：5.

神、习惯传统等，表现为人文知识和人文精神两种形态。

基于对公共文化的界定，政府公共文化服务职能应定义为政府在公共文化领域的作用范围。具体体现在政府对公共文化三个层面的引导和管理：[①] 其一，政府对物质文化的管理，包括政府对文化事业部门、文化产业部门、文化资源部门、文化行政部门的管理，在市场经济发展的今天，对于文化市场的管理是政府目前的重要任务。其二，政府对制度文化的管理，如文化体制的改革，文化法律法规的颁布和实施。其三，政府对精神文化管理，即对社会价值观念和文化价值观的培育。政府公共文化服务职能内涵包括政府在公共文化服务领域所拥有的职责和功能。

政府作为公共文化服务的主体，其文化服务职责主要包括宏观、中观和微观三个层面。

宏观层面。政府公共文化服务的主要职责包括制定公共文化服务战略、规划和具体的方针、政策；制定文化资源开发、技术改造和智力开发等方案；协助制定公共文化服务的相关法律法规，保证政府对文化领域宏观调控渠道的通畅和政策操作的有效性；确定各个时期文化事业和文化产业部门的投资规模和方向；部署重点公共文化服务基础设施和重点文化建设项目以及维护国家文化安全等。这其中，规划公共文化服务战略是核心职责，包括战略指导思想、战略目标、战略重点、战略措施、战略阶段五个方面的内容。其中战略指导思想是确定其他战略要素的依据，是整个战略的灵魂。

中观层面。政府公共文化服务的主要职责包括搭建公共文化服务的制度平台；制定公共文化服务政策，汇集和提供公共文化服务信息；调节公共文化产品和服务的供求关系；协调各地区、各部门、各行业之间的公共文化关系，增进彼此间的联系和合作；制定文化市场的准入机制、市场竞争机制、市场退出机制等有关规则，确保文化企事业部门在公平、公正、公开的环境下进行竞争。

微观层面。政府公共文化服务的主要职责包括制定微观规章制度，赋予微观文化主体独立的经营管理地位，引导和规范经营主体的行为；培养和壮大微观公共文化服务队伍，为文化企事业部门提供直接具体的服务、监督和评估；实施公共文化服务监管，保证政府公共文化服务的投入与产出比例的合理与优化，推进政府公共文化服务职能的绩效评估。

服务型政府模式下，政府在公共文化服务中应充当授权者、服务者、引导者和监督者角色，履行文化管理的以下功能[②]：

---

① 汪杰贵．政府文化职能概念新论［J］．社会科学论坛，2006，(1)：99.

② 胡惠林．文化产业学——现代文化产业理论与政策［M］．上海：上海文艺出版社，2006：243～245.

（1）整合功能。即集中和动员所有可以利用的人力和物力资源，以实现社会大众所追求的共同目标的能力。整合文化功能的一个前提条件就是要将社会所追求的共同价值目标与人民大众的相关文化利益紧密结合起来，形成明显而固定的目标。因此，它实际上意味着政府立法、行政、司法等政治权力的政治权威性。也就是说，衡量一个政府的整合能力的大小，并不仅仅在于其整合的结果，还在于整合的方式。

（2）导向功能。即政府不断创新文化政策，指导公共文化服务深入发展的能力。它主要体现为政府依据本国国情和现代化的目标，制定社会公共文化的发展战略和步骤，并根据社会的长、中、短期发展规划，在不同的时期和阶段，制定切实可行的方针政策，以指导政府公共文化服务的发展。

（3）保障功能。即保障和维护一个健康有序、安全稳定的文化环境的能力。如维护国家文化主权和文化安全，开展积极的国际文化交流，鼓励发展国际文化贸易和竞争；确保满足国内公共文化设施建设的要求，提供充足的文化服务；规范和引导文化市场健康发展，进行文化管理和市场监督，维护文化市场秩序。政府通过文化立法和执法来规范各类文化市场主体，限制各种不正当的文化活动，打击各种非法文化行为，维护文化市场竞争的公平、公正和有序。保护文化环境和文化资源。对任何毒化文化环境和破坏文化资源包括掠夺性开发和利用文化资源的行为，都要通过建立有效的保障体系和文化制度系统予以遏制。

（4）调节功能。即政府运用各种经济的、法律的和必要的行政手段，对文化市场的经济运行间接的调节和干预，确保文化市场的运行的方向及发展趋势有利于整个社会发展的文化需求和民族与国家的文化安全的能力。调节功能中的经济手段包括金融、税收、价格、利率和收入分配等，法律手段主要是指国家立法机关和政府行政机关通过制定有关文化法律和文化法规来实现政府的宏观调控，规范文化市场秩序，维护国家和公民文化权利，它包括制定和完善文化市场宏观调控体系的文化法律法规、制定规范文化主体行为的法律以及制定规范文化市场竞争程序的法律。

（5）资源配置功能。即政府通过制定文化发展政策，引导文化生产力的合理布局和文化经济结构的调整，优化文化结构和提高整体文化素质的能力。政府在配置文化资源时要时刻注意保持文化产业发展和文化产品的市场供应的总量平衡，保持文化市场价格的稳定运行和文化分配的公平性。直接参与某些重大文化经济活动，投资建设社会无力创办的、或事关国家文化安全、国家文化发展所需要的大型文化建设项目。

第二节　政府公共文化服务职能的创新

一、政府文化职能创新的现实条件

21世纪，我国经济社会的全面转型和世界范围的全球化进程为政府文化职能创新提供了动力和基础，也使得我国政府文化职能创新变得更加现实和紧迫。

1. 经济体制转轨是政府文化职能创新的内在动力

“一切社会变迁和政治变革的终极原因，不应当在人们的头脑中，在人们对永恒的真理和正义的日益增进的认识中去寻找，而应当在生产方式和交换方式的变更中去寻找。不应当在有关的时代的哲学中去寻找，而应当在有关的时代的经济学中去寻找。对现存的社会制度……就应清醒的认识，只是一种征象，表示在生产方法和交换形式中已经静悄悄地发生了变化，适合于早先的经济条件和社会制度已经不再和这些变化相适应了。”① 恩格斯的这段经典论述不仅揭示了社会变迁和政治变革的根本原因，而且也为认识社会变革提供了科学方法论。新世纪伊始，我国开始了以市场经济体制为取向的社会变革，这种由经济领域开始，并以经济体制改革为核心和基础的社会变革逐步扩张至政治、文化等领域，从而引起社会结构和社会生活等多方面的深刻变化。市场经济体制与机制的完善必须以政府角色、职能转变为前提，市场经济机制的显著特征和内在要求就是要让市场在资源配置和经济调节中发挥基础性作用，不同的经济主体按照经济规律进行经济运行和市场竞争。市场经济体制的建立和完善，不仅从根本上改变了政府干预经济的范围和内容，同时也改变了政府干预或管理经济的方式、途径和程序。政府要从过去的计划经济体制下的包办一切的“全能型”政府模式转变过来，以适应现代市场经济运行中对政府角色、职能和行为方式等方面的根本要求，从对微观经济的直接干预转变为间接的宏观调控。也就是说，既要调整政府角色、职能范围和行为方式，同时要提高政府对经济、社会的控制和推动其发展的能力，在竞争中实现各自的利益和价值目标，从而推动经济、社会的平衡发展。②

我国经济发展开始选择了不平衡的发展战略，经济发展过程和格局呈现出东西发展不平衡、城乡发展不平衡、贫富发展不平衡等特征。市场主体之间的博弈较量影响着政府过程和政府行为方式，在市场经济运行中发育和分化出来的各个经济主体，其本身就是不同利益的代表者，以相同利益为纽带的人们会形成利益集团或阶层，引起社会阶层和社会结构不同程度的解构和重组。这些不同的利益

① 马克思恩格斯全集（第三卷）[M]．北京：人民出版社，1995：741.

② 侯彬．社会转型期的政府能力研究[D]．北京：中共中央党校博士学位论文，2005：3.

集团或社会阶层维护自身的利益和诉求也必然会在政治、文化领域上反映出来，并通过政治表达和文化要求得以实现。高度集权控制之下的文化职能必然是政府或国家的文化独裁与文化沙文主义，无法实现适应不同利益主体的文化意志和要求，也无从实现调节或整合各个利益集团的政治、文化利益，达到实现政治稳定和文化发展的功效。

2. 社会全面转型是政府文化职能创新的现实要求

“社会转型”指的是社会的整体性变动，包括社会特质改变、结构转换、机制转轨、利益调整和观念转变，其实现主要是通过发展生产力和确立新的社会经济秩序来完成。从人类社会发展的一般历史过程看，社会分化是社会转型的一个重要标志和表现形式。经济体制的根本转变必然推动社会结构性分化，引起社会转型。社会结构性分化要求政府增强对社会政治、经济、文化的整合能力和控制能力。市场经济体制的建立和完善是以社会结构的分化为前提的，没有利益相对独立的社会主体的形成，市场机制是无法建立和运行的。而市场机制的运行又会强化和拉大不同社会主体之间利益差别，进一步促进社会结构分化和社会分层。改革开放以来，中国社会意义最大、最为根本的变化，莫过于社会结构的变迁，其核心是社会分层结构的变迁，是社会分化和整合的矛盾运动。社会分化的基本形式表现为两种：一是社会异质性增加，即群体的类别增多；二是社会不平等程度的变化，即社会群体间的差距拉大。社会整合是针对社会分化，通过各种方式，将社会结构不同的构成要素、互动关系及其功能结合为一个有机整体，提高整个社会一体化程度的过程。社会结构的不断分化与整合正是转型期文化的发展和社会文化的主要内容和根本动力。社会结构愈复杂，社会异质性程度愈高，社会分化与整合就愈频繁。这就要求政府具有很强的文化的整合能力，在分化—整合—再分化—再整合循环往复的社会转型过程中推动经济社会不断进步和发展。

3. 社会财富分配状况是政府文化职能创新的外在压力

计划经济体制实行平均主义色彩的“按劳分配”政策，收入来源的唯一性、收入分配的同一性造成根本利益与具体利益的一致性和社会阶层的同质性、社会结构的同构性，整个社会无论是在利益上还是在结构上分化程度很低，差别很小，社会整合的难度低。而市场经济条件下，收入来源多元化、收入分配多样化造成利益群体的急剧分化。社会主体多样化和社会生活多元化促使文化结构的异质性程度提高，人们之间利益上的矛盾和冲突迅速增多，某些时候和某些方面还很尖锐。相应的，社会的价值观念、意识形态、道德规范等方面也发生了变异和分裂。要满足和实现不同的利益需求，促成多方利益主体之间的“妥协”，提高社会公众的认知度和满意度，需要增强政府执政能力和执政艺术。同时，还要求政府采取合适方式和途径，创造先进文化来引导社会价值、思想观念的发展方向，消除不同群体对社会和政府的负面认知，提高社会公众认识和判断的一致性，增强和扩大政府执政的合法性基础，所有这些都要以及时准确地转变政府文化服务职能为基础和前提。

4. “文化全球化”是政府文化职能创新的严峻考验

文化全球化是人类文化生活的高度社会化状态，是人类的文化行为超越民族国家疆界的大规模活动，是各种文化要素（语言、文字、文学、艺术、思想理论、价值观念、生活方式等）在世界范围内的传播与交流，是民族文化的高度相互依存与融合。文化全球化是以民族文化的发展为前提和基础的。没有民族文化的发展，就没有文化的全球化。反过来，文化全球化不仅使民族文化更深入地被卷入其中，也使民族文化的发展深受其影响，人类文化正是在民族文化与文化全球化的互动中不断向前发展的。

文化全球化的过程是一个漫长、复杂和曲折的过程，在这个过程中，不同国家不同特质的文化在相互吸纳、借鉴、补充、促进的同时，其相互之间也不可避免地要发生某种排斥、摩擦的情形，甚至发生激烈碰撞的情形。特别是在当今世界经济政治秩序处于资本主义的控制之下，世界的文化生活因此处于不公正、不合理的文化秩序之中，西方少数发达国家主导着文化全球化进程，文化帝国主义政策或文化霸权主义政策还在盛行。政府公共文化服务职能创新是我国文化外交职能的重要内容，因此政府公共文化服务职能创新是应对当前文化全球化趋势的必然之举，只有政府公共文化服务职能不断巩固和完善，才能构筑一条坚不可摧、保卫中华民族文化安全的坚强堡垒。

二、政府公共文化服务职能创新的影响因素①

政府职能各要素之间的协同运行是多方面因素共同作用的结果。政府公共文化服务职能创新应重点考虑政治、经济、文化三大类的影响因素，并把握好各要素的协同作用。

（一）政治因素

1. 政府权力

政府权力对政府文化职能的影响主要从中央与地方权力划分与分配上看，政府权力的运行方式及其性质在一定程度上决定和制约政府文化职能运行的状况和

---

① 张波．政府公共文化服务职能创新研究［D］．吉林大学博士学位论文，2009：68～69.

方式，并且直接影响政府文化职能运行的结果或效果。

目前政府权力的调整配置的状况存在几个方面的特点①：第一，集中的、直接的行政控制、行政权力走下了历史舞台。随着市场经济体制目标取向的确立，虽然计划手段依然存在，但市场已经取代了它成为资源配置的基础性手段。这意味着中央政府也不再是集中配置资源的计划者与执行者，政府也不再将全部社会资源直接控制在自己手里。第二，地方政府自主性增强。地方在经济发展、社会管理等多方面拥有更多的决策权力、更大的独立性、更重要的责任。反映和代表地方利益的功能加强。地方政府角色、功能双重化。第三，权力运行和调整由上至下单向性转为中央与地方双向性行为。第四，中央与地方的关系更加繁复化。中央向地方放权，政府向企业、市场、社会放权。企业、市场、社会自主性增强、机制和功能的逐步完善，这进一步促进政府转变职能、简政放权。第五，中央政府控制能力下降。地方主义抬头，一面讨价还价，进一步扩权；另一面，搞“上有政策，下有对策”的本位主义，这些都直接影响到政府文化职能运行的方式和效果。

2. 政府层次

政府的复杂程度和层级的多少，对政府文化服务职能的影响很大。政府职能内结构的层次越多，结构越繁杂，职能效果显现得就越不明显，政府行使职能的过程中就越容易出现职能交叉重叠的情况，从而不利于政府行使职能。反之，政府职能内结构的层次越少，结构越简单，职能效果显现得就越明显，政府各层次和各职能部门的职权就越明确，从而就有利于政府行使职能。当前，我国政府职能内结构存在着以下问题：一是政府职能内结构未充分分化，信息、咨询、决策、执行、监督等职能配置不当，功能失调；二是政府部门职能分工过细，部门林立，职能分散，多头管理，职能冲突，管理掣肘太多；三是政府部门之间的职能关系不顺，职责不清，职能交叉重叠，相互扯皮；四是地方政府通过变通和抵制等方式，对抗中央政府的政策，这就是所谓的“上有政策，下有对策”；五是各级地方政府之间相互封锁，阻碍了跨地区的资源和要素流动。

（二）经济因素

政府作为建立在一定经济基础之上的上层建筑，其能力水平要以一定的经济基础作为其履行职能的前提，同时还受经济基础的决定和制约。经济环境决定了行政管理的性质和原则，行政管理不可能超过经济环境所提供的条件而运行和发

① 侯彬．社会转型期的政府能力研究［D］．中共中央党校博士学位论文，2005：52.

展。政府文化职能运行的物质基础、发展目标、基本模式政策制定都受到经济环境的深刻影响。这里主要探讨经济体制、经济发展状况对政府文化职能的影响。①

1. 经济体制

经济体制是一个国家及其政府组织国民经济活动的一系列管理制度、管理方式和管理方法的总称。它包括中央与地方、上级与下级之间的权力划分，政府与企业的关系以及政府管理和协调经济生活的有关制度和手段。经济体制在根本上取决于一个国家或社会的所有制关系。生产资料公有制为基础的社会主义经济体制与生产资料私有制为基础的资本主义经济体制存在很大不同，这种差异形成了两种不同的经济管理模式：集中协调式和松散协调式②，也就是计划经济和市场经济两种经济调控模式。在这两种经济调控模式制约下形成的中央与地方关系呈现出不同的特征，从而对政府职能发生不同的作用。

首先，影响政府文化服务职能的作用范围。在计划经济模式下，中央政府凭借其高度集中行政权力控制全部社会资源，并垄断其分配。政府职能范围包括了整个社会经济运行过程的方方面面，从整个社会经济结构和生产过程的宏观平衡到资源配置、产品交换和微观经济过程，政府通过指令性计划全部包揽下来，呈现典型的全能政府模式。在市场经济模式下，中央与地方、政府与企业、政府与社会职能范围划分得比较明确，政府文化职能大大收缩，逐渐转向有限政府，为建设有限政府创造了前提。

其次，制约政府文化服务职能的运行方式。在计划经济体制下，中央政府对地方政府的控制相对严密，中央政府与地方关系也十分密切，地方对中央的依赖性很强，地方政府的自主性相对薄弱。政府基本上是运用行政权力、指令性计划对政府进行文化管理，以直接管理为主要方式。在市场经济体制下，政府与企业、市场、社会的关系发生改变，地方政府自主权增大。中央政府及其地方政府运行和活动方式发生很大变化。传统的指令性计划逐步消失，行政手段、直接管理方式逐渐退居次要地位，更多的是运用和依靠经济、法律等间接管理方式和手段进行社会管理和调节，逐步实现由“人治”向“法治”的转换。

总体上讲，在经济体制中，财政体制、投资体制、金融体制、计划体制以及政府与企业、市场和社会的关系等，都对政府间关系以及政府行为过程、方式产生制约和影响作用，从而对政府履行其职能状况产生影响。由于一定时期内计划体制往往和社会主义国家的生产资料公有制结合，市场体制往往和资本主义国家

---

① 转引自侯彬．社会转型期的政府能力研究［D］．中共中央党校博士学位论文，2005：55～57.

② 王沪宁．行政生态学［M］．上海：复旦大学出版社，1988：92.

生产资料私有制结合，使人产生了错觉和偏见，误以为经济体制和国家、社会制度性质具有内在的高度一致性。事实上则不然，经济体制作为经济调控模式和方式具有内在的独立性。认识到这一点，对于我们不断推动经济体制改革，适应社会发展的要求，提高政府能力非常重要。

2. 经济发展

应该来说，经济发展总是在一定政治、经济体制下发生的。经济发展不仅与经济体制的变化之间有着密切关系，同时对政府行政方式和行政过程产生影响。尽管经济发展在某种程度上是经济体制变革和政府干预经济的积极成果，但从根本上说，在特定体制下的经济发展对经济体制变化和政府间关系、政府行政产生很大影响。在税收、财政体制不变的情况下，税率和税种的变动，都可能引发中央与地方之间权力、利益博弈。

经济发展对政府诸因素的影响可分为两种情况：一是经济增长，二是经济衰退。不论是何种情况下，政府间关系、政府权威、政府过程等都将受到影响。事实上，各国政府间关系都是随经济的变化和发展而变化的。我国政府之间的关系、政府行政过程和行政方式等一直处于变迁状态，产生这些变化过程的原因多种多样，其中一个重要原因就是经济的发展和变化。政府对社会资源分配的价值取向、政府对社会资源的分配方式，甚至对经济过程的调控方式及其程度，在很大程度上取决于该社会的经济发展状况。当今世界，经济发展不仅意味着财富的增加，而且意味着社会结构的全面变化。传统社会通过经济发展走向现代化社会。现代化社会通过经济发展和科学的飞跃迈向后现代社会。社会结构的全面而深刻的变化必然带来政府间关系、政府行政价值、政府规模、政府过程、政府行政方式的相应变化，这就从根本上影响政府行为结果和政府能力。

经济发展水平还是政府文化服务职能的物质基础。经济发展不仅直接对政府公共文化服务行为发生影响，而且还和政府文化服务职能范围的确定、政府责任的履行、政府过程的推进相联系。政府履行文化职能程度和状况往往直接取决于经济发展所能提供的物质支持。比如，政府提供社会公共文化产品、公共文化服务和公共文化设施等方面的能力直接决定于或受制于与经济发展水平相适应的政府财政能力。

（三）文化因素

文化因素是指政府行使职能时所置身其中的社会思想、文化心态和观念形态的总和。它是社会成员在社会过程中长期认识而形成的一种较稳定的意识形态或政治思想、社会政治心理以及对文化功能的认识。

1. 政治文化[①]

第一，政治文化能够树立和维护政府的权威。在现代社会，政府关系、政府过程的协调所必需的重要政治资源是中央政府的权威和认同。而中央政府的权威和认同主要来自于两个方面：一是制度与宪法、法律赋予的权力；二是社会组织和成员对中央政府的认同。总体而言，社会的政治文化同质度较高，社会组织和成员对中央政府的认同度就较高；反之，认同度则较低。就当今世界来看，影响政治文化同质度的主要因素有地方主义、地区主义、民族国家主义以及各种各样的民族问题对政府诸因素、诸方面的影响。事实表明，社会组织对中央政府的认同程度与中央政府的权威成正比。中央政府权威流失，人们的认同取向转向地方并培养起地方主义时，政府诸关系、政府过程就由于缺乏有效的中央政府协调而陷入矛盾和冲突，降低政府能力。

第二，政治文化为政府行为提供理论依据和思想基础。就其直接来源或外部表现形式来看，政府职能、政府权力的范围、政府过程和政府行为方式都是由宪法和相关法律规定的。但从更深层次甚至根本上看，宪法和法律所依据和反映的政治价值、理念和内容都是一定政治文化的积淀、抽象和总结。也就是说，一定特质政治文化是政府职能、政府权力、政府过程及其方式的理论基础和思想来源。同时政治文化还是政治改革和制度变迁的内在动力。人类政治文明的取得和发展，总是在适应和促进经济基础发展变革要求的基础上，产生先进的政治思想理论，为广大社会成员所接受和认可后，与之相适应的先进的政治制度才得以建立和巩固。近代法国启蒙思想家伏尔泰、孟德斯鸠、卢梭等高举天赋人权、自由平等、人民主权的旗帜对封建神权及专制思想进行了猛烈的批判，成为 1789 年法国资产阶级革命理论先导。

第三，政治文化能够规范和引导社会成员政治价值观念。社会成员由于个体政治要求、利益及政治知识的影响不同、理解不同会产生不同的政治心理、政治价值观念、政治态度和政治行为。对此，必须通过政治信息的传递，有效规范和引导社会成员的政治价值观念、政治态度和政治行为，使政治体系的现代化变迁得到最广大社会成员的支持。[②]

2. 社会心理

作为社会意识领域中的社会心理总是一定社会历史条件下经济、政治和文化

---

① 侯彬．社会转型期的政府能力研究［D］．中共中央党校博士学位论文，2005：58～59.

② 伍颐园．中国政治文化现代化变迁的基本格局和制约因素［J］．中共四川省委党校学报，2004，(3)：45.

的综合反映，并随着一定社会经济基础和上层建筑的变革而发生相应的变革。这种反映并不是一种消极被动的社会反映，而是对社会能动的反作用，总会对当时社会的政治、经济和文化，施加这样或那样的一些影响。伴随社会转型，人们的社会心理必然发生相应的变革，反映市场经济要求和现代文明特征的民主、平等、法治等意识开始成为人们社会政治心理的主要内容，从而对政府过程和政府行为产生积极影响。而那些落后于时代发展的消极、封闭、保守的社会心理也不可避免地阻碍民主政治的发展。社会心理，尤其是社会政治心理对政府文化职能的作用主要表现在以下方面：

第一，推进政府文化属性的根本性转变。在传统的政府管理模式中，由于政府凭借其对政府权力的垄断，对社会公民和社会事务实行强制性的行政控制和管理。随着社会转型和社会结构的分化，企业、社会和个人的自主意识都在增强，民主意识、法治意识、平等意识推动公民政治参与的水平和程度的极大提高，从而推动政府发生根本性改革，促使政府从一个阶级对另一个阶级实行精神文化统治为主导的政治管理模式向保证公众公共文化权利得以实现为主导的公共文化治理模式转变，由管理型政府向服务型政府转变。

第二，影响政府公共文化服务过程。政府无论是对社会进行文化统治抑或实行文化治理，都要以社会公众的普遍认同、接受和服从为前提和基础，这是从政府文化服务的目标和结果来说的。而从政府文化服务行为来看，社会公众对政府的文化决策、政府的公共文化服务行为的接受、认同和服从程度直接决定政府过程的状况，也就是说，政府的文化决策能否顺利实施并实现政府目标取决于社会政治心理的认同和接受程度。这种社会政治心理不仅对政府价值目标，而且还对政府行政方式提出要求，要求政府既要具有实质合理性，还要具有形式合理性，既要实质正当又要程序上正当。这就是社会政治心理伴随社会转型发生根本性转变对政府文化服务过程和政府文化服务方式等诸方面产生的实质性影响。

三、政府公共文化服务职能创新的取向

政府公共文化服务职能创新的内容是指政府文化职能要根据行政生态环境的变化，做到明确职能的方向、转移职能的重心和调整职能的结构。

（一）明确政府公共文化服务职能的方向

1. 坚持以人为本的文化服务方向[①]

以人为本的文化服务内涵主要体现在：一是公众性，是指文化的供给对象应

---

① 李少惠，曹爱军，王峥嵘．行政变革中的公共文化服务及其路向［J］．中国行政管理，2007，(4)：26～27.

是全体公众，在文化设施的建设上，根据不同居民的需要，保障文化发展的针对性、实用性、参与性。二是均等性，是指公民在文化事务上的机会均等。公共文化服务应向所有人提供文化获得、参与和创造的平等机会，尤其要关注社会弱势群体的文化权，保证最低收入人群能够享有最基本的公共文化服务。三是层次性，是指公共文化服务应该兼顾不同社会群体的不同文化需求，处理好文化发展的一般性与特殊性关系，发展形式多样、层次不同、丰富多彩的文化，使不同社会群体都能获得适合自己需求的文化产品和文化服务。

以人为本是一种价值要求，也是一种文化取向。“以人为本”作为一种价值取向，是对政府公共服务理念的进一步解读。这种文化取向要求一切法律、制度、决策、行为和活动都必须体现人的要求、人的权利和人的尊严，实现人的理想。“以人为本”的文化服务要求实现政府行政的公开化、透明化，赋予公民更多的知情权、选择权、表达权和监督权，建立健全公共文化利益的实现机制和公平的文化资源分配机制等。

“以人为本”的公共文化服务强调应以人的健康生存与全面发展为中心，政府在提供公共文化服务时，需要对公共服务项目依公共性和紧迫性程度进行优先排序，以完善基础性的公共文化服务为重点，满足全体公民最基本的文化需求，保障公民的基本文化权利。当前，我国正处于经济快速发展、社会剧烈变革、文化冲突加剧的变革时期，公共行政面临着从价值理念到管理模式的彻底转变，即治理转型。“以人为本”既是尊重公民文化权利的价值理念，又是促进政府公共文化服务职能变革的重要导向。

2. 坚持以文化为本的方向

坚持以文化为本就是要转变党管理意识形态的执政理念和方式，提高政府文化执政能力。按照文化生产力的理论，文化的物的特性与意识形态性是两种不同的属性，文化的公益性和经营性，营利性与非营利性在一定程度上与之存在着对应关系，这种划分明显地表现出国家文化管理意识和管理政策的制度性重大转型，表明文化生产力理论将成为文化体制改革理论创新和文化转型的基础。如果不能在党管理意识形态与国家文化管理目的、政府文化管理职能和大众文化产业化发展之间取得理论上的重大突破，就不能为我国全面的文化体制改革和文化转型提供法理上的依据。另外，如果不能按照文化生产力理论的要求，对严重制约文化生产力思维模式、传统习惯进行彻底的变革，对那些严重妨碍我国文化生产力解放的制度性障碍进行根本上的改革，我国的文化变革与文化转型将难以实现。

3. 坚持均衡发展的方向

公共文化事业的发展，要尤其注意社会进步和社会公平之间的平衡。高雅的文化活动，标志着社会的发展和文明程度，引领着文化的前进方向。然而，由于消费水平的限制，这种服务往往只有中高收入人群才会考虑享受的。另外，进行此类文化建设，又往往需要较高的投资，需要政府的公共财政支持，这样就可能导致用低收入者交纳的税金去为高收入者提供文化服务的问题出现，为规避此类不公平现象，政府在规划文化发展方向、制定文化战略时，要严格依据本地区的经济社会发展水平切不可为制造政绩工程而盲目追求发展。要着力于大众需要的公共文化事业建设，同时努力提高高雅文化活动的经费水平，最大限度地促进社会进步和社会公平的共同发展。

切实维护低收入和特殊群体的基本文化权益，可以采取政府采购、补贴等措施，开辟服务渠道，丰富服务内容，保障和实现城市低收入居民、残疾人、老年人和农民工等群体的基本文化生活需求。例如，国有博物馆、美术馆等公共文化设施免费或优惠向残疾人、老年人等群体开放；国有的艺术院团、影剧院等每年必须安排一定场次的主要面向低收入居民的低价演出或放映活动；中央和省级电视台开办或添加手语类的节目或栏目；积极开展为农民工送书、送戏、送电影活动；在有些相对落后的地区，有线电视数字化整体转换后，还要有针对性地保留一定数量的模拟频道，进而完整地转播中央、省和当地的主要节目；对低收入家庭给予一定的优惠资费政策，保证他们的基本收视需求。

（二）转移政府公共文化服务职能的重心①

我国政府的职能转变已大致经历了强调政治职能，到以经济职能为重心再到向社会职能转移的大转折，并且日趋完善。能否有效实现文化职能结构的调整和职能重心的转移，政府需处理好以下三大关系。

1. 政府干预与市场调节的关系②

政府在提供公共文化服务方面的角色发生了由数量到质量的变化。正如有些学者指出的那样，政府在公共文化服务所应扮演的角色，越来越像“掌舵者”而非“划桨者”，即政府在公共服务提供上的主要职责定位为“掌舵”——决策、指挥、控制和监督，而不是“划桨”——直接生产。政府直接提供主要是通过政府部门的服务和通过预算安排、政策安排或合约安排形成经济激励，引导私人企业或非营利部门参与公共服务的提供。使政府提供公共服务的政策职能与执行职能适度分离，由公共部门和私人部门联合提供公共服务，如将政府部门直接提供改为合约提供，或是政府通过财政补贴或税收优惠改变公共服务提供的激励，从

① 张波．政府公共文化服务职能创新研究［D］．吉林大学博士学位论文，2009.

② 宋立根，赵新峰．地方政府公告服务部门改革研究［M］．北京：人民出版社，2007：45.

而提高公共服务的供给效率。

世界银行发展报告中分析了各国政府角色的变化趋势，认为“一个有效的政府对于提供产品和服务以及规划和机构是必不可少的，这些商品或服务可以使市场繁荣，使人们过上更健康、更快乐的生活。没有一个有效的政府，不论经济的还是社会的可持续发展，都是不可能实现的。50 年前，许多人对此说过同样的话，但那时他们的意思是要表明，发展必须是由国家来提供的。自那时起所传递的信息就是大相径庭的：国家在经济与社会发展中的中心地位，不是作为增长的直接提供者，而是作为合作者、催化剂和促进者而体现出来的”①。这段论述肯定了政府在公共服务中的中心地位和重要性，同时又指出了政府应如何扮演好自己的角色。许多国家政府企图以极少的资源和能力来做更多的事情，更好地将政府行为集中于对发展起关键作用的核心公共活动。

政府弥补市场失灵的重要手段就是公共服务。既然是“弥补”，那么政府的职能就只能是“拾遗补缺”，市场缺什么，政府弥补什么。市场缺公共产品，政府就提供公共产品；市场缺乏公正，政府就补充公正。政府对市场的弥补只能是支持性的作用，政府机制是市场机制的辅助，政府不能起替代性作用，更不能取代市场。因此，我们看到，尽管西方发达国家提供的公共产品很多，但凡是私人产品领域和部分混合公共产品领域仍然是市场机制一统天下，经济运行的基本规律依然是市场竞争规律，政府的作用以弥补市场失灵为限度。与政府失灵相比，市场机制也许不是最好的选择，但却是最不坏的选择。

2. 宏观调整与微观运行的关系

党的十六届四中全会决定明确提出，要深化文化体制改革，“以体制机制创新为重点，增强微观活力，健全文化市场体系，依法加强管理，促进文化事业全面繁荣和文化产业快速发展，增强我国文化的总体实力”。中共中央、国务院《关于深化文化体制改革的若干意见》强调，文化体制改革的目标任务是：以发展为主题，以改革为动力，以体制机制创新为重点，形成科学有效的宏观文化管理体制、富有效率的文化生产和服务的微观运行机制；以公有制为主体、多种所有制共同发展的文化产业格局和统一、开放、竞争、有序的现代文化市场体系；形成完善的文化创新体系，形成以民族文化为主体、吸收外来有益文化，推动中华文化向世界的文化开放格局。

处理好宏观调整与微观运行的关系，必须要着重搞活微观运行，形成富有效率的文化生产和服务的微观运行机构。增强微观活力，必须培育市场主体，独立

---

① 世界银行．1997 年世界发展报告——变革管理中的政府［M］．北京：中国财政经济出版社，1997.

的市场主体是文化产业发展的基石，是繁荣国家文化市场的微观基础。当前培育文化市场主体主要有三个途径：一是积极推动国有公共文化事业单位改制，尽快建立现代企业制度，形成一批有创造力、竞争力的大型文化企业和企业集团，成为参与文化市场竞争的骨干力量；二是大力推进社会文化领域所有制结构调整，坚持以公有制为主体，鼓励和支持非公有制资本以多种形式进入政策许可的文化产业领域，注重保护、吸收和引导好大型民营企业投资文化市场的积极性，培养一批重点民营文化企业，逐步形成以公有制为主体、多种所有制形式共同发展的文化产业格局；三是着力培育外向型文化产业，积极实施“走出去”战略，创新对外文化合作交流的体制和机制，实行政府推动和企业市场化运作相结合，打造一批具有国际竞争力的文化企业。

增强宏观调控和微观运行的活力，要搞好公共文化事业单位的改革。公共文化事业单位承担着为全社会提供公共文化产品和公共文化服务的重任，必须深化劳动人事、收入分配和社会保障制度改革，加大国家投入，增强文化事业单位活力，改善公共文化服务水平。要根据经济和社会发展水平，根据文化事业发展的需要，统筹规划公共文化事业单位的规模、布局和种类，逐步形成网络健全、发展平衡、结构合理、运营高效、服务到位的公共文化服务体系。要加强政府对公共文化事业单位的扶持力度，加大财政经费的供给，并按照发展的需求和公众的要求逐步增加。但这种投入应该主要用于加强公共文化的基础设施建设上来，应主要用于干事，而不能用于养人。改革公共文化事业单位的用人机制，实行领导聘任制和职工全员聘任制，严格合同化管理，实现由“身份”管理向“岗位”管理转变，由国家用人向单位用人转变。改革分配机制，实行效率工资制，按岗定酬，按任务定酬，按业绩定酬。理顺管理体制，实行政事分开，文化行政主管部门主要负责规划、指导、协调、监督、检查和评估公共文化事业单位的运行和发展。对于政府公共文化服务职能范围内的重大文化公益活动，可以采用政府采购等方式进行，以提高公共文化服务的质量和效率。

3. 经济效益与社会公益的关系

我国公共领域的管理重点已经从政府本位向市场本位转移，发挥市场配置资源的基础性作用，而这一动力恰恰又来源于政府的引导。在我国和谐社会建设进程中，应着力于强化政府权力的公共服务功能，对权利与义务分配不公正的现象加以全面调整，例如城乡间公共文化服务的权利与义务的不对等仍制约着广大农村地区的发展。在文化市场体系的培育上，应建立程序意义上的公平与公正，避免政府直接参与文化市场竞争的某一方，造成既是裁判员又是运动员的现象，从而出现阻碍文化市场的良性运转。在市场经济条件下，文化产品的交易价格也不应该是政府的垄断价格。对于公共文化服务权利与义务的分配也应该按大多数人的直接需求来决定，使其符合绝大多数人公共文化利益和需求，而不应成为少数人或某些强势集团的私利。每个公民追求自身发展、幸福和文化的行为必须得到切实的尊重与保障，这是根本上影响效率与公平、经济发展与社会公正的根本性环节。因此，消除城乡公共文化服务壁垒、消除对农村公共文化服务的不公平政策待遇等，这就要求政府在基础性的公共文化制度安排上加以重新审视和调整。在和谐社会建设进程中，尤其要调整好经济效益政策与社会公益服务的关系。在经济发展与公共文化良性互动的基础上，进一步完善社会公共文化服务制度，建立健全、健康、有序的文化市场经济运行体制。

我国市场经济的不断发展，政府行政体制改革进一步深化，人民的物质生活、精神生活质量得到了全面提升，这在客观上促进了各种文化市场参与主体的快速成长及公民社会的蓬勃发展，从而应在自下而上的维度上进一步推动我国政府公共文化服务职能的创新，改变我国过去党管文化的传统和行政权力自上而下单向运行的模式，促进我国公共文化服务体系建设进程、政府公共文化服务职能创新和社会主义精神文明建设的进程。同时，社会主义公共文化服务理论及其具体实践，无疑又推动了经济发展与社会公正的有机结合。

（三）调整政府公共文化服务职能的结构

“职责同构”是我国政府职能配置的顽症，是政府职能转变不到位、条块矛盾突出等一系列重要问题难以解决的体制性原因。在改革中，应该按照不同的政府层级，列出不同的职能重点，并以法律的形式确定下来。政府公共文化服务领域应集中选择在如下重点领域：提高政府公共教育服务的水平，普及义务教育；提高政府社会保障公共文化服务水平；提高政府科技文化服务的公共服务水平等。职能结构调整的本质是利益格局的调整，关键在于权力的重新划分与规范。

1. 调整公共文化服务的生产者和提供者的分工①

传统的行政管理理念认为公共文化服务的提供和生产为一体，并认为它们都应该由政府来承担。最早对这种理念提出质疑和挑战的是著名公共财政经济学家理查德·A. 马斯格雷夫，1959 年，他从概念上对公共服务的提供和生产进行了区分。1961 年，文森特·奥斯特罗姆，查尔斯·蒂博特和罗伯特·沃伦对这种概念上的区分做了进一步的延伸和发挥，他们明确指出，公共产品和服务的生产和供应需要区分开来，前者既可以由私人来承担，也可由公共部门来承担。

---

① 转引自卢映川，万鹏飞等．创新公共服务的组织与管理［M］．北京：人民出版社，2007：261～262.

区分供应和生产有助于更清楚地界定政府职能。对于政府机构来说，一个重要任务是提供公共产品和服务，但是它却不一定要负担生产的职能。政府机构是作为一个供应机构出现的，它的核心职责在于代表公民进行集体选择，即汇集和表达公民的愿望和要求，代表公民的利益，根据这些愿望和要求决定提供哪些公共文化服务。同时，政府机构还应该对实现服务所需的资金进行筹措和分配，对服务的结果和成效进行监督和检查。并在所有过程中，坚持贯彻对公民负责的原则。对于公共文化服务的生产，则可根据其类型和性质的不同进行区别对待。政府可以选择自己生产，也可以通过协调生产、共同生产、合同生产等方式与市场和第三部门合作。或者直接通过非国有化，从一些生产过程中完全撤出。这样就可以大大地缩减政府的公共文化服务投入，增强其效率和效能。提供和生产的区分，解决了政府应该管什么，不应该管什么的问题，为非国有化、自由化、压缩式管理以及对社会力量的广泛运用奠定了理论基础。

区分供应和生产，有利于政府实现政治角色和服务角色之间的平衡。现代政府，既要扮演管理角色，也要扮演政治角色。因此，必须在公正、公平、效率、回应性、代表性等相互冲突的价值中寻求适当的平衡。区分公共文化服务的供应和生产，在一定程度上为平衡点的寻找提供了一个新思路。公共文化服务是政府的重要职能，其中，服务的提供，主要是一个集体选择的过程，是一个政治过程；服务的生产，则是技术性的，是一个管理的过程。政府的主要职能在于提供，在提供公共文化服务时，应强化政府的政治角色，重视民意的汇集和表达，并将公平、公正、回应性作为衡量政府绩效的主要指标。在政府进行生产时，则应要以效率标准衡量其工作效果，以保证服务的数量和质量。这样，在执行不同职能时优先考虑不同的目标，就可以在一定程度上实现政治、服务两个角色的平衡和兼顾。

区分供应与生产有助于引进准市场竞争，增加效率。区分供应和生产，为公共文化服务的组织和管理提供了多样的选择。政府可以充分利用社会力量，采取各种方式，促进公共文化服务的社会化，如合同外包、特许经营、公共文化服务社区化等。这些方式可以打破以往的政府垄断，在生产环节上引入准市场竞争，加强了公民的自主选择权。与市场类似的用假投票手段，可以构成对服务生产者的监督和制约，促进其改进技术，提高生产率，以最有效率的方式提供最优质的服务。

2. 调整公益性文化事业部门与营利性文化事业部门的分工[①]

现代文化事业的内容是丰富多彩的。从管理角度来看，可将其分为以满足社

---

① 张波．政府公共文化服务职能创新研究［D］．吉林大学博士学位论文，2009.

会目标为主的公益性文化事业和以满足个人需要为主的营利性文化事业。其中，公益性文化事业主要包括：与国际标准相一致的福利性文化事业，如博物馆、公共图书馆、艺术馆、科技馆等；以弘扬某种社会意识形态和价值观为目的的文化事业，如革命历史展览馆，爱国主义教育基地等。此外，还包括为丰富基层群众业余文化生活而组织的基层文化、群众文化活动，以及部分缺乏市场竞争力，但能反应某种文化传统的文化艺术活动。

文化事业具备一定拥挤性，即在一定范围内，增加一个消费者的边际成本为零，然而一旦某一特定的临界点，新增消费者就会降低全体消费者所享有的服务质量。这种拥挤性可能导致的供求紧张是文化事业管理的关键所在。怎样通过完善的机制设置来体察公众需求，并通过合理的资源配置途经来缓解供求矛盾，是文化事业管理所要解决的最为基本的问题。此外，作为政府公共服务重点的公益性文化事业还具有一些自身的特点，如教育性，这在公益性文化事业中体现的尤为明显。公益性文化事业，往往是对某种社会主导的意识形态、价值观念、道德体系的宣传，既有利于增强公民的文化素质，又有利于某种国家目标的实现。同时，公益性文化事业还具有非营利性．虽然部分公益事业也会投入市场，但其首要目的不在于创造价值、获取利润，而在于丰富公众的精神文化生活，提高公众的文化素质。这些特征，构成了公益性文化事业和营利性文化事业显著的区别。也正是由于这种区别，营利性文化事业的管理应由市场主导，政府只起规范作用；而公益性文化事业的管理，则应该以政府为主导，政府要通过财政拨款、税收优惠、公私合作等多种方式，为公益性文化事业资金上的支持和帮助，并通过专门部门，对其管理进行规范和指导。

3. 调整不同公共文化服务组织的分工

公共文化组织机制改革的方式主要包括公共文化组织机制改革的方法和形式两个方面。公共文化组织机制改革的主要方式是：加大政府投入，鼓励社会资助，积极深化内部管理制度和运行机制的改革。这是公共文化组织机制改革方式的共性。

任何公共文化组织的机制改革方式是共性与个性的统一。同时，也要根据不同的公共文化组织的不同特点，采取分类改革的方式，即选择一些个性化的方式。对于政治宣传类的文化事业组织，改革的重点应根据宣传有效的原则，重组文化资源、减少政府的业务干预、改革内部运作机制，实现政治宣传类文化事业组织的少而精。政府在明确其基本职责的基础上，加强对政治宣传内容的管理，强化内部管理工作，建立激励和约束机制，调动一切积极因素，具体的制作、生产、播出、发行等环节应引进市场运作机制，降低成本，提高效率。

对于作为国粹的京剧、昆剧等门类的文化事业组织，改革的重点是加大政府扶持力度，以完成项目多少和质量高低作为财政拨款的依据，激励其多出精品、多出人才。与此同时，积极鼓励和引导此类文化事业组织进行市场开发，强化市场意识，打造艺术精品。对于公共图书馆、文物馆、博物馆和纪念馆等文化组织，改革的重点是加大政府投入力度，实现投资方式按人头划拨向按绩效划拨转变。通过拨款补贴或实行差别税率等，鼓励、引导社会力量兴办此类文化事业，形成以政府主办为主体、社会兴办为补充的发展格局。对于面向社会群众的文艺演出、文化展览活动等公共文化组织，改革的重点是激励基层开展自娱自乐式的文化活动，实现自我管理，政府在必要时给予适当的财政支持。同时，出台相关政策，鼓励民间资本的投入，并形成自我发展、自我约束的机制。

公共文化组织的机制改革，要在分析公共文化组织共同特性的基础上，寻找改革的共同方式，同时也要对现有公共文化组织进行科学分类，在此基础上，根据不同类别公共文化组织的特征，确立不同的改革方式。

第七章　文化体制改革：回顾与展望

从制度层面来看，我国文化体制改革过程实际上是一个渐进式的制度变迁过程。作为整个社会组织系统中的一个子系统，文化体制建立在“三种基本关系”之上，即文化组织与政府行政部门之间的关系，表现为文化组织与政党、政府主管部门之间的纵向结构；文化组织与社会市场系统的关系，表现为文化组织与社会市场经济组织之间的横向结构；文化组织与组织内成员之间的关系，表现为组织内部的功能结构。这三大关系构成了文化体制的基本框架。回顾30年来我国文化体制的改革历程，可以发现，文化体制改革不同的发展阶段，表现出不同的体制“关系结构”。新时期，我国文化体制的改革目标，就是促进文化事业和文化产业又好又快的发展。实现这一目标，就是要调整文化体制中“三大基本关系”，构建新型文化体制框架。

第一节　我国文化体制改革的历程

推进文化体制改革，促进文化事业全面繁荣和文化产业快速发展，关系全面建设小康社会奋斗目标的实现，关系中国特色社会主义事业的总体布局，关系中华民族的伟大复兴。改革开放以来，我国文化体制改革大体经历了三个发展阶段。

一、以“市场化”理念为主的改革阶段：1978～1992年

1978年12月，中国共产党召开了十一届三中全会，实现了新中国成立以来我们党历史上具有深远意义的伟大转折，进入改革开放和社会主义现代化建设的历史新时期。伴随着经济体制改革，政治、文化和社会事业改革也不断向前推进。拨乱反正对于文化事业而言，主要是实现了由以阶级斗争为纲的文化范式进入以经济建设为中心的新范式。

1979年10月，邓小平代表党中央在中国文学艺术工作者第四次代表大会上祝词，提出了新时期我国文学艺术事业发展的一系列指导方针。对文化体制改革而言，这个讲话奠定了理论基础，指明了前进方向。这一阶段已经明确提出了文化体制改革的任务和目标。1980年2月召开的全国文化局长会议认为：“艺术表演团体的体制和管理制度方面的问题很多，严重地影响了表演艺术的发展和提高，需要进行合理的改革。”会议明确提出：“坚决地有步骤地改革文化事业体

制，改革经营管理制度。”1983 年国务院《政府工作报告》提出，文艺体制需要有领导、有步骤地进行改革。改革是为了促进社会主义文艺的繁荣，提高作家、艺术家的思想艺术素质，提高作品的思想艺术质量。

这一阶段文化事业出现了复苏与空前的繁荣。以短篇小说《班主任》、话剧《曙光》、报告文学《哥德巴赫猜想》为代表的作品，报道了新时期春天的来临。随后，文学上有“伤痕文学”、“反思文学”、“文学寻根”等；美术上有“星星画展”、“八五美术运动”等；电影有《老井》、《红高粱》，并在国际上获奖。这一时期文化的繁荣与复苏都是建立在原有文化体制基础之上的。与复苏与繁荣相伴的是原有文化体制的弊端也日益暴露出来，越来越不适应新时期经济体制改革的形势，越来越不适应文化事业发展的要求。在总体布局上，与行政管理体制相对应，层层建立专业文艺团体，重复设置，人财物浪费；在结构上，单一公有制，全部文艺团体由国家财政包揽；在分配上，严重平均主义“大锅饭”，演不演戏，演多少场戏，演出水平的高低（作品水平的高低）与收入没有联系；在人事制度上，没有正常的人员流动和淘汰机制，机构臃肿，冗员过多，行政化，机关化，文化工作者的积极性很难发挥等。在这种情况下，改革文化体制就成为推动文化事业繁荣发展的一项重要任务了。

这一阶段文化体制改革在实践中主要有以下进展：①调整艺术部门和艺术团体的布局。1985 年中央办公厅国务院办公厅批转了文化部《关于艺术表演团体的改革意见》，要求改革全国专业艺术表演团体数量过多、布局不合理的状况，在大中城市，专业艺术表演团体要精简，重复设置的院团要合并或撤销，对市县专业文艺团体的设置也提出了调整的要求。②模仿经济体制改革的经验，在文化单位推行以承包经营责任制为主要内容的改革，以解决统得过死和吃大锅饭等体制弊端。同时实行了以文补文、多业助文等改革措施，以解决文化单位出现的经济困境。③实行“双轨制”改革。在 1988 年国务院批转文化部《关于加快和深化艺术表演团体体制改革的意见》和 1989 年中共中央《关于进一步繁荣文艺的若干意见》中，提出了实行“双轨制”的具体改革意见，即一轨为国家扶持的少数全民所有制院团，另一轨为多种所有制的艺术团体。国家主办的全民所有制艺术表演团体要少而精，这些院团应当是代表国家和民族艺术水平的，或带有实验性的，或具有特殊的历史保留价值的，或是少数民族地区的；大多数艺术表演团体实行多种所有制形式，由社会各种力量主办。

这一阶段的文化体制改革中最重要的一件事是文化市场的发展和地位得到承认。随着经济体制改革的深入，随着文化功能日趋多样化和丰富，文化的产业属性逐步显现出来，以营业性舞会和音乐茶座为发端的文化市场日益活跃。在计划经济体制下，没有也不需要文化市场，即使有也不合法和不被承认。1987 年文化部、公安部、国家工商行政管理局发布了《关于改进舞会管理的通知》，正式认可营业性舞会等文化娱乐经营性活动。1988 年文化部、国家工商行政管理局发布《关于加强文化市场管理工作的通知》，正式提出文化市场的概念，同时明确了文化市场的管理范围、任务、原则和方针。这标志着我国“文化市场”的地位正式得到承认。1989 年国务院批准在文化部设置文化市场管理局，全国文化市场管理体系开始建立。

二、以“产业化”为主导特征的改革阶段：1993～2002 年

1992 年邓小平同志视察南方的重要谈话发表和党的十四大的召开，标志着我国改革开放和现代化建设进入了一个新阶段。深化改革，扩大开放，发展社会主义市场经济，既为文化发展奠定了基础、注入了活力，同时也促进了文化自身的体制改革。文化体制改革在探索中不断前进。

这一时期，对文化体制改革的重要性和必要性的认识进一步提高。“坚持走改革开放之路，积极推进文化事业改革”成为文化发展的基本方针。1996 年十四届六中全会通过的《中共中央关于加强社会主义精神文明建设若干重要问题的决议》（以下简称《决议》）提出了文化体制改革的任务和一系列方针。《决议》认为“改革文化体制是文化事业繁荣和发展的根本出路”“改革的目的在于增强文化事业的活力，充分调动文化工作者的积极性，多出优秀作品，多出优秀人才”。强调改革要符合精神文明建设的要求，遵循文化发展的内在规律，发挥市场机制的积极作用。改革要区别情况，分类指导，理顺国家、单位、个人之间的关系，逐步形成国家保证重点、鼓励社会兴办文化事业的发展格局。《决议》充分反映了国人当时在文化体制改革上的认识水平。

这一阶段对于文化体制改革来讲，有两个标志性的文件：一是 2000 年 10 月，中国共产党第十五届五中全会通过的《中共中央关于制定国民经济和社会发展第十个五年计划的建议》（以下简称《建议》），第一次在中央正式文件里提出了“文化产业”这一概念，要求完善文化产业政策，加强文化市场建设和管理，推动有关文化产业发展。“文化产业”概念的提出，标志着我国对于文化产业的承认和对其地位的认可，具有重要的意义，特别是对文化体制改革具有决定性的作用。我们以前对文化的意义、地位和作用的认识是单一的，文化只是和“事业”、“工作”联系在一起的，文化属于意识形态，是喉舌，是阵地，是教育手段，是娱乐形式。而文化产业概念的提出，则反映了在市场经济条件下，文化除了上面属性依然存在外，还有其产业属性的一面，还有其价值规律产生决定性作用（指在部分领域）的一面。从 80 年代“文化市场”概念的提出和承认，到现在“文化产业”概念的提出和承认，反映了我们对于文化自身发展规律的认识越来越深，这是建立社会主义市场经济对文化发展的必然要求，是坚持先进文化前进方向的必然要求。文化产业概念的提出和地位的承认，丰富了文化体制改革的

内容，指明了改革方向和目标。《建议》只提出“文化产业”概念，但并没有明确文化可以分为“事业”和“产业”两个部分。二是2001年中共中央批转了中宣部、广电总局、新闻出版总署《关于深化新闻出版广播影视业改革的若干意见》（以下简称《意见》）。《意见》总结了近些年来文化体制改革的经验教训，集中反映当时的认识和思考。《意见》提出文化体制改革要以发展为主题，以结构调整为主线，以集团化建设为重点和突破口，着重在宏观管理体制、微观运行机制、政策法律体系、市场环境、开放格局五个方面积极进行探索创新，以进一步壮大实力，增强活力，提高竞争力。强调要加强党对新闻出版、广播影视业改革的领导，始终掌握对重大事项的决策权、对资产配置的控制权、对宣传业务的审核权、对主要领导干部的任免权。

这一阶段的文化体制改革在实践中主要围绕以下几个重点进行了探索：一是深化文化单位的内部改革，根据不同特点，建立健全激励竞争机制，努力增强生机和活力。例如，在新闻单位，以提高新闻宣传质量为中心，调整了组织结构（改变过去编辑部内部分工参照政府工作部门对口设置办法），改革干部人事管理制度、工资奖金分配制度，改进宣传报道，建立新的激励机制、竞争机制和约束机制。这些改革措施使新闻报道的信息量增加，时效性增强，新闻内容的权威性、指导性和可读性大大提高，报刊的发行量逐年上升，广播电视节目的收听收视率逐步提高。艺术演出院团主要是进行了演出补贴改革和考评聘任制改革。二是培育社会主义文化市场，规范市场行为，完善运行机制，促进文化市场繁荣健康、活跃有序地发展。这一阶段初步建立了包括文艺演出市场、电影电视市场、音像市场、文化娱乐市场、文化旅游市场在内的文化市场体系。三是文化管理部门加大自身改革的力度，转变职能，提高效率，加强和改进对文化事业的宏观管理。四是进一步完善文化经济政策，逐步建立了有利于文化单位把社会效益放在首位的保障机制。

这一阶段的文化体制改革的突出特点在于高度重视法治建设。据统计，这一时期全国人民代表大会常委会、国务院和中央文化管理部门陆续制定和颁发了200多部法律法规、政策性文件或部门规章，涵盖了舞台艺术、新闻出版、广播影视、互联网、文化经济等诸多领域，如《中华人民共和国著作权法》、《广播电视管理条例》、《电影管理条例》、《出版管理条例》、《音像制品管理条例》、《印刷管理条例》等。

组建文化集团是这一阶段文化体制改革的突破口。到2002年初，共组建了包括中国广电集团和中国出版集团在内的文化集团70多家，从地域上讲，涵盖北京、上海、广东、江苏、浙江、四川等地；从经营主要业务上讲，有报业集团38家，出版集团10家，发行集团5家，广电集团12家，电影集团5家。在电影改革中还组建了电影院线30多条。这些集团的组建，探索了文化体制和机制的改革，加快了市场整合和结构调整，调动了广大职工的积极性和主动性，有利于增加优秀作品和人才。但是，在组建集团中也有一些不足，如组建方式多是以行政力量整合，资金来源单一等。集团虽然有了一定的形式和相应的组织结构，但未发生根本性质的改变。集团定位不清楚，有许多是事业型集团，事业与产业职能性质存在交叉，在实际工作中引发了一系列问题和矛盾。

三、“产业”与“事业”相分化的改革阶段：2002 年至今

2002 年召开的党的十六大，高举邓小平理论伟大旗帜，全面贯彻“三个代表”重要思想，确定了新世纪、新阶段党和国家的奋斗目标和行动纲领。十六大以后，我国文化体制改革的步伐明显加快，文化体制改革的目的、意义、主要任务和实施重点更加明确。

从文化体制改革的角度讲，十六大第一次将文化分成文化事业和文化产业，强调要积极发展文化事业和文化产业。明确了整个文化体制改革的方向和目标，根据社会主义精神文明建设的特点和规律，适应社会主义市场经济发展的要求，推进文化体制改革。改革的目标、任务和原则是把深化改革同调整结构和促进发展结合起来，理顺政府和文化企事业单位的关系，加强文化法制建设，加强宏观管理，深化文化企事业单位内部改革，逐步建立有利于调动文化工作者积极性，推动文化创新，多出精品，多出人才的文化管理体制和运行机制。十六大还提出要“抓紧制定文化体制改革的总体方案”。

2003 年，党的十六届三中全会通过的《完善社会主义市场经济体制若干问题的决定》（以下简称《决定》）又将文化体制改革的目标进一步深化和明确。第一，以人为本，全面、协调、可持续的科学发展观的提出，更加突出了文化建设在三个文明协调发展中的基础性和战略性地位，将文化的地位和作用大大提升，文化建设既是落实科学发展观的重要方面，又是实现科学发展观的文化保证。这就为在新的背景下研究和实施文化体制改革创造了良好的机遇和条件。第二，《决定》还具体明确提出了文化体制改革的总目标是按照社会主义精神文明建设的特点和规律，适应社会主义市场经济发展的要求，逐步建立党委领导、政府管理、行业自律、企事业单位依法运营的文化管理体制。第三，《决定》分别提出了文化事业和文化产业的改革方向和目标：公益性文化事业单位要深化劳动人事、收入分配和社会保障制度改革，加大国家投入，增强活力，改善服务；经营性文化单位要创新体制、转换机制、面向市场、壮大实力。第四，提出了其他方面改革的要求。要求健全文化市场体系，建立富有活力的文化产品生产经营体制。完善文化产业政策，鼓励多渠道资金投入，促进各类文化产业共同发展，形成一批大型文化企业集团，增强文化产业的整体实力和国际竞争力。依法规范文化市场秩序。《决定》第一次明确提出文化体

制改革要形成一批大型文化企业集团。

2004年党的十六届四中全会通过的《中共中央关于加强党的执政能力建设的决定》提出了“深化文化体制改革，解放和发展文化生产力”这一重要命题，这也是中央正式文件中第一次出现“解放和发展文化生产力”的提法，它反映了我们党对文化体制改革的认识更加深入，直指事物的本质。《中共中央关于加强党的执政能力建设决定》指出：“深化文化体制改革，解放和发展文化生产力。根据社会主义精神文明建设的特点和规律，适应社会主义市场经济的要求，进一步革除制约文化发展的体制性障碍。”“坚持把社会效益放在首位，实现社会效益和经济效益的统一，把文化发展的着力点放在满足人民群众精神文化需求和促进人的全面发展上。”强调文化体制改革要以体制机制创新为重点，增强微观活力，健全文化市场体系，依法加强管理，促进文化事业全面繁荣和文化产业快速发展，增强我国文化的总体实力。《中共中央关于加强党的执政能力建设决定》还具体要求加强文化发展战略研究，抓紧制定文化发展纲要和文化体制改革总体方案。

2003年6月，在北京召开了全国文化体制改革试点工作会议，按照党的十六大关于深化文化体制改革的要求，专门研究部署文化体制改革试点工作。全国包括北京、重庆、广东、深圳、沈阳、西安、丽江在内的9个省市和39个宣传文化单位参加了改革试点。开展文化体制改革试点工作，就是要从理论和实践的结合上进行探索，为制定文化体制改革总体方案、推动文化体制改革做准备。目前，这些试点单位正在按照要求，根据社会主义精神文明建设的特点和规律，适应社会主义市场经济发展，以发展为主题，以体制机制创新为重点，以增强活力、壮大实力、提高竞争力，繁荣社会主义文化，满足人民群众日益增长的精神文化需求为目的，努力探索建立有利于加强和改善党的领导，充分发挥社会主义市场经济体制的作用，充分发挥国有文化企事业单位的主体主导作用，充分调动社会各方面的力量，充分调动广大文化工作者的积极性、创造性，多出精品、多出人才的文化管理体制和运行机制。

当前文化体制改革最紧迫的就是要重塑国有文化市场主体，难点是解决国有文化事业单位转企改制问题，真正做到以创新体制、转换机制、面向市场、增强活力为重点，抓好经营性文化产业的改革和发展。目前在改制的实践中主要有三种情况：一是分离改制，即将广告、印刷、发行、电视剧等一般节目制作部分分离出来，转制为企业，面向市场搞好经营，接受集团领导监督，确保正确经营方向，同时也为壮大主业服务。如浙江日报报业集团以印务中心为试点单位，建立多元产权的现代企业制度；杭州日报报业集团以股份制改造广告中心，集团控股的同时，让经营骨干持股。二是整体改制为企业。如中国对外演出公司和中国对外展览公司改制为中国对外文化集团，广东省出版集团由过去事业性质整体转制为企业，浙江、广东、西安、沈阳等地的电影公司也整体改制为企业。再如解放日报报业集团的《上海学生英文报》、文汇新民联合报业集团《上海星期三》等报刊也都改制为企业。三是一步到位，直接进行股份制改造。如北京儿童艺术剧院直接实行股份制改造，排演了话剧《迷宫》，取得了良好的经济和社会效益。北京歌剧院、舞剧院转企改制一步到位，新成立由首都旅游集团控股，歌华集团、北京电视台、北京三奇广告有限公司联合投资的北京歌剧舞剧有限责任公司。《中国证券报》和《电脑报》等报刊也正在探索建立现代企业制度，实行自主经营，自负盈亏，自我发展，自我约束。

长期以来，我国文化投融资过分依赖政府，投资主体单一，民间资本与外资投资渠道不畅，影响了社会资本进入文化产业。十六大以后，文化部门陆续出台了多项政策措施，取消限制，鼓励民营企业投资文化领域，目前民营企业已经成为许多文化领域投资的主要力量。随着文化体制改革的深入，一些文化企业进行了股份制改造，实现了资本市场融资。

文化体制改革也加速了文化基础设施建设，国家大剧院、国家博物馆、国家图书馆等六个大型文化项目相继进入二期扩建和整体维修阶段。近几年的文化基础设施投入是过去几十年的总和。伴随着文化体制改革，文化管理部门也进行自身的改革，一个以提高行政效率和透明度为主要目标的依法行政、依法管理的文化行政管理体系正在逐步形成。文化行政管理机关的管理方式正在逐步实现从微观向宏观、从直接向间接、从传统的行政管理向依法管理转变；正在逐步由抓审批、抓活动为主向以抓宏观调控、抓政策研究制定、抓社会监督和公共服务转变。特别是《中华人民共和国行政许可法》的公布施行，对于推进依法行政工作，促进文化行政管理方式的改革和行政管理水平的提高，产生了全面而深刻的影响。

第二节　文化体制改革中的基本问题

从制度层面来看，我国文化体制改革过程实际上是一个渐进式的制度变迁过程。作为整个社会组织系统中的一个子系统，文化体制建立在“三种基本关系”之上，即文化组织与政府行政部门之间的关系，表现为文化组织与政党、政府主管部门之间的纵向结构；文化组织与社会市场系统的关系，表现为文化组织与社会市场经济组织之间的横向结构；文化组织与组织内成员之间的关系，表现为组织内部的功能结构。这三大关系构成了文化体制的基本框架。通过对 30 年来我国文化体制的深入分析，可以发现，文化体制改革的不同发展阶段，表现出不同的体制“关系结构”。

在计划经济体制下，体制内的各种关系主要表现为一种上下同构关系，其信息的传递和资源的供给主要通过上下纵向渠道来实现。因此，这一时期的上下关系是体制内各种关系之中最重要的关系，是一种主导关系。上下关系的调整和变化决定了其他各种关系的变迁方向和路径。在市场经济体制下，体制内的各种关系以横向建构为主，其信息传递、资源配置与交换呈现出明显的辐射状、开放性结构形态，上下隶属和同构关系不断削弱，市场横向调节关系不断加强。在从计划经济体制向市场经济体制转轨时期，由于体制内计划因素与市场因素的同时并存，上下同构和横向放射关系相互交错。在以上下关系为主、横向关系为辅的改革初期，文化体制的外在形态主要表现为一种计划主导形态，体制特征更多地带有计划经济体制的烙印；而在以横向关系为主、上下关系为辅的改革发展阶段，文化体制的外在形态则表现为一种市场导向形态，体制特征更多地赋有市场经济体制的色彩。

傅才武、陈庚在研究改革开放 30 年来我国文化体制改革的整体进程时，就是基于制度结构的视角，从效率、利益格局和意识形态安全三个角度对我国文化体制的变迁进行了总体描述。①

1. 基本问题之一：意识形态安全问题

韩永进认为，“文化因其本身的意识形态特征，使得文化体制改革与政治体制改革紧密相连，具有其政治性、敏感性。”② 文化本身是一种权力的存在方式，它赋予人类操纵社会行为的新的政治手段，“文化体制”与政治体制天然地联系在一起。因此，“文化体制改革”就与国家意识形态安全紧密联系在一起，维护国家意识形态安全成为我国文化体制改革的重大问题。我国文化体制改革中的意识形态安全问题主要表现在两个方面：一是对外的民族国家文化安全，二是对内的主流价值观的维护。

（1）文化体制改革中国家文化主权的守卫。文化主权是伴随着国家主权产生的重要产物，是现代民族国家将本民族文化的习惯、信仰和价值观念上升为国家意志，对本民族文化所拥有的最高和独立的权力和权威，它在国家上层建筑领域具有对外的排他性和对内的整合性。“一个在世界上被认可的具有生存权和发展权的国际政治实体，不仅享有政治上的完整主权和经济上的完整主权，而且还应该享有包括社会意识形态、物质生活方式、特定的价值观念等完整的文化主权。”“像政治主权一样，文化主权牵涉到抵抗外来影响，发展及保

---

① 傅才武，陈庚．三十年来的中国文化体制改革进程：一个宏观分析框架［J］．福建论坛（人文社科版），2009，(2)：106～108.

② 韩永进．新的文化自觉［M］．北京：文化艺术出版社，2008：253.

护本国文化的权利和能力。”① 文化主权是关系国家安全的重要成分之一。随着世界全球化进程的加剧，世界经济发展格局发生了变化，民族国家的文化生态也被改变。“全球化带来的急剧社会变化和社会不平等状况恶化，文化全球化趋势使一些地方的文化认同遇到重大挑战，会导致社会的不稳定甚至激起武装冲突”。在经济文化化和文化经济化的双重作用下，我国文化主权日益与文化市场、文化产业发展联系在一起，民族文化之间融合与斗争的双重互动性表现得趋于直接和表面化。

对于我国政府而言，目前与西方发达国家相比，中华文化总体上仍然处于弱势地位，并且要持续相当长的一段时间。如果不加快我国文化事业和文化产业的发展，我国民族文化就会面临“既走不出去，又守不住”的危险。因此必须加快和深化文化体制改革，尽快克服阻碍文化生产力发展的各种体制性障碍，推进我国文化实力的提升，推动中华文化走向世界。从这一意义上说，我国文化体制改革既是全球一体化进程对于中华文化发展的要求，又是我国政府为尽快提升国家文化竞争力所要采取的基本措施。

（2）文化体制改革中的主流价值观维护。主流价值观反映的是一个国家意识形态和社会道德的基本取向，反映出一个国家主流社会的基本意愿，包括一个国家用以安身立命的政治思想理论体系和道德信仰体系两个方面，是决定一个国家全部合法性之所在。改革开放以来，中国传统社会的巨变带来了中国人思想观念的解放，中国社会的意识形态和主流价值观一直处于调整和创新过程中，旧有意识形态体系开始变化，以新的价值观念体系为核心的新的意识形态体系正在形成过程中。特别是在市场经济体制逐步完善以后，市场中的各种公平交易规则建构了人们日常生活的基本生活方式，新的行为方式与传统的行为方式之间存在着某种不协调的矛盾，使得社会的道德危机、信仰危机问题日益突出，维护国家意识形态安全和社会主流价值观安全成为文化体制改革中必须要考虑的重大问题。

我国文化体制改革过程中，对国家主流价值观的维护体现在政府对“主旋律”② 作品的激励制度安排和对文化体制改革原则的把握。政府以评奖、资金资助和播出机会等制度建设激励“主旋律”内容的生产，20 世纪 90 年代中期以来，大量的颂扬革命领袖和革命英雄人物的影片拍摄上映，如《江山如此多娇》、《离开雷锋的日子》、《邓小平·1928》、《大转折》、《孔繁森》、《抉择》、《恰同学

① 王沪宁．文化扩张与文化主权：对主权观念的挑战［J］．复旦学报（社会科学版），1994，(3)：10.

② 孟繁华．传媒与文化领导权——当代中国的文化生产与文化认同［M］．济南：山东教育出版社，2003：146.

少年》、《任长霞》等，这些作品以艺术的方式诠释国家的主流文化意志，在一定程度上实现了对主流文化价值的维护。同时，改革过程中利用强制性的政策保证马克思主义在意识形态领域的领导地位，2006 年 1 月，中共中央国务院《关于深化文化体制改革的若干意见》规定了我国文化体制改革的基本原则："坚持社会主义先进文化的前进方向；坚持马克思主义在意识形态领域的指导地位，确保国家文化安全。"文化作为意识形态的一个有机组成部分，有着其独特的政治性和复杂性。相应的，文化体制改革也就不能脱离政治文明建设的进程，文化体制改革必须与国家意识形态建设进程相协同。因此，我国文化体制改革具有艰巨性、复杂性和长期性的特点，是继"经济体制"改革后的另一个层次更高、且更为复杂的社会改革过程。

2. 基本问题之二：既得利益格局问题

"既得利益"是现行制度赋予特定群体的特定优惠。文化体制中既得利益格局的形成具有深刻的时代背景，与中国社会改革的进程息息相关，是 30 年来中国经济社会改革的"非均衡化"进程所导致的结果。有学者研究表明，我国经济体制改革以及随后的事业体制改革起源于国家财政困难。在严重财政困难的压力下，政府与文化单位的关系不得不作相应的调整，即国家放弃对下属文化单位"大包大揽"保护义务的同时，也部分放弃了新中国成立以来一直实行的对下属单位绝对控制的权利。改革之初，国家放弃对文化行业的绝对保护义务，以政策的形式允许行业部门"创收"（如"以文补文"），行业利益因此得以生成。"体制改革本身意味着利益的重新分配和安排，即打破旧的利益格局。在渐进式改革的逻辑中，对旧利益格局并不是一次性打破，而是分阶段进行。这就造成每个时点新的利益安排都要面临与旧的利益格局共存。由于渐进式改革的时间跨度大，进程慢，这种混合的格局会存续相当长时间，使新旧两部分利益格局实现'共容'，从而形成一个过渡性利益格局，并造就一些从这种非均衡体系中获利的既得利益集团。"①

文化行业中既得利益集团的形成在客观上推动了政府失灵。主要体现在，原本应是国家职能部门的文化主管部门由"国家利益代表"的身份向"国家利益、行业系统利益和小团体利益代表"的多重身份转化，本应为公共服务部门的政府文化机构同时兼有了"三种角色"，即履行政府法定职责并提供公共文化产品的"政府主体"角色，组织本行业经营活动的"经济主体"角色及保证本部门队伍稳定的"单位主体"角色。在这三种"角色"中，"政府主体"的角色在部门利益的挤压下不断弱化，各级行政机构会愈来愈将提供公共产品的职能作为"业余

① 王覃刚. 中国政府主导型制度变迁的逻辑及障碍分析［J］. 山西财经大学学报，2005，(3)：19.

职能”，而愈来愈以追求自身的经济利益为导向。

行业利益的直接后果是以政府部门为基础形成利益分割格局，使政府机构部门在改革过程中出现“异化”：政府权力部门化、部门权利利益化、获利方式制度化。“三化”的本质，是本属政府的权利被行业部门所控制，权力因与垄断利益挂钩，所以政府的权力被不同的部门分割，甚至是一种完整的权力（如文化市场管理权）被不同部门分割得七零八落，社会戏称为“上面三国演义，下面诸侯混战”①，各部门依据分割到的权力设立各种规制。

值得注意的是，在改革的深化阶段，在既得利益的推动下，一些占有话语权的政府行业部门对政治意识形态作狭隘性的理解，既得利益阶层的利益表达上升到意识形态层面，使文化体制改革出现了“泛意识形态化”的特征。“泛意识形态化，即把文化的意识形态属性扩大化、唯一化，把非意识形态的问题意识形态化。”② 尽管党的十六大关于文化事业与文化产业的区分从理论层面澄清了文化领域泛意识形态化的误区，体现了我党在意识形态方面的理论自觉性，但在改革实践过程中却始终充斥着有关意识形态的争论，导致文化体制改革在操作层面进展延缓。“泛意识形态化”给文化体制改革带来的直接影响是，原有文化体制的既得利益阶层以意识形态为工具，以文化的公共性来否定其产业性、市场性，过分地渲染文化改制的国家文化和意识形态安全性后果，把体制改革（质变）混淆为机制转变（改良）。与此同时，部门行业利益取代政府部门的“国家职能”成为部门决策的尺度，它要求文化体制改革按照有利部门利益最大化的方向演进。一旦国家宏观改革目标与部门利益相抵触（如要求取消不合理的审批项目，撤并行业部门等），就会立即激起这些部门对改革的排拒，使这些本来政府必须倚重的改革力量异化为阻挠或变相反对改革的异己力量。

3. 基本问题之三：文化行业的效率问题

效率问题之所以成为文化体制改革的基本问题，有着深刻的体制和和行业背景。建国初期，以“单位”进行资源集结和发展社会经济，建构了一个国家体系的“生产工厂”，而文化部门只是这个“大工厂”中的一个生产车间。在各个专业分工的基础上，组建了文化行业系统，如文化系统、广播电视系统、新闻出版系统、文物系统等，按照计划组织模式确立了党委与政府、政府与行业、行业与基层单位的基本组织框架。计划体制应用于文化行业，这种模式一开始就存在理

---

① “三国”是指文化部、广电总局、新闻出版总署，这三个部门都有文化市场管理权，都出台相应的政策，相互扯皮。“诸侯”是指省以下文化、广电、新闻出版、城管、工商、公安，甚至宣传部门等，都有文化市场管理权，把一个完整的文化市场分割得七零八落。

② 曹峰旗，傅明，章瑶．文化体制改革困境的政治学思考［J］．黑龙江社会科学，2008，(2)：35.

论设计上的缺陷，带来了整个文化行业的低效率问题。如将文化生产的决策权集中于组织内的最高层（文化主管部门），这只是一种理论设计中的可能性，在实践中，由于上级决策所必需的信息不充分、信息传输过程中失真，以及上级与下级之间“信息不对称”，使得文化管理和决策的效率不高。由于艺术生产的不可测量，无法使成员的报酬收益与劳动贡献直接挂钩，所采用的固定工资制“是一种抑制劳动者工作努力，鼓励劳动者增加闲暇特别是在职闲暇，减少有效劳动供给的‘养懒人’的收入分配机制”[①]，因而在文化生产过程中存在广泛的“搭便车”、“偷懒”、“寻租”等机会主义行为，带来了对劳动者积极性的严重抑制，使文化行业的激励机制严重不足，效率不高。

文化单位的低效率问题不仅体现在改革开放之前的完全计划体制中，事实上也体现在改革开放后，乃至当前的转型时期。改革开放前，文化行业的低效率主要表现为文化行业资源的存量使用效率不高；改革开放后，文化行业的低效率主要表现为公共资源增量投入的效率较低。文化部计财司的相关统计表明，1978～2007年随着国家财政能力的增长，国家对文化艺术行业的投入持续增长，但公共投入的增量大多沉积在基层单位之中，为基层单位所支配。部门、行业、单位是这些资源的实际拥有者和支配者，这就意味着政府（国家）放弃或至少说已部分放弃了对部分文化资源的支配权和指挥权，处于一种间接占有和控制的地位。单位、部门凭借这些掌握在手的资源与政府“博弈”。由于存在出资人“虚位”、监管不到位和公共资源的管理责任不明、效率评价困难等管理问题，公共文化资源向不同行业部门和文化单位的分散、转移和沉积，导致了公共资源利用的低效率。

第三节 我国文化体制改革的深化

一、我国文化体制改革的基本取向

1. 文化体制改革的价值基础：社会主义核心价值体系

《中共中央关于构建和谐社会若干重大问题的决定》指出：“社会主义核心价值体系是建设和谐文化的根本。”社会主义核心价值体系的基本内容是：“马克思主义指导思想、中国特色社会主义共同理想、以爱国主义为核心的民族精神和以改革创新为核心的时代精神、社会主义荣辱观，构成社会主义核心价值体系的基本内容。”该决定的这一新论断，为建设社会主义和谐文化指明了方向。

---

① 胡汝银．低效率经济学集权体制理论的重新思考［M］．上海：上海三联书店，上海人民出版社，1995：100.

“建设社会主义核心价值体系”的新命题，具有重大的理论创新意义和现实意义。社会主义核心价值体系是社会主义意识形态的主体，也是建设社会主义和谐文化的根本。当前，我国社会正在经历着极为深刻的社会转型和变革，这种空前的社会变革不仅使经济、政治领域出现了一系列新情况、新问题，也使思想文化领域产生了一系列新情况、新问题。在社会主义市场经济进程中，人们思想活动的独立性、选择性、多样性、差异性明显增强，在价值观念和价值追求上也日益呈现出多样化的趋势，必然导致在意识形态领域不同观念之间的冲突。面对人们思想活动的诸多变化，《决定》旗帜鲜明地提出建设社会主义核心价值体系，这在党的思想文化建设上是一个重大的理论创新。社会主义核心价值体系符合人类社会发展的总体趋势，反映了人民的共同利益和共同要求。

中国特色社会主义共同理想是社会主义核心价值体系的重要组成部分，体现了社会主义核心价值体系的目标和方向，是社会主义和谐文化的支柱和动力，是引导全国人民共同奋斗的思想基础；以爱国主义为核心的民族精神和以改革开放为核心的时代精神，体现了社会主义核心价值体系坚持民族性和时代性的统一、继承性和创造性的统一。社会主义核心价值体系并不是在割断历史传承的基础上建立的，而是在充分继承中华民族优秀传统文化的基础上形成的；社会主义核心价值体系将社会主义荣辱观作为基本内容，指明了社会主义道德建设在社会主义核心价值体系中的重要地位及对和谐文化建设的重要作用。以“八荣八耻”为主要内容的社会主义荣辱观，体现了社会主义基本道德规范和良好的社会风尚要求，体现了中华民族传统美德和时代精神的结合。

2. 文化体制改革的根本目的：解放和发展文化生产力

“解放和发展文化生产力”是十六届四中全会提出的重要命题。以前我们在文化体制改革的目标上曾在不同背景下有不同认识。有在计划经济体制下的认识，有在社会主义市场经济条件下的认识，也有在“三个代表”重要思想指导下的新认识。当前，在科学发展观的指导下，“解放和发展文化生产力”的认识比以前的认识更加深刻和全面。以前只涉及文化的本体，即作品和人，而现在则涉及经济与产业，涉及人的全面发展；以前只认识到现象，即作品、人才、繁荣等，现在认识到本质是在生产力层面，而在生产力中最活跃的因素是人。现在要调整的是体制与机制，是文化生产关系。这反映了党对文化体制改革的认识已深入到了事物的本质。因为文化生产力在当代不仅已经成为综合国力的构成要素，而且也是衡量一个国家综合竞争力的重要标志。发展文化生产力的途径就是要创新内容、创新形式、创新手段。文化体制改革的目的就是通过制度创新，解放文化生产力，激发文化创造力，为社会主义文化的持续发展和长期繁荣提供制度保障。

3. 文化体制改革的根本原则：先进文化的前进方向

中国特色社会主义文化是以马克思主义为指导，以培育有理想、有道德、有文化、有纪律的公民为目标，是面向现代化、面向世界、面向未来的，是民族的、科学的、大众的社会主义文化。它源于中华民族五千年文明史，根植于中国特色社会主义的实践。它反映我国社会主义经济和政治的基本特征，具有鲜明的社会主义性质。文化体制改革是中国特色社会主义文化制度的自我完善和发展，是在坚持社会主义先进文化前进方向的前提下，自觉调整和改革同发展文化生产力不相适应的方面和环节，解放和发展文化生产力，保证文化全面持续繁荣，满足人民群众日益增长的精神文化需求和促进人的全面发展。所以文化体制改革必须按照精神文明建设的要求，把握文化发展规律，积极借鉴经济领域改革的成功经验，借鉴国外发展文化事业和文化产业的有益做法。一切有利于加强我国社会主义文化建设的有益经验，一切有利于提高我国人民精神境界的文化成果，一切有利于发展我国社会主义文化事业和文化产业的管理方式，都要积极研究借鉴。但在文化观念上绝不照抄照搬，在发展模式上绝不简单模仿，坚决防范和抵御各种腐朽落后的文化观念，确保国家的文化安全和社会稳定。要牢牢把握先进文化的前进方向，必须坚持坚持用“三个代表”重要思想统领文化体制改革，坚持马克思列宁主义、毛泽东思想和邓小平理论在意识形态领域的指导地位，坚持为人民服务、为社会服务的方向，坚持以科学的理论武装人、以正确的舆论引导人、以高尚的精神塑造人、以优秀的作品鼓舞人，弘扬主旋律，提倡多样化。

4. 文化体制改革的关键：“两分开”、“两手抓”

正确处理好文化的“两重性”是文化体制改革的关键。文化的“两重性”是指它的意识形态属性和产业属性。要坚持把社会效益放在首位，实现社会效益和经济效益的统一。实现统一的最根本办法就是把文化产品的思想性、艺术性和观赏性有机统一起来，注重文化产品品味的提高和大众鉴赏趣味的引导，使两个规律、两个效益统一于质量，实现于市场；要通过体制和机制创新，改革文化产品的组织结构和生产方式，努力打造经得起时间和市场检验、思想性艺术性和观赏性统一的、社会效益和经济效益并重的精品力作。

要按照十六大“积极发展文化事业和文化产业”的要求，正确把握文化事业与文化产业的区别，坚持一手抓公益性文化事业，一手抓经营性文化产业，做到“两手抓、两加强”。公益性文化事业改革，重点是增加投入，搞好制度改革，转换机制、增强活力、改善服务，培育形成一批文化事业主体；经营性文化产业的改革，重点是遵循市场运行规律，创新体制、转换体制、面向市场、增强活力，通过公司制、股份制改革，形成一批真正意义上的文化企业主体。文化产品要坚持面向市场、面向群众，同时它本身又有意识形态属性，因此，在发挥市场机制作用的过程中，对其进行思想文化层面的引导和以法律、行政、经济手段进行宏观调控与市场监督是必要的。

5. 文化体制改革的重点：微观主体的改制与改革

文化体制改革涉及方方面面，但重点是要进行体制机制创新，搞活微观主体。首先，要培育市场主体。独立的市场主体是文化产业发展的基石。文化企业是最主要的市场主体。独立的文化企业应当拥有明确和独立的产权并受到法律的有效保护；有充分的决策权，能够根据市场信息的变化自主决策；能够对自己的决策和行为负民事责任。目前培育市场主体有两个主要途径：一是国有文化单位转企改制。在文化体制改革中要积极推进一批国有文化事业单位转企改制，尽快建立现代企业制度，形成一批有实力、有创造力、有竞争力的大型文化企业和企业集团，成为参与市场竞争的主体；同时要确保坚持正确导向和经营方向，确保国有文化资产的保值增加。二是放宽文化市场准入条件，鼓励非公有制文化企业发展。

其次，搞好公益性文化事业单位的改革。公益性文化事业单位承担着为全社会提供公共文化产品的任务，必须主要讲求社会效益。同时，也必须深化劳动人事、收入分配和社会保障制度改革，增加国家收入，改善服务质量。要根据经济和社会发展水平，根据人口环境条件和文化事业发展的需要，统筹规划公益性文化单位的数量、布局、种类，逐步形成“结构合理、发展平衡、网络健全、运营高效、服务优质”的公共文化服务体系。要加强政府对公益性文化事业单位的扶持力度，财政保障必要的经费供给，并逐步增加投入。改革公益性文化事业单位的用人机制，领导实行聘任制，职工实行全员聘用制，合同化管理，实现由身份管理向岗位管理转变，由国家用人向单位用人转变。改革分配机制，实行政事分开，文化行政主管部门主要负责规划、指导、协调、检查、监督、考核公益性文化事业单位的运行和发展。对于政府职能范围内的重大文化公益活动，可以采用政府采购方式进行，以提高公共文化服务的质量和效率。

二、我国文化体制改革的基本路径

我国文化体制的改革目标，就是促进文化事业和文化产业又好又快的发展。实现这一目标，就要调整文化体制中的“三大基本关系”，构建新型文化体制框架。沿袭前面制度结构视角的分析，傅才武、陈庚将今后我国文化体制改革的基本趋势，归结为三个方面：文化主体（单位）与政府的关系由依赖型向相对独立型发展；文化主体（单位）与市场（社会）的关系由松散型向紧密型发展；内部人员与文化主体（单位）之间的关系由依附型向契约型发展。[①]

（一）政府与文化主体的关系：依赖型向相对独立型发展

在计划体制下，政府几乎掌握着全部社会资源，对文化组织和文化机构具有绝对的控制和支配力，政府承诺对文化组织和文化机构物质、资金、人员、信息及技术的全部供给，文化组织和文化机构则必须应诺政治上绝对忠诚、下级服从上级。与此同时，政府又以一种“父爱主义”的方式给予文化组织和文化机构以种种约束和保护。正是在这种强束缚与保护下，作为艺术生产组织的文化组织和文化机构逐渐演变为一个缺乏效率、缺乏进取精神、平均主义盛行的就业型组织。改革开放后，中国社会经济基础结构逐步发生结构性改变，政府与文化主体之间“父爱型”关系的社会制度基础逐步被消解。政府实行“约束保护”所依赖的户籍制度、生产分类管理制度、社会保障制度、人事制度、劳动分配制度和产权制度安排均已发生重大变化，推动政府与文化主体的关系由依赖型向相对独立型发展。

在文化体制改革的深化时期，随着市场配置取代计划调配成为社会资源主要配置方式，政府作为文化组织和文化机构直接资源供给者的角色将大大地弱化，开始扮演实施社会第二次分配的仲裁角色。在“小政府大社会”的背景下，政府与文化组织和文化机构的关系将由直接管理转变为间接管理。原来那种政府与文化组织和文化机构之间的超强行政束缚与保护关系将不复存在，取而代之的是一种市场经济体制中的独立法人实体与市场仲裁者和民族文化守护者之间的关系。

（二）文化主体与市场（社会）之间的关系：由松散型向紧密型演进

计划体制下的“政府-单位”社会结构既是一种社会组织方式，又是一种资源流通体制，在这个体制之外的“社会”几乎不占有社会资源。作为“社会”代表的中介组织，要么依附于政府之下，如各种戏剧家协会、文艺家协会之类，要么被排斥在社会结构之外，在“政府-单位”之间找不到一块立足之地。真正意义上的“市场”在传统的计划体制下几乎没有生存的空间。因此，文化主体与市场（社会）之间是一种松散型关系。文化组织和文化机构与社会的关系作为一种改革开放后中国社会出现的新型关系，具有政府功能所不能替代的作用。随着政府行政权力逐步从文化组织和文化机构微观管理领域的退出，由文化组织和文化机构所承载的社会性职能必须由社会（市场）来弥补。社会（市场）将取代政府

---

① 傅才武，陈庚．三十年来的中国文化体制改革进程：一个宏观分析框架［J］．福建论坛（人文社科版），2009，(2)：109～110.

部分权利成为文化组织和文化机构重要资源供应者的角色。因此，转型期文化组织和文化机构与社会的关系是一个由局部向全局、由浅入深、不断发展的良性互动型关系。西方的发展道路证明，社会越是发达，文化机构特别是非营利性文化组织对社会的依赖程度越高。以美国艺术表演行业为例，大体上美国艺术表演团体一半的收入来源于自身票房收入或销售收入，其余主要是接受捐赠，其中大部分为私人捐赠，只有约10%的文化资助来源于政府。

（三）内部人员与文化主体之间的关系：由依附型向契约型转变

在文化体制形成之初，文化艺术人员作为一种稀缺资源被纳入国家体制，国家赋予这一部分人员以体制内国家干部身份。体制内成员以对上级和行政规则的服从为条件，换取政府对其无限保护义务，二者之间形成了“约束-保护关系”。改革开放以后，单位对员工的个人控制开始松动，文化组织和文化机构作为“事业单位”的权威受到越来越严重的挑战。维系单位与成员之间“约束-保护关系”的社会性制度基础，如户籍制度、干部制度和福利制度日益弱化，成员对单位的依附程度逐步降低。20世纪90年代后期，文化单位的干部人事制度、劳动分配制度在全国文化行业普遍铺开，大部分文化单位试行职工聘用制、干部选拔作用制、绩效分配制。通过招聘，文化单位的人员构成出现了多样性，人员流动性大大增加；通过选拔，干部竞争上岗，干部的终身制被打破；借助于绩效考评，员工的收入与岗位、工作业绩、实际贡献和单位效益挂钩，以行政级别确定劳动报酬的分配方式被打破，体制内成员开始由“单位人”向“社会人”转变，员工与单位之间的关系由依附型关系逐步向契约型关系转变。①

① 杨步国．传媒体制创新研究［M］．武汉：湖北人民出版社，2006：18.

第八章　公共文化服务：组织体系与治理结构

公共文化服务和产品的提供过程，即公共文化事务的管理过程，其间涉及公共资源的配置与使用、公共需求的判断与满足、公共权力的分配与使用等，是一个典型的公共管理问题。治理是对公共事务管理机制的制度创新，它打破了市场与经济、公共领域与私人领域、政治国家与公民社会的传统两分法的思维模式，把有效的管理看作两者的合作互动过程，力图建立起全新的公共事务管理新范式。公共文化服务的发展依赖于公民直接或通过社区与行政官员就共同利益进行对话，从而达到互信合作。在这个追求公共利益的过程中，共同区域中的社会互动与共同责任应当由多元主体共同承担。改革开放以来中国社会的转型，特别是经济体制转型和市场经济的发展给政治、社会和文化等方面带来深刻的影响。公共文化服务及其组织体系也在这场经济改革和社会转型的激荡中变迁着，即从计划经济体制下的单一公共文化服务组织体系向市场经济体制下的多元公共文化服务组织体系转变。

第一节　公共文化服务中的“治理”问题

一、治理理论及其津要

英语中的“治理”一词源于拉丁文和古希腊语，原意是控制、引导和操纵。长期以来与“统治”（government）一词混用于与国家事务相关的管理活动和政治活动中，二者并没有很大的区分。20 世纪 90 年代以来，随着现代政治文明的成熟和公民社会的兴起，西方政治学家和经济学家赋予“治理”（governance）以全新的含义，从而远远超越了其传统意义。关于“治理”的界定，学术界有许多解释。美国著名学者，治理理论的主要创始人之一詹姆斯・N. 罗西瑙在其代表作《没有政府的治理》和《21 世纪的治理》等文中将“治理”定义为：一系列活动领域里的管理机制，它们虽未得到正式授权，却能有效发挥作用。强调政府不该垄断所有的权威，反而应当改由多元的权力主体共同来进行协商、合作，而成为新的统治架构，也就是转而主张“市场分权”、“社会分权”，甚或“地方分权”的“分散化治理”。依此，“治理”就是指国家权威与公民社会的合作、政府与非政府的合作、公共机构与私人机构的合作、强制与自愿的合作、甚至中央、地方及民间的合伙所形成的一种管理与政策网络关系。“治理研究”中还特别指出，公私部门之间的合作关系可以区分出两个层次：一是补充，也就是说在公共部门达不到的地方，私人部门的参与能弥补这一不足；二是竞争，也就是说公私部门都可以做的领域，要看谁能更有效地提供产品和服务。英国学者罗伯特·罗茨指出，“治理”意味着“统治的含义有了变化，意味着一种新的统治过程，意味着有序统治的条件已经不同于以前，或是以新的方法来统治社会”。

治理理论的权威专家格里·斯托克对目前流行的治理概念作了梳理后指出，到目前为止，各国学者们对作为一种理论的“治理”已经提出了五种主要的观点：①治理意味着一系列来自政府但又不限于政府的社会公共机构和行为者。②治理意味着在为社会和经济问题寻求解决方案的过程中存在着界限和责任方面的模糊性。③治理明确肯定了在涉及集体行为的各个社会公共机构之间存在着权力依赖。④治理意味着参与者最终将形成一个自主的网络。⑤治理意味着办好事情的能力并不仅限于政府的权力，不限于政府的发号施令或运用权威。

在关于“治理”的各种定义中，全球治理委员会（Commission on Global Governance）的定义具有代表性和权威性，在《我们的全球伙伴关系》的研究报告中，全球治理委员会对“治理”作出了如下界定：“治理”是各种公共的或私人的个人和机构管理其共同事务的诸多方式的总和。它是使相互冲突的或不同的利益得以调和并且采取联合行动的持续过程。这既包括有权迫使人们服从的正式制度和规则，也包括各种人们同意或以为符合其利益的非正式的制度安排。它有四个特征：①治理不是一整套规则，也不是一种活动，而是一个过程；②治理过程的基础不是控制，而是协调；③治理既涉及公共部门，也包括私人部门；④治理不是一种正式的制度，而是持续的互动。

我国著名学者俞可平教授认为：“治理”一词的基本含义是指官方的或民间的公共管理组织在一个既定的范围内运用公共权威维持秩序，满足公众的需要。“治理”的目的是在各种不同的制度关系中运用权力去引导、控制和规范公民的各种活动，以最大限度地增进公共利益。所以，“治理”是一种公共管理活动和公共管理过程，它包括必要的公共权威、管理规则、治理机制和治理方式。

综上可见，尽管目前学术界对“治理”的定义多种多样，但它们的基本理念相同，具有共同的特征：首先，治理理论认为政府并不是国家唯一的权力中心，各种机构（包括社会的、私人的）只要得到公众的认可，就都可能成为在各个不同层面上的社会权力的中心。其次，治理理论认为在为社会和经济问题寻求解决方案的过程中存在界限和责任方面的模糊性和交叉性。在现代社会，政府正在把原先由它承担的责任转移给公民社会，即各种私人部门和公民自愿团体，后者越来越多地承担着原先由政府独自承担的管理公共事务的责任。事实上，治理理论非常强调政府与公民社会的合作与相互依赖关系。再次，治理理论强调管理过程中被管理对象的参与，尤其是强调利益相关方的参与，希望在管理系统内形成一个自组织网络，一个建立在信任与互利基础上，具有一定程度自主性的社会协调网络。最后，政府完成公共管理职能的手段和方法可以进行创新。即除了采用原来的手段之外，还可采用新的管理方法和技术，以提高效率，更好地对公共事务进行控制和引导。

总之，治理理论作为一种新公共管理的方法，是在对政府、公民社会与市场的反思及西方政府改革的浪潮中产生的。治理理论不单单强调政府与市场的协调与合作，更重要的是寻求政府、社会与市场三者之间的合作和互动，寻求的是一种通过调动各种力量和资源达到公共事务得以“善治”的社会体制，简单地说，治理也就是“共同治理”。无疑，治理理念及其实践，是公共事务管理中现代民主政治理念的体现和创新发展。

二、公共文化服务中的“治理”问题

文化是人类创造的公众享有的精神财富，共同性或公众性成为文化概念的固有属性之一。也就是说，文化即共同的文化或公众的文化。现代意义上的公共文化概念则是与“公民文化权利”联系在一起的新概念，“公民有权利平等地享有文化”成为公共文化概念的核心特征。“文化公民权关乎文化系谱的保存和发展，经由教育、习俗、语言和宗教等方式来达成；它也关系到差异的承认，不管是承认在主流文化中有差异，还是差异被主流文化承认。”[①] 公共文化在文化上注入了一种价值追求——公民平等享有文化的权利，同时必然引入了一种政府责任——保障公民平等地享有文化的权利。公共文化服务是当代政府的职能之一，并构成政府更大的公共服务职能的有效组成部分。当然，“促使民众不分阶层的自由接触”人类文明、“鼓励艺术自由创作”，涉及政府公共文化服务职能，而这与政府职能的定位有关，最终取决于国家与社会之关系。

公共文化服务和产品的提供过程，即公共文化事务的管理过程，其间涉及公共资源的配置与使用（如公共财政的文化投入分配、公共空间的合理使用、公共频道资源等的占用等），涉及公共需求的判断与满足（如服务人群的界定，服务重点的确立），公共权力的分配与使用等，是一个典型的公共管理问题。改革开放以来中国社会的转型，特别是经济体制的转型和市场经济的高速发展给政治、社会和文化等方面带来深刻的影响。公共文化服务及其组织体系也在这场经济改革和社会转型的激荡中变迁着，即从计划经济体制下的单一公共文化服务组织体系向市场经济体制下的多元公共文化服务组织体系转变。

---

① ［美］托比·米勒，乔治·尤迪斯．文化政策［M］．蒋淑珍等译．台北：巨流图书公司，2006：36.

第二节 公共文化服务组织体系的演变①

我国自20世纪80年代改革开放以来，一直在推动文化管理体制的改革，做出了多种尝试。近年来，随着改革开放成果的积累，“和谐社会”建设目标的提出，又将构建和完善公共文化服务体系作为了文化发展的重要目标，为广大人民群众提供更好的文化服务，更多的文化福利。如何构建公共文化服务体系，改进公共文化水平，治理结构显然是个关键的制度问题。公共文化服务的主体构成及其相互关系系统构成了公共文化服务组织体系的治理模式，一元化抑或多元化是其典型特征。

新中国成立后，国家采用了计划经济制度，计划思想也由此渗透到公共行政和公共服务的各个领域。在公共文化服务组织领域，计划思想表现为公共文化服务组织形式的统一性。公共文化服务组织体系主要由履行文化职能的政府机关和直接提供文化服务的国有文化事业单位构成。在传统的公共文化服务组织体系中，政府是提供公共文化服务的唯一组织，包括政府文化主管机关和国有文化事业单位。其中，政府文化主管机构包括中央政府和地方各级政府文化主管机构。中央政府文化主管机关负责制定并推行国家文化政策，直接管理和监督全国性文化事业的规划和发展，负责投资建设全国性文化基础设施；地方各级政府文化主管机关负责在本行政辖区内推行国家文化政策，或者根据国家文化政策并结合本地实际情况制定和推行本行政辖区的文化政策，直接管理和监督地方性文化事业的规划和发展，负责投资建设地方性文化基础设施。同样，国有文化事业单位也区分中央和地方各级文化事业单位，分别接受同级政府文化主管机关的领导和监督，其财政由同级政府拨付，其人事也受同级政府文化主管机构的控制。如同当时的国有企业一样，国有文化事业单位的地位同样缺乏独立性，只是相当于政府的文化生产“车间”。

政府包办公共文化服务的这种一元化组织体系与计划经济体制相匹配，利弊同在。从意识形态方面看，其“利”表现在能够保持文化领域意识形态的同一性，其“弊”表现为抑制多元文化的形成和发展；从文化产品供给来看，其“利”表现在政府可以集中力量出文化“精品”，其“弊”表现在公共文化产品供给的非多样性；从投资来看，其“利”表现在政府对文化投资主体的可控性较强，其“弊”表现在文化投资主体单一。我们知道，文化包含着差异性和共同性，其差异性增加了文化的创造力，其共同性则促进了在文化方面的沟通以及组

① 刘俊生．公共文化服务组织体系及其变迁研究——从旧思维到新思维的转变［J］．中国行政管理，2010，(1)：39～42.

织控制的可能。而政府包办公共文化服务的做法，虽有利于文化发展的共同性方面，但却不利于文化发展的差异性方面。众所周知，文化的广博性与政府资源的有限性之间存在着深刻的矛盾。显然，政府若包办公共文化服务——即在文化方面对公民提供完全的公共服务，那么公民享有的公共文化服务只能处在较低水平上，而且现代政府这种整齐划一的标准化服务也很难满足公民对文化的不同需求。这已被中华人民共和国前 30 年的发展历史所证实。同时也说明，只有全社会（当然包括政府）共同努力，才能够提升公共文化服务的整体水平，才能满足公民的不同文化需求。这就是新思维，与之对应的则是多元化公共文化服务组织体系。

改革开放以后，经过十多年的艰苦探索，我国终于确立了市场经济的改革目标，国家逐渐由计划经济走向市场经济。30 年改革形成的市场思想也逐渐渗透到公共服务的各个领域。在公共文化服务组织领域，市场思想表现为公共文化服务组织的多元化特征，即公共文化的服务组织体系由政府一元体系发展为政府、企业和第三部门共同构成的三元体系。公共文化服务的多元主体各自提供相应的公共文化服务，互为补充，共同提升公共文化的服务水平。公共文化服务组织体系的这种转变，承袭了公共治理理论的核心观点，并与全球范围的致力转型密切相关。

在新的组织体系下，政府收缩了公共文化服务的职能和范围，只负责提供公共文化服务的基础设施和基本的公共文化服务，并保证公民能够平等地享受这些公共文化基础设施和基本的公共文化服务。政府文化主管机关统筹公共文化的规划和发展，制定公共文化政策，领导国有文化事业单位提供基本公共文化服务工作，支持和鼓励企业和第三部门举办公共文化事业和提供公共文化服务；公共文化服务组织体系中的国有文化事业单位，其外延要远远小于传统体制下的国有文化事业单位，其中一部分转制为文化企业（纳入文化产业范围），一部分转制为第三部门，余下的国有文化事业单位仅负责提供基本的公共文化服务（实际上是履行着政府基本公共文化服务的供给职能，属于公共行政的延伸），其财政全部或大部分由公共财政供给，公民则免费或低费享受基本公共文化服务。国有文化事业单位仍然接受政府的控制和监督，尽管控制和监督的方式可能有所改变。

文化服务中可以实现产业化的内容，通过市场运作的方式提供，这就是新公共文化服务组织体系中的文化企业或提供文化服务的其他企业。这些企业根据市场规律运作文化服务——基本公共文化服务以外的文化服务，这类文化服务可以满足公民更高更多的文化需求。当然，享受这些服务也要支付更高更多的费用。提供文化服务的企业，虽然是独立自主地进行经营，不像国有文化事业单位那样受政府直接掌控，但为弥补政府提供公共文化服务的不足，促进企业提供更多的公共文化服务，政府会出台一些文化政策，包括经济性政策（或称之为合乎经济的文化政策，如文化产业政策和文化财政税收政策，经济性文化政策显示民众对文化的支持反映在价格机制中）和非经济性政策（或称之为合乎高尚的文化政策，如文物保护政策，高尚性文化政策则主张控制性文化的必要），在鼓励企业生产更多文化产品和降低文化产品价格的同时，引导企业生产和提供政府所期望的公共文化产品和公共文化服务。第三部门是属于非企业性质和非政府性质的社会组织，这类组织由关心社会改革的精英们组成，以超越个人利益的模式运作，非营利性和慈善性是其基本特征。在新组织体系中，第三部门构成公共文化服务组织体系的重要部分，正是这类组织弥补了公共文化服务的市场失灵和政府失灵的“空白”地带。也就是说，对文化产业不愿提供的而政府基本公共文化也顾及不到的那部分公共文化的供给，则由第三部门来提供。当然，企业按照市场价格提供的公共文化服务项目和政府免费或低费提供的基本公共文化服务项目，第三部门同样也可以提供。只不过，第三部门提供的公共文化服务以前者为主。第三部门提供的公共文化服务项目，有些收费（但不以营利为目的），有些则是免费供给，其财政来源主要包括企业捐助（政府通过减税政策予以鼓励）、政府拨款资助、社会捐助（即非企业和非政府的其他组织或个人捐助）和服务项目收费四个方面。

总之，伴随着计划体制向市场体制的转轨，文化领域的组织体系正在经历着从一元到多元的转变。在计划经济时代，公共文化服务的主体只有政府，是一元化公共文化服务组织体系。但由于政府资源的有限性与政府职能的无限性之间的深刻矛盾，导致公共文化供给的贫乏。在我国经济体制转轨的全球治理转型的推动下，公共文化的服务主体正在从一元走向多元，除政府部门外，还包括企业和第三部门，即多元化的公共文化服务组织体系。

第三节　公共文化服务治理结构的形成

一、公共文化服务的基本取向

（一）公共行政的价值取向

1. 前瞻性的公共行政

伴随着对传统公共行政理论的反思和超越，以及政府与公民、社会关系的重新审视，快捷高效地响应公民的期望和需求已成为现代政府变革的基本路向。作为一种全新的公共行政理论，新公共服务理论认为，公共行政人员应该是公共资源的管理员、公民权和民主对话的促进者、社区参与的催化剂和基层发展的领导者。在多元化、流动、动态的公共事务中，公共行政人员不仅要分享普通公民的价值观和信念，要始终关注普通公民的需要，而且还有责任不断地鼓励和培育公民参与，负责建立起公民参与公共事务的机制，创造能够相互学习的对话和参与环境，帮助意识冷漠的公民，使其积极参与到社会公共事务中来。

新公共服务理论重新肯定了公共利益在政府服务中的中心地位。新公共服务倡导，公共行政人员在促进公民界定公共利益和按照公共利益行事时应扮演积极主动的角色。在公共文化发展中，公共行政人员必须促进建立一种集体的、共享的公共价值观念和公共利益观念，鼓励公民关注社会文化的健康发展；鼓励公民致力于超越短期利益的事务，培养公民的集体责任意识；公共行政人员还应当积极地为公民通过对话表达共同的价值观念并形成公共利益观念提供舞台，使他们能够理解彼此的利益，建立对社会公共利益的共识。①

2. 以人为本的文化服务

以人为本是一种价值要求，也是一种文化取向。“以人为本”作为一种价值取向，是对政府公共服务理念的进一步解读。这种文化取向要求一切法律、制度、决策、行为和活动都必须体现人的要求、人的权利和人的尊严，实现人的理想。“以人为本”的文化服务要求实现政府行政的公开化、透明化，赋予公民更多的知情权、选择权、表达权和监督权，建立健全公共文化利益的实现机制和公平的文化资源分配机制等。以人为本的文化发展内涵包括：①全民性。全民性强调文化的供给对象应是全体公众。在文化设施的建设上，根据不同居民的需要，在针对性、实用性上下工夫，保证人民群众有多种的选择权。在文化建设方式上，倡导人人参与，发挥社会全体成员的主动性、积极性和创造性。②平等性。平等性强调人民群众在文化事务上的机会均等。美国学者摩狄曼·J. 阿德勒在《六大观念》一书中指出，我们作为人而有权拥有的平等是条件平等，即地位、待遇和机会的平等。也就是说，每个社会成员都应当有平等享有文化的权利。公共文化服务应向所有的人平等地提供文化获得、参与和创造的机会，尤其要关注社会弱势群体的文化权，保证最低收入人群能够享有最基本的公共文化服务，实现“底线公平”。③多样性。社会地位、职业、教育背景和年龄等各不相同的人，其文化需求存在差异。公共文化服务应该兼顾不同社会群体的不同文化需求，处理好文化发展的一般性与特殊性关系，发展形式多样、层次不同、丰富多彩的文

---

① 李少惠，曹爱军，王峥嵘．行政变革中的公共文化服务及其路向［J］．中国行政管理，2007，(4)：26～27.

化，使不同社会群体都能获得适合自己需求的文化产品和文化服务。①

3. 文化发展的社会治理

治理是个人和公共或私人机构管理公共事务的诸多方式的总和，是使相互冲突的或不同的利益得以调和并且采取联合行动的持续过程。治理既包括有权迫使公民服从的正式制度和规则，也包括公民和机构同意的或以为符合其利益的各种非正式的制度安排。

文化权利是公民的民主权利，民主意味着公民对广泛的公共利益的关注，对公共事务的积极参与，以及为他人而承担责任。公共文化的民主化要求政府与公民之间的关系准则应该是合作与互惠。因而，政策和项目必须通过集体磋商作出结论。只有通过对社会发展中面临的文化问题的广泛对话和评议，公民以及各个不同的社会组织的文化自主及其民主才能得到保障。在此过程中，公民参与应当被视为民主政体中政策制定与执行恰当且必要的组成部分。追求公共利益的民主化，多元主体参与的文化发展不仅是效率取向的响应，更是政治取向的响应。在推动社会多元力量参与公共文化服务的过程中，政府与其他社会组织，以及各类社会组织之间存在着相互的权力依赖关系，应逐步形成一种平等竞争、合作协商的互动关系，依靠彼此间的利益协调和相互博弈达到公共文化服务的目的，最终形成参与性的自主网络。

（二）公共文化服务均等化的路径选择

1. 一体化与多元化：公共服务均等化的基本路径

新制度经济学认为，在社会系统中，要退出路径依赖的锁闭状态，其条件取决于形成自我强化机制的各种因素的性质，即该路径产生的递增收益是否具有可转移性和可逆性。因为，其一，固有资产的专用性很难在另一种路径中被使用，沉淀成本很大；其二，学习效应中的默认知识不具备信息的传递性，而引致的认识阻力很大。所以，在退出锁闭的过程中，政府的干预和一致性行动十分重要。在统筹城乡的基础上采取多元方式提供公共物品，即一体化和多元化战略，是公共服务均等化的基本路径。一体化是指实行城乡一致的供给体系；多元化是指公共物品供给主体、供给方式及筹资渠道的多元化。

一体化主要是解决二元供给机制的问题，为城乡公共物品的供给提供公平的制度平台和政策环境，使农村得到与城市同等的待遇。在制定文化发展战略时要把城市与农村作为一个有机整体来统筹兼顾，谋划布局。做到规划同步、设施同

① 陈民宪．人人享受文化——宁波社区文化建设的理念与实践［N］．中国文化报，2004-10-21.

建、人员同组；文化建设要体现大众情怀，眼光向下、重心下移，面向基层、面向群众；实现城乡文化资源共享，通过连锁经营、物流配送等现代流通手段实现城市文化向农村的辐射和延伸；建立对农村的文化援助机制，积极开展文化志愿者行动，动员社会各界力量支持农村文化建设，以活动开展为载体搞好城乡、区域互动。

多元化战略是基于对公共物品性质的分析。根据公共物品的性质，纯公共物品如制度性公共物品和基础设施应由各级政府来提供，而各种准公共物品则可以通过多种方式来提供，包括供给主体多元化、筹资渠道多元化和供给方式多元化。随着农村公共物品供给主体和资金来源的多元化，农村公共文化产品的供给方式也必然是多样化的：一是权威型供给。这是服务型政府职能的体现，在权威型公共文化供给模式中，政府主要扮演的是政策的制定者、资金的供应者和生产安排者的角色。政府在政策、资金方面的扶持，是公共文化服务健康发展的基础和保障。二是商业型供给。这是市场竞争功能的体现，竞争性的压力是维持民主公共行政体制活力的关键因素，在公共文化服务的供给中，政府与市场供给之间不应仅仅是管制与被管制关系，而是以公共利益为核心的合作伙伴关系。政府应不断提升利用非公有资本发展公共文化事业的能力。三是志愿型供给。志愿型供给的精髓在于“以志愿求公益”。正是在公益价值理念支配下，那些不以营利为目的、具有志愿性的非政府部门，在公共事务的治理中发挥着越来越重要的作用。非政府部门在解决公共文化产品与服务的供求矛盾，提升公共文化产品与服务的质量及效率，回应社会公众多层次、多样化的精神文化需求方面逐渐成为以政府为核心的公共文化服务体系中一支重要的力量。四是自主型供给。即公民通过自组织的方式自行联合供给。五是联合供给。为提高效率或弥补财力不足，政府可以通过直接补贴或间接补贴的方式，来鼓励和帮助私人或企业提供农村公共文化产品。

2. 公益与市场：公共文化服务发展的现实选择

提供公共文化产品和服务主要是政府的职责，政府的优势在于通过政府权威保证公共文化产品与服务的充分、公平供给。市场的优势是可以实现公共文化资源的更为有效的配置。但是，同其他的公共产品与服务一样，在公共文化产品与服务中同样存在着政府失灵与市场失灵。政府在提供公共服务时，无法应对差异化的需求，造成一部分人无法享受到公共物品，难以实现资源的有效配置，从而导致政府失灵。公共物品的不可分割性和非排他性，无法通过市场体系提供，市场也难以消除外部效应与保证社会公平，从而导致市场失灵。亚当·斯密的自由市场理论和凯恩斯的国家干预理论，说明单纯的政府供应与市场调节无法实现资源配置的优化。

在公共文化建设中，不能单纯走纯公益化或纯市场化的道路，必须将政府与市场有机结合。在坚持公益性前提的情况下实现有限的市场化，是公共文化服务体系建设的现实选择。事实上，公共服务市场化是20世纪80年代西方发达国家行政改革的核心主题，其基本思路是在公共服务供给领域引入市场竞争机制，将原有由政府承担的部分公共职能推向市场，通过充分发挥市场优化配置公共资源的作用，以达到有效改善和提升公共服务的目的。公共服务市场化的内涵主要有以下四个方面：一是决策与执行分开，政府更多是行使“掌舵”（决策）职能，对公共服务的数量和质量进行决策和监督，而具体的“划桨”（执行）职能则由市场或社会力量提供。二是以市场竞争打破政府垄断，实现多元化的公共服务供给，非政府组织、私营企业、公共部门加入到服务提供行列。三是各提供主体展开竞争，形成市场检验和顾客导向，公共服务消费者获得在多元供给者之间选择的权利和用以选择的资源。四是建立起以市场具体运作为依托，以政府宏观管理为维系的公共服务运行机制，实现公共机制与市场机制的有机结合。

在市场经济条件下，国家继续包揽公共文化服务是不可能也是不必要的。政府不是公益性文化事业的唯一代表，不是公共文化产品和服务的唯一提供者。政府提供公共物品，包括政府生产和政府组织生产两种重要职能形式。政事分开的目的之一就是将政府从一个公共物品和公共服务的单一提供者变成竞争生产的组织者。政府主导的公共文化服务领域与社会广泛参与的公共文化事业建设渠道，共同构成了社会主义市场经济环境下的公共文化服务保障体系的两翼。政府在加大对博物馆、图书馆、文化馆等公益性文化部门的资金投入的同时，鼓励社会兴办和支持公共文化事业，建构“国民文化经济共同体”，实现“公共文化事业主体多元化”、“公共文化事业社会化共建”、“公共文化事业专业化管理”、“公共文化事业大众化运作”的新模式，形成公共文化事业政府投入与社会投入相结合的多渠道、多元化的投入机制，提高文化事业建设效率。① 随着政府的治道变革，社会治理结构由一元向多元的发展，建立政府主导、公众参与、市场竞争、多元共治的公共文化服务模式是公共文化服务发展的可行路径。

二、公共文化服务治理机制的构建

治理是个人和公共或私人机构管理公共事务的诸多方式的总和，是使相互冲突的或不同的利益得以调和并且采取联合行动的持续过程。治理理论关注社会管理力量的多元化和政府的核心地位。治理实际上是对公共事务管理机制的制度创新，它打破了市场与经济、公共领域与私人领域、政治国家与公民社会的传统两

---

① 蒋晓丽，石磊．公益与市场：公共文化建设的路径选择［J］．广州大学学报（社会科学版），2006，(8)：66～67.

分法的思维模式，把有效的管理看作两者的合作互动过程，力图建立起全新的公共事务管理新范式。公共文化服务的发展依赖于公民直接或通过社区与行政官员就共同利益进行对话，从而达到互信合作。在这个追求公共利益的过程中，共同区域中的社会互动与共同责任应当由多元主体共同承担。

（1）政府。公共事业的建设是政府的重要职责。随着政府行政理念的创新和政府职能的转变，“社会管理”、“公共服务”在政府职能定位中日益突出。公共文化服务作为文化领域的社会公共性服务，其发展是各级政府履行“公共服务”职能的本质要求。因此，政府应当扮演主要角色、发挥核心作用。为增强政府的行政能力，以便更好地履行公共服务职能，政府应当加强自身修养，深刻领会“保障公民权益”的执政本质，确立健康的行政道德准则，加强行政伦理建设；行政人员应将“爱岗敬业、诚实守信、公平正义、勤政为民、清正廉明”内化为自身的道德修养，提高职业素养。唯有如此，才能实现政府由“管理型”向“服务型”的根本转变，真正做到代表最广大人民群众的根本利益，从而在公共文化服务发展中，切实维护人民群众的文化权利，推动社会主义先进文化的发展。政府作为公共文化服务的主要提供者和管理者，必须承担起构建公共文化服务体系的重要职责，重点做好以下工作：①转变政府职能定位、维护文化市场秩序。各级政府应全面推进政事分开、政企分开、管办分开，使政府切实承担起为社会提供公共产品、公共服务，维护社会秩序，维护社会公正和谐的职能。各级文化行政部门要依法行政，加强文化市场监管，规范文化企事业单位行为，维护文化市场秩序。②建立健全文化法规体系。政府应加快文化立法步伐，建立健全有关文化市场监管、公共文化事务及规范文化行为等方面的立法，建立健全文化法规体系，将文化建设和管理纳入法制化轨道。以立法的方式确认文化主体的地位、权利和义务，确立文化产业主体灵活多样的所有制形式，使国家发展和管理文化事业，推动文化产业，保护文化资源的行为具体化、法制化。③制定文化发展规划。明确一定时期内文化建设的目标、重点以及需要解决的重大问题是构建公共文化服务体系的基础。各级政府应从提高执政能力的高度，努力提高建设社会主义先进文化的能力，在制定本地区社会规划时应将文化建设作为重要内容与经济、政治、社会等一起纳入总体规划之中，明确文化发展的目标、任务、要求。④建立政策支持体系。建立政策支持体系是推动公共文化服务体系构建的有力保证。各级政府应认真贯彻落实党和国家关于文化发展的一系列相关政策、法规，并根据实际，制定支持引导文化事业健康发展的相关政策。特别要重视公共文化事业发展的公共财政支持政策、文化发展的投融资政策、公共文化资源的管理政策、扶持优秀文化艺术作品和重大文化项目的政策、加强文化遗产和文化资源保护的政策、公益文化事业单位税收优惠政策、农村地区文化建设的重点扶植政策等。⑤深化文化体制改革。推动文化体制改革，是激活文化事业单位服务能力的基础。政府应全面推进文化建设和运营的体制创新，逐步形成经营性文化产业的发展由市场调节、公益性文化事业的发展由政府主导、社会各界平等参与的文化运行的新机制。⑥加强文化队伍建设。发展社会主义先进文化，必须大力加强队伍建设，这是构建公共文化服务体系的关键。各级政府应认真贯彻落实中央有关人才选拔培养的意见，创新人才机制，造就一大批坚持先进文化前进方向、熟悉文化发展规律和市场经济规律的强势文化人才。吸引更多的优秀人才投入到文化事业的发展和建设中来，形成雄厚的人力资源，推进文化事业的不断发展、不断繁荣。

（2）企业。国外文化发展的成功经验业已表明，无论是文化产业还是文化事业的发展，都需要多元化的主体与之相适应。文化需求的多样化也需要文化主体的多元化适应，合理的产业主体结构是衡量产业发展成熟与否的标志。然而，目前我国的文化事业领域仍是相对单一的政府部门和文化事业单位在唱主角。在这一公益性的文化领域中，民间资本和民营企业被排斥在行业之外，未能真正享有平等地参与竞争的资格和机会。深化文化体制、文化运行机制的改革，就是要正确处理公共文化的社会化和市场化的关系，在文化事业领域引入市场机制，使企业参与公共文化产品的生产和供给，从而在这一领域形成以政府为主导的多元主体竞争的格局，提高公共文化服务的质量和效率。由于提供私人产品的特性，使企业在公共文化服务体系中所占的份额较小，但企业却有着强大的生产能力与市场竞争力，在文化基础设施的建设及某些具体文化产品的生产中又具备着比政府、文化事业单位及非政府组织更多的优势，所以企业经常参与到公共文化产品（服务）的生产之中，承担具体的公共文化产品（服务）项目，是公共文化服务体系的补充与延伸，必然有助于推动公共文化服务体系的建立健全和高效运转。而政府变革也客观需要企业成为政府部分转变而来的职能的承担者，而企业积极参与公共文化服务则有助于政府职能的收缩，促进政府顺利转型。总之，企业应当成为公共文化服务体系主体结构的一员，主要扮演公共文化产品和服务提供者的角色，弥补政府公共文化服务的不足，提高公共文化服务的质量和效率。

（3）非政府组织。充分发挥第三部门（也称非政府组织）的积极作用是构建社会主义和谐社会的客观需要。正如司法部原副部长肖建章委员所说，“近几年非政府组织已经成为提供社会服务、吸纳劳动就业、优化资源配置、促进经济发展、参与社会管理、推进民主政治、协调社会关系、维护社会稳定的一支重要力量，在促进各项事业发展和构建社会主义和谐社会中发挥了积极作用。”近年来，“非政府组织”一词在社会生活的很多领域里已得到日益广泛的使用。非政府组织，即 NGO，这一词最早出现于 1945 年联合国宪章第 71 款中，强调联合国事务也需要那些除了政府和企业之外的其他社会组织的参与。随后，非政府组织获得了快速成长。在现代社会中，各类NGO正以其自身独有的优势，关注着人类的健康、人们精神生活的质量、社会困难群体，也同时关注着人们赖以生存的社会环境和自然环境。目前，NGO不仅在国际事务中发挥着不可替代的作用，而且在国家范围以及社区范围内也扮演着越来越重要的角色，成为社会治理结构的中间力量。理论界普遍认为，非政府组织是政府、市场之外的第三支社会中间力量，它的存在本身就是对政府、市场的补充和平衡。非政府组织有使命、有热情、有能力、有合作精神，政府有宏观调控能力、政策的影响，加上营利部门的资源和社会责任，它们三者的良性互动是社会发展的保证。目前，我国处于构建公共文化服务体系、建设社会主义和谐社会的进程中，非政府组织应该也必须成为推动社会协调发展的“软力量”，这不仅是社会发展的客观需要，更源于NGO独有的伦理使命。NGO是在利他主义的指导下和志愿奉献的基础上开展活动的，关注的往往是社会公共性的问题和人类共通性的问题。NGO独有的伦理精神使公共责任成为NGO的核心价值。这种公共性社会责任，首先源于NGO的公益性质。NGO所诉求和依赖的是同情心和爱心等社会美德。当市场经济对人们的道德、价值观念带来巨大冲击的时候，社会需要通过NGO的慈善、公益与志愿精神来弥补市场经济的不足。其次源于NGO服务公众的伦理使命。NGO是民间社会组织，其公开宣称的使命和价值观，应当是公益性的，或服务于特定的人群。但NGO作为民间组织，其资源汲取的约束及运行中可能陷入“二律背反”的两难境地要求强化NGO的公共责任意识、彰显独特的伦理魅力，并形成以人为本，自律与他律相结合，激励与惩戒并重，以道德为支撑、产权为基础、法律为保障的NGO公共责任机制。通过多重外在力量的监督，强化NGO的自律能力和自我监督机制，做到扬其所长、避其所短，充分发挥NGO的积极作用，为社会主义和谐社会的建设贡献力量，真正成为公共文化服务体系主体构成中不可或缺的组成部分。

（4）社区。随着社会主义市场经济体制的逐步确立，经济转轨、企业改制、社会转型、政府职能转变等使我国的经济社会发生了重大变化，社会结构、组织形式、就业方式等也呈现多样化，“单位人”开始向“社会人”转变，社区日益成为人们生活的主要空间。因此，党的十六大报告提出“要完善居民自治，建设管理有序、文明祥和的新型社区”。社区作为具有成员归属感的人群所组成的一种社会实体，在形成和发展过程中也孕育着自己特有的文化，并成为整个社会文化体系的组成部分，社区文化既承载着群众休闲娱乐、学习提高等实用功能，也肩负着宣传教育、文化传播等重大使命，对发展社会主义先进文化、构建和谐社会具有重要作用。因此，构建社会主义公共文化服务体系，需要社区的积极参与，真正为人民群众平等地参与行使自己基本的文化权利提供平台，真正使社区居民自主地参与组织丰富多彩的群众文化生活；参与公共文化服务体系建设，还可以社区为纽带充分动员区内各类组织已兴建的文化设施参与公共文化服务，提高文化基础设施运行的效率和效益，避免基础设施的重复建设，优化社会文化资源的配置。此外，社区文化的基本功能也决定了社区应当成为公共文化服务体系建设中的参与者。社区文化主要发挥以下功能：①整合功能。在社会主义精神文明建设中，社区文化是推动社会沟通、增强心理凝聚力、实现社区整合的有利杠杆，在促进人民群众思想和行为趋于一致方面具有重要功能。②导向功能。当前，我国社区建设的一大任务就是繁荣、发展具有中国特色社会主义先进文化。社区通过组织各种丰富多彩的文化活动吸引社区居民参与，在倡导社会认同的正确价值观、人生观和审美观，缓解社会矛盾，加强社会沟通，强化公民意识和民族精神等方面发挥着重要作用。③传承功能。社区作为现代社会人们社会活动的基本载体，对传承民族优秀传统文化和民族精神、对社会主义精神文明建设的繁荣具有极其重要意义。④发展功能。社区文化立足基层，接近群众，贴近生活，融科教文卫体于一体，健康活泼，形式多样，具有广泛的群众基础和“润物细无声”的效果，可以促进文化生产力的发展，满足不同层次社区居民多方面的精神文化需求。此外，随着文化与经济融合速度的加速，社区文化对于社会经济的激活、社会的全面进步也日渐明显。正是源于社区文化的独特功能，在社会主义公共文化服务体系的构建中，应当积极引导社区的积极参与，使其通过文化的自主改造和创新，保证文化发展的正确方向。

公共文化服务的发展依赖于公民直接或通过社区与行政官员就共同利益进行对话，从而达到互信合作。在这个追求公共利益的过程中，共同区域中的社会互动与共同责任应当由多元主体共同承担，逐步形成政府主导，文化企业、非政府组织、社区等主体共同参与、协商与对话的“交互理性”的制度框架。这种新型的公共文化服务机制，发挥着计划性的政府干预机制、竞争性的市场调节机制、自治性的社区参与机制的互补性制度优势，实现了公民参与、政府引导、市场介入之间的良性互动。

新公共服务的倡导者认为，改进服务的问题不仅要关注公民的需要，也要关注权力在社会中的分配，主张将权力由行政组织转移到民选的社区组织，政府不能过多地干预和限制民治机构的作用。为此，公共行政应改变传统行政组织办文化、管文化的模式，集中承担为公民服务和向公民放权的职责，并在提供公共文化服务时，充分发挥民间力量和社区组织的功能，实现民主参与，体现公民价值，促进多元主体共生治理机制的形成。[①] 为此，政府应正确处理公共文化社会化与市场化的关系，为各方参与提供一个平台，使更多的社会力量

---

① 李少惠，王峥嵘．论城市社区文化发展中的公共行政——基于新公共服务视角的探析［J］．经济体制改革，2006，(5)：42～43.

投入到公共文化服务领域中，创造条件用多种方式鼓励社会力量参与公共文化服务，使公益性文化实现社会化发展。建立政府主导、全社会力量多渠道参与社会文化建设的社会参与机制，积极争取政府部门支持，促进对公益性文化事业的捐助，并使之成为社会的普遍行为。用政策杠杆鼓励和扶持社会力量举办公益性文化事业，发动全社会的力量不断完善公共服务，以有效弥补公共资源及政府服务的不足。

第九章　公共文化服务：绩效评估

20世纪80年代，在西方国家的“重塑政府”运动中，绩效管理被引入文化的公共管理领域，它是对组织效率和效益的管理，绩效评估是落实公共文化部门责任并改进管理、提高效能的一个行之有效的工具。公共文化部门绩效管理的内容、程序和绩效评估结果的运用逐步规范化，并形成了一套较为科学的技术方法和理论体系。公共文化服务的绩效评估作为改善公共文化服务供给体制、优化公共文化资源配置、提高公共文化服务供给能力和质量的有效工具，公共文化服务绩效评估应当建立在公共行政的公平与效率价值准则之上。在公共文化服务的公平与效率的优先顺序上，主张“公平优先，兼顾效率，并努力用最有效率的方式去追求公平”。开展公共文化服务绩效评估是推进公共文化服务均等化的一项重要技术，应当纳入到公共文化服务均等化的实施战略中。

第一节　政府绩效评估：理论与实践

一、政府绩效评估：理论与内涵

（一）绩效评估的理论基础

公共选择理论、委托代理理论、新公共管理理论等公共部门管理理念和管理方式的变革为政府绩效评估提供了理论基础。

1. 公共选择理论

公共选择理论是将经济学和政治学交互研究的一种理论，是运用经济分析方法来研究政府决策的方式和过程的理论，其核心是运用经济学方法来说明市场经济条件下，政府干预行为的局限性或政府失灵问题。政府失灵是指个人对公共物品的需求在现代代议制民主政治中得不到很好满足，公共部门在提供公共物品时趋向于浪费和滥用资源，致使公共支出规模过大或者效率降低，预算上出现偏差，政府的活动并不是理论上所说的能够做到“有效”。政府作为公共利益的代理人，其作用是弥补市场经济的不足，并使各经济主体所做决定的社会效应比政府进行干预以前更高。但是政府决策往往不符合这一目标，政策效果往往削弱而不是改善了社会福利。对政府实行绩效评估是公共选择在财政支出领域的必然结果。政府绩效评估作为一项重要的公共行政行为，要根据公共选择的取向，遵守效能性原则、调控性原则、责任性原则和透明性原则。

2. 委托代理理论

委托代理理论是契约理论的重要发展，委托代理理论是基于委托代理关系而产生的。委托代理关系一直是契约经济学研究的重点。委托代理模型是一种分析代理关系的理论结构，主要研究委托人如何设计一个刺激结构（契约）来诱导代理人为委托人的利益行动。由于委托人与代理人之间的信息不对称和结果的不确定性会产生代理问题，带来非效率损失和代理成本。为了减少非效率损失，委托人设计出一个契约，以给代理人部分剩余索取权作为激励，使其为了自身的利益最大化而努力，结果是客观上促进了单位效益提高，满足了委托人的盈利目标，达到了“激励相容”。为减少委托代理费用，进行政府绩效评估工作应做好以下几点：一是做好契约设计；二是建立激励和惩罚机制；三是为政府机构设置一个平衡机制。

3. 新公共管理理论

新公共管理理论更加关心服务的效率、效果和质量，强调等级制组织结构应当转变为分权的管理环境。在分权的环境中，资源配置和服务提供的决策更加接近第一线，并为顾客和其他利益集团反馈提供更多的余地。实行绩效评估是新公共管理理论框架的组成部分。一方面，政府在分解所提供公共产品的总体目标、分配使用公共资金的过程需要绩效评估；另一方面，公共支出管理采用的“产出预算”模式的核心就是要对支出的效果、效能进行评价，敦促管理者增强对政府公共项目的责任感，并根据评价结果优化财政资源配置，改进政府对公共事务管理和公共服务传递的方法。

（二）政府绩效评估的内涵

政府绩效评估是当今信息时代民主化、市场化和全球化发展趋势的产物。西方社会政府管理极权化和官僚主义化导致的政府垄断和官僚主义，“福利国家”和“混合经济国家”政策推行导致的政府管理失控、低效率、巨额的财政赤字和政府干预的高额成本，政治民主化、经济市场化和全球化发展趋势引起的民权运动高涨和要求加强市场机制的作用，使公共项目及其结果成为政府公共管理活动的核心和焦点。这种社会现实导致美国、英国、澳大利亚、新西兰、日本等国家进行了一场被称为“新公共管理运动”的政府改革。这场改革使绩效管理与评估、成本与效率观念、顾客至上与服务意识、在政府公共部门与管理中引进竞争与市场机制等措施在实践中得到了广泛运用。

概括地说，政府绩效评估就是根据管理的效率、能力、服务质量、公共责任和社会公众满意程度等方面的判断，对政府公共部门管理过程中投入、产出、中期成果和最终成果所反映的绩效进行评定和划分等级。政府绩效评估以绩效为本，以服务质量和社会公众需求的满足为第一评价标准，蕴含了公共责任和顾客至上的管理理念；以加强与改善公共责任机制，使政府在管理公共事务、传递公共服务和改善生活质量等方面具有竞争力为评估目的。1993 年 9 月，美国总统克林顿签署了《设立顾客服务标准》的行政命令，责令联邦政府部门制定顾客服务标准，要求政府部门从六个方面为顾客提供选择公共服务的资源和选择服务供给的手段：①分辨谁是或应该是联邦政府部门服务的顾客；②调查和审视顾客所希望的服务种类、服务质量，以及他们对服务的满意程度；③将服务水平和评估结果反馈给顾客；④为顾客提供选择公共服务的资源和选择服务供给的各种手段；⑤建立信息系统、服务系统和有利于顾客抱怨及其意见反馈的系统；⑥提供各种有效的途径让顾客表达抱怨与意见。

效率逻辑和公共责任逻辑是政府绩效评估内涵中两个内在统一的、互动的方面。政府公共部门在社会竞争中提供公共服务，既有助于提高效率、打破垄断和降低成本，又以严明的绩效目标和绩效管理保证其在竞争中对社会公众负责，提高服务质量。这两个方面的关系，公共责任和顾客至上是第一位的，效率则是第二位的，效率只有在用来满足社会公众的需要和实现公共利益时才有意义。政府绩效评估所蕴含的这种管理理念通过政府绩效评估的性质、特征和价值体现出来[①]：①在性质上，政府绩效评估是一种市场责任机制。政府绩效评估就是公众对公共服务的直接选择和控制，政府公共部门对公众负责。没有公众的选择就难以形成市场机制，就不能激发公共服务供给者的竞争，最终也就难以形成公共责任机制。政府绩效评估还具有使政府职能具体化、使制度转化为现实秩序的性质。政府职能是一种制度的规定性，每一项绩效评估所包含的量的规定性和质的规定性，都是政府职能的具体体现。绩效评估就是使制度转化为具体的管理行为、管理秩序和社会生活秩序过程中的一种评判、控制和监督。②政府公共管理既有对国家公共事务和社会公共事务的管理，也有对政府公共部门内部事务的管理；既有对事务的管理，也有对人和组织的管理。这使得政府绩效评估具有复杂性、多层次性、难量化性、利益性、评估主体多元性和客观性等特征。信息交流与沟通也是政府绩效评估特征的重要体现。因为社会公众只有充分了解政府及其活动，才能做出客观的评定；政府也只有充分了解社会公众，才能提供他们所需要的服务。③在价值上，政府绩效评估的价值取向决定了评估绩效的标准。因此，只有寻求政府绩效评估合理的价值取向，才能建立科学的绩效评估标准。当代政府公共管理在社会公平的基础上对公共责任和民主参与的强调，使效率、秩

① 蔡立辉．政府绩效评估的理念与方法分析［J］．中国人民大学学报，2002，(5)：94～95.

序、社会公平和民主成为政府绩效评估的基本价值取向。效率的价值取向反映了社会对政府管理绩效量的要求；秩序、社会公平和民主的价值取向是一种解决各种社会关系和利益冲突的互动行为模式，反映了社会对政府管理质量的要求。这些价值取向在绩效评估过程中具体通过管理效率、管理能力、公共责任、社会公众的满意程度等价值判断和评估目的反映出来。

二、中国政府绩效评估的实践模式①

20 世纪 90 年代以来，我国广泛开展了地方政府绩效评估活动，如目标责任制考核、公民评议政府、行政效能评估、第三方评价和欧盟的通用评估框架等，并形成了各具特色的政府绩效评估模式。

1. 目标责任制的典范：青岛模式

青岛市以“科学民主的目标化决策机制、责任制衡的刚性化执行机制、督查考核的制度化监督机制、奖惩兑现的导向化激励机制”为核心目标的绩效评估体系作为政府目标管理的典范而受到广泛关注。青岛模式是目标责任制的典范，其理论是基础目标管理理论。青岛模式一方面使政府绩效评估具有实践的可行性，另一方面符合政府管理的基本目标。其基本特点是：①绩效评估目标设定和内容得到扩展。青岛市按照科学发展观的要求，确定全市创建高绩效机关的使命、价值观、愿景、战略，突出了社会职能和公共服务。②绩效目标制定过程的科学化和民主化。青岛市在绩效目标制定过程中，引入了服务对象、专家、人大代表等审议程序，使绩效目标制定真正建立在科学、民主的基础之上。③建立起了严密的目标层次体系和目标网络。青岛市目标管理绩效考核委员会通过目标的层层分解，把各项重要决策、工作目标和部署转化为具体的、可量化的考核指标，通过政府各部门相互协调将责任、权力和利益也进行层层分解，明确责任领导、责任部门和责任人，自上而下地构筑起“一级抓一级，一级对一级负责”的责任体系。④重视评估结果的利用。使绩效考核与干部考核紧密挂钩，实行单位主要领导政绩评定与本单位考核结果直接挂钩的办法。

2. 综合性的效能建设：福建模式

福建省的绩效评估在开展绩效评估的基础上，探索建立奖惩机制，把绩效评估结果作为评价政府、部门及其领导人工作实绩的重要依据，与干部使用、评先评优、物质奖励挂钩。福建省在实施政府绩效评估时侧重于三个方面：一是绩效方案的设计；二是试点工作的展开；三是评估结果的运用。其绩效评估的做法完

---

① 蓝志勇，胡税根．中国政府绩效评估：理论与实践［J］．政治学研究，2008，(3)：111～114.

整地体现了政府绩效评估理念，无论在流程操作还是绩效评估体系设计方面都为下一步政府绩效评估的实践创造了条件，并以服务型政府为导向构建了新型效率型政府，为我国政府管理体制改革提供了经验借鉴。其主要特点是：①绩效评估领导小组职责明确。绩效评估领导小组召集了省级各部门的相关领导，各部门能够及时收集和反馈绩效评估信息和绩效评估结果。②确定较为系统的政府绩效评估指标体系，包括评估目标、评估维度、评估指标设计以及评估主体确定等。在具体指标设计上，采取定性考核与定量测评相结合的指标模式。③实现评估主体多元化。④综合运用多种评估方法。⑤采取了试点评估、逐步开展的办法。

3. 公民导向的实践：杭州模式

为了解决机关作风问题，杭州市从 2000 年初开始在全市展开了满意不满意单位评选活动，并于 2005 年对考核评价体系进行了改革，成立了杭州市综合考评委员会，对各单位的工作情况通过目标考核、领导考评和社会评价三个方面进行综合考核评价。杭州政府绩效评估模式以公民为主要导向，其特点有：①整合了“自上而下”和“自下而上”两种评估模式，体现了公民满意原则。满意评选活动即“公众评议政府”活动，属于近年来方兴未艾的“自下而上”的评估模式，是对“自上而下”评估模式的有效补充。与以前的地方政府绩效评估相比，杭州模式实现了向“公民满意原则”转变，体现了政府工作重心由“政府本位”向公民取向转变；与其他地方的“公众评议政府”活动相比，杭州市的满意评比体现了持续性、发展性。②推进了绩效评估从“重结果”向“过程与结果并重”转化。杭州模式加强目标任务完成情况的过程督查、加大机关和公务员行政作为的效能监督以及重视社会评价公众意见的整改和反馈等各种过程管理措施和手段的完善，将考评对象的注意力从结果向过程转移，最终使综合考评达到“全面质量管理”的效果。③考评维度的绩效导向明确。在综合考评指标体系中，引入了绩效评估的理念和方法，对创新目标实行绩效考核，进一步激励市直单位创新创优，提高整体工作水平和绩效。总的来看，杭州模式是对公民导向政府绩效评估的肯定，创新了政府绩效评估模式实践，具有一定的积极意义。

4. 第三方评价政府绩效的开端：甘肃模式

2004 年，甘肃省为进一步转变政府工作作风，围绕树立科学发展观提高地方政府行政能力这个主题，将全省 14 个市、州政府及省政府 39 个职能部门的绩效评价工作，委托给兰州大学中国地方政府绩效评价中心具体负责组织实施。甘肃省政府开创了政府绩效外部评价的新形式，并成为我国政府绩效评估领域的新探索。其主要做法有：①围绕树立科学发展观和提高地方政府行政能力的主题，为企业创业和发展营造一个规范严明的法制环境、诚实守信的信用环境、优质高效的服务环境和宽松和谐的创业环境，对全省 14 个市、州政府及政府 39 个职能部门的工作绩效进行评价。②评价主体以各地有代表性的非公有制企业为主，并结合兰州大学中国地方政府绩效评价中心的专家意见综合评价意见。③评价指标体系按市、州政府和省政府所属职能部门两类评价对象分别设置。每套评价指标体系分别按企业、上级政府、专家三类评议主体来设计，设计了四套指标体系和两套调查问卷。④市州政府和省政府职能部门绩效用综合绩效指数来衡量。甘肃模式以第三方独立评价政府绩效的实践，使绩效评估的推行者从政府转向了第三方机构，第三方机构不再是简单的评估主体，而成为绩效评估的组织者和实施者，其角色发生了根本转变。根据有效治理理论，公民参与主持政府业绩评价对增强政府责任心和公民社会的形成都有一定作用。

三、公共服务绩效评估与政府绩效评估

公共服务绩效评估是公共服务评估的主体按照一定的政策和使用一定的评估技术方法对公共服务生产者即供给主体和所供给的公共服务的数量、质量、效率、公平性、满意度等方面的评估。公共服务评估是评估政策、评估程序、评估标准、评估技术、评估过程的一个有机整体。公共服务评估的概念内涵界定在实践上颇为困难，主要表现在公共服务评估主体、公共服务供给主体、公共服务质量标准体系的难以界定。公共服务评估不同于政府绩效评估。公共服务评估在狭义上专注于公共服务数量、质量、效率、公平、满意度的评价与鉴定，在广义上还包含对公共服务供给者的供给评估，即供给主体的合法性、供给模式的合理性、供给方式的有效性评估，也包括对公共服务需求者的需求评估即需求种类的多样性、需求层次的优先性、需求质量的差异性等。

政府绩效评估作为一项有效的管理工具，其实践最早可追溯到第二次世界大战以前。进入 20 世纪 90 年代，随着西方新公共管理运动的兴起，政府绩效评估反应了对政府增加回应性、责任性、效率性的新需求。政府绩效评估也出现了新的发展趋势：绩效评估逐步走向制度化、法制化，评估主体日渐多元化，绩效评估体现公民导向，评估技术也不断走向成熟。从内容上来看，当代政府绩效评估包括政府成本、政府效率、政治稳定、社会进步、发展预期的含义。从绩效评估的指标而言，政府绩效主要包括三个方面：第一，经济绩效。经济绩效表现在经济持续发展上，国民经济不仅仅在量上扩张，而且在结构合理的前提下有质的提升，良好的经济绩效还包括经济可持续发展程度较高、政府能供应推进经济与社会协调发展的宏观经济政策。第二，社会绩效。社会绩效是经济发展基础上的社会全面进步。社会全面进步内涵丰富，包括人们的生活水平和生活质量的普遍改善和提高；社会公共产品供应及时到位，社会治安状况良好，人们安居乐业；社会和谐有序，社会群体、民族之间和谐协调，没有明显的对抗和尖锐的冲突。第

三，政治绩效。在市场经济条件下，政治绩效最经常的表现为制度安排和制度创新。市场经济的游戏规则或社会秩序的供应是一种政府制度安排，这是政府核心能力之一。政府制度安排的能力越强，政治绩效就越容易体现。

公共服务评估与政府绩效评估既有联系，也有区别。公共服务评估的范围与内容与政府绩效评估范围与内容既有交叉重叠的部分，也有不相交的部分，即所谓交替与相对交替的关系。但公共服务评估与政府绩效评估都是以绩效为本，以服务质量和社会公众需求的满足为第一评价标准，蕴含了公共责任和顾客至上的管理理念，是一种非常重要的管理工具。

第二节　基本公共服务的绩效评估

实现基本公共服务均等化是贯彻落实科学发展观的内在要求，也是推进以民生为重点的社会建设的基础性工作。开展基本公共服务绩效评估是推进基本公共服务均等化的一项重要技术，应当纳入到基本公共服务均等化实施战略中。

一、基本公共服务绩效的内涵

“绩效（performance）”是活动对象的行为和结果表现，是所有对象追求的终极目标，因而在各类研究中都受到广泛的关注。政府绩效是“政府行政管理活动所取得的业绩、成就和实际效果”。绩效作为一种产出结果和状态，体现为是否有效以及是否令人满意。因此，绩效可以指效率（efficiency），也可以指效果（effectiveness）；可以指直接产出（outputs），也可以指间接产出（outcomes）。一般将它们视为对绩效进行量度的四个要素。

从直接产出和间接产出出发，国务院发改委丁元竹研究员将基本公共服务绩效界定为，人们享受基本公共服务的水平和对于这种享受的主观感受与满意程度，它包括客观的基本公共服务水平和主观的基本公共服务感受。客观的基本公共服务水平是指在一定经济发展水平下，政府、社会和市场供给的基本公共服务的数量和质量；主观的基本公共服务感受是指人们对于一定经济发展水平下，政府、社会和市场供给的基本公共服务的数量和质量的主观感受和满意程度。客观的基本公共服务绩效和主观的基本公共服务绩效共同构成科学意义上的基本公共服务绩效，缺一不可。作为经济社会发展终极目标的人通过直接获得基本公共服务来得到最基本的满足，客观供给和主观感受在个体身上最终得到体现，基本公共服务目标也在此得以实现。

基本公共服务绩效，一方面决定于人们从政府或者说是从二次分配中获得的收入以及通过这些收入购买的基本公共服务和基本公共服务物品；另一方面取决于基本公共服务的供给状况。基本公共服务的供给包括三类，一是政府的资金投入和政府直接提供的公共服务，主要是公共财政在社会发展领域的支出和政府在社会领域的服务，特别是基本的社会公共服务；二是社会的服务，包括社会组织参与和提供的基本公共服务；三是企业供给的基本公共服务。这是基本公共服务供给的主要模式，它们直接影响基本公共服务的绩效。主观的基本公共服务是基于价值角度和居民需求层面展开的评价，是一个国家或地区所能提供给居民所能感受和拥有的日常生活所需要的设施、环境、技术、服务等的总和。其中，政府的公共服务是构成主观的基本公共服务的基础，在此基础上，还包括社会自组织系统内可能提供的服务，如社区组织、志愿组织、慈善组织等。后者正在成为影响基本公共服务绩效变化的越来越重要的因素。

一般来说，基本公共服务的目标通常不会是单一的，而是多元的，所以，基本公共服务绩效评估的手段也不会是单一的。从政府建立基本公共服务项目来说，它涉及三种责任：政治责任、财政责任和管理责任。就其政治责任来说，主要是实现社会公平与公正，这就要看居民享受基本公共服务的水平和普遍性（既要看基本公共服务供给，也要看居民对基本公共服务的满意程度，还要看基本公共服务对居民长期发展的影响）、基本公共服务均等化的水平；就其财政责任来说，作为政府的公共财政支出，必然会有产出效率的要求，提高政府在基本公共服务领域的投资效率，可以为公众提供更多的基本公共服务；就其管理责任来说，这主要是指供给方式和服务质量。

二、公共服务绩效评估的实践：海淀经验①

2005 年 7 月 18 日，海淀区公共服务委员会（公共委）正式成立，负责管理公共服务类事业单位。公共委作为海淀区政府的特设机构，从单个行业而言，是“管办分离”的试点单位；而从全局而言，肩负着探索“大部制”改革的重任。这“一分一合”，形成了我国行政管理体制改革的“海淀模式”，为改革的可持续发展奠定了基础。

1. 科学发展观：公共服务绩效考核的指导思想

海淀公共服务绩效考核作为我国第一个以科学发展观为内核的绩效评估体系，是海淀区乃至北京市行政管理体制改革智慧的结晶。该体系与传统的绩效考核具有本质的区别：①理论上，该体系基于战略与文化管理，而不是任务管理；基于事业单位长远发展与核心能力培养，将绩效考核从人事管理中剥离并提升到全面协调可持续发展的战略高度，充分发挥绩效考核的目标导向作用，与“科学

---

① 于小千等．公共服务绩效考核“海淀模式”实践与创新［J］．中国党政干部论坛，2010，（1）：35～37.

发展观”一脉相承。②在理念上，该体系以公众为中心，以发展为第一要义，以公众满意为最终目标，以全面协调可持续为基本要求；将科学发展观及公共服务理念贯穿于始终，积极推进事业单位标准化管理与创新，推进人才互补、资源共享、公共服务均衡化发展进程，持续改善和提高公共服务事业的总体水平。③指标设计上，该体系创造性地设立了“执行度”、“标准度”、“持续发展度”、“合作度”、“公众权益实现度”等五个维度，进一步将科学发展观的要求转变为可衡量、可量化的指标体系，进一步将公共服务绩效提升转变为可操作的管理机制。④执行上，将绩效考核作为绩效管理的重要一环，从细则制定、绩效培训、不定期抽检、年终考评、反馈座谈、树立标杆到总结推广、改进跟踪，其工作贯穿全年，形成了一个持续改善的循环体系。公共服务绩效考核“海淀模式”的“科学发展”内核，是区别于其他绩效考核模式的首要特征。

2. 公共服务指数：公共服务绩效考核的指标体系

按照改革的总体要求，公共委积极创新，制定了《海淀区政府公共服务委员会所属事业单位管理办法》和16个分办法（简称为“1+16”管理办法）。其中，《目标绩效考核评估管理办法》以科学发展观为指导，以“公共服务指数”为核心，围绕公共服务指数，其评估指标框架共分三个层次：①一级指标3个，由“公共服务效能”、“公众满意度”和“公共服务投入度”三部分按一定权重组成。在该体系中，公民不再是边缘化的或被客体化的服务对象，而是居于中心位置；不单强调事业单位的优质高效产出，同时也对政府的科学投入提出了新的要求。②二级指标5个，分别为“执行度”、“标准度”、“可持续发展度”、“合作度”、“公众权益实现度”。其目标导向在于，一是通过“执行度”与“标准度”考评，促进公共服务高质量、高效率供给；二是通过“可持续发展度”与“合作度”考评，积极引导事业单位全面协作、资源共享，促进可持续发展；三是通过“公众权益实现度”考评，进一步引导和规范公众权益相关事宜的科学管理，最终实现“公众满意”目标。③三级指标各4～5个，涵盖人事管理、资源管理、财务管理、行政管理、党务管理、业务管理及其他承接项目等诸多内容，突出重点，强调管理与业务的互动发展。其中，执行度包括“公共服务能力”、“服务承诺”、“应急处置”、“目标责任”、“承接项目”等项目；标准度包括“质量手册”、“员工手册”、“服务手册”、“管理制度汇编”的编制与执行、“依法从业”等；可持续发展度包括“资源配置和使用”、“团队建设与人才培养”、“组织文化建设”、“内部职工满意度”、“科研能力”等；合作度包括“信息沟通与管理”、“业务合作交流”、“区域协同”、“相关政府部门支持”等；公众权益实现度包括“服务环境”、“舆情采集与反馈”、“服务问责”、“重要事项公示”、“公众参与和志愿服务”等。

3. 跨行业考核：公共服务绩效考核的本质属性

与其他“管办分离”试点相比，海淀的绩效考核实践独具特色，即在“管办分离”改革试验时，将医疗、文化等不同行业的机构同时划归公共委管理，从而也在“大部制”改革的道路上迈出了坚实的一步。如何以一套绩效考核标准同时考核不同行业的事业单位，是海淀公共服务绩效考核的本质属性。其经验在于：①责任分解，分层管理。该模式认为，公共服务绩效考核整体任务无法靠一个单一层次的绩效考核来完成。“海淀模式”总体上分为三个层次：第一层为“政府公共服务绩效考核”，针对政府相关机构进行考评，其核心在于基本公共服务均衡化，公共服务科学投入、合理规划与监管；第二层为“公共委绩效考核”，针对事业单位进行考评，其核心在于把握方向、整合资源、合理分配、促进发展；第三层为“事业单位绩效考核”，针对内部科室及员工进行考评，其核心在于提供优质、高效、丰富、人民满意的公共服务。这三个层次，相互关联、浑然一体，使得公共服务跨行业绩效考核成为可能。②逐渐过渡，宏观管理。“大部制”式跨行业管理，必须转变观念，逐步由“直接管理”向“间接管理”、“精细管理”向“宏观管理”转变。公共服务绩效考核“海淀模式”针对事业单位法人进行考核，在不同阶段，其指标细则呈现不同的过渡形态，从而引导事业单位不断改革创新，促进公共服务水平的持续提升。③多元主体，协作发展。公共服务绩效考核“海淀模式”，采用多元化的考评主体，并积极引入外部评估机制，有效弥补了单一的政府内部评估的不足与缺陷。尤其是引入外部机构评价，委托第三方机构独立开展“公众满意度”调查，进一步确保了考评结果的公正公平；同时加大“公众满意度”的分值比例，将其提高到总分的40%，突出了“公众”的重要地位。

绩效考核的实施，首先是一个战略问题，而不单是一个操作的技术问题，这要求我们要根据现实情况，实事求是，走一条动态发展之路，逐步实现绩效管理标准化、考评网络信息化、投入产出效能化、绩效考核法制化。

第三节 公共文化服务绩效评估

一、公共文化服务绩效评估概况

1. 公共文化服务绩效评估的实践

20世纪80年代，在西方国家的“重塑政府”运动中，绩效管理被引入文化的公共管理领域，它是对组织效率和效益的管理，绩效评估是落实公共文化部门责任并改进管理、提高效能的一个行之有效的工具。公共文化部门绩效管理的内容、程序和绩效评估结果的运用逐步规范化，并形成了一套较为科学的技术方法和理论体系。

西方国家都有着较为悠久的法制传统，其公共服务绩效评估的整体框架也建立在相应的法律制度基础之上。英国 1983 年的《国家审计法》也从法律角度表述了绩效审计，授予审计署检查各部门使用资源的经济性、效率及效果的权力；1997 年颁布的新《地方政府法》中进一步规定，地方政府必须实行最佳绩效评估制度，各部门每年都要进行绩效评估工作，要有专门的机构和人员及固定的程序。美国国会 1993 年 7 月通过了《政府绩效和结果法案》(the Government Performance and Result Act of 1993，GPRA)，以法律形式要求所有的联邦机构使用和发展绩效评估技术并向公民报告绩效状况。此后，美国国会又进一步增加、完善了相关法律体系，促进了绩效评估在公共部门的推行。其他国家，如加拿大、澳大利亚的《审计法》、日本的《会计检察院法》、韩国的《政府绩效评价框架法案》等都从不同方面对政府绩效评估加以法律规定。

与绩效评估的整体法律架构相配合，公共文化服务项目也都设立了相应的法案，对文化服务机构的权利和要求都作出了规定。早在 1850 年，英国就通过《公共图书馆法案》(the Public Libraries Act 1850)，许可各地筹建公共图书馆，向居民免费开放。1964 年的《公共图书馆和博物馆法案》(the Public Libraries and Museums Act 1964)，提出要“面向所有需求者，提供广泛而有效的图书馆服务”，同时“确保出借的书籍等在数量、范围、质量上满足成人和儿童的需求，通过馆际协作或其他方式保证足够的馆藏量”，“鼓励成人、儿童充分利用图书馆服务”。1999 年，在《地方政府最佳服务效果法案》(the Best Value provision of the Local Government Act 1999) 中，也对地方政府提出了文化绩效方面具体的指标和要求。

我国台湾地区十分注重对公共文化项目的绩效评估研究，其研究方法和流程基本一致，先确定研究动机与目的，然后通过相关文献回顾来界定研究对象范围，再以层次分析法系统化建构该项目的层级评估架构及准则，通过专家群体的问卷调查，赋予评估指标权重，建立完整的公共文化项目评估指标，接着再进一步根据建立的指标评估模型，进行实际案例操作来验证操作性，最后用实例操作结果检验修正评估指标，得出结论与具体建议。

公共文化服务绩效评估研究的关键是评估指标及评估准则的确定，这既要考虑到公共文化服务开展的期望目标，也要顾及公众的实际需求，其科学性和有效性直接影响着绩效评估的成败。2002 年，香港艺术发展局委托英国研究机构进行香港艺文指标研究，其成果用来监测公共文化部门文化艺术推进情况，评估政府支持文艺事业的效益，提供改进艺文政策和措施的数据和意见，作为地方政府拟定总体文化发展规划的综合参考指数等。2003 年，台湾文建会也委托财团法人台湾智库开发了“台湾文化指标”，它是一项从指标出发，然后进行计划拟定与实施，最后由系统来管理计划实施的绩效模式。该指标结合了经济和社会统计数据，在联合国教科文组织的文化统计项目中筛选出适合的指标，再加上若干适合本土特殊适用性的指标，并通过案例测试检验、研究加以完善。

我国公共文化服务绩效评估方面，马国贤在《政府绩效管理》一书中介绍了《上海市××区文化事业支出进行管理方案》，方案以图书馆、广播电台的绩效预算管理改革入手，分为三个步骤：界定图书馆、电台服务的财政供给和成本分担原则；对两个行业的经常性费用绩效拨款方式进行了探索；设计绩效评价指标。该方案意在改变文化事业支出缺乏激励性的弊端。沈望舒认为，公共文化服务体系如果兼顾内容形式各个方面，至少有十类指标：公共文化产品（服务）内容指标；社会需求度指标；关于文化资源数量和状态的指标；设计功能和文化服务载体的文化含量、科技含量指标；公共文化管理运营者职业素质指标；公共文化服务功能的效益指标；实现设计功能、服务对象满意度、合理成本和运行状态指标；公共文化产品（服务）国家或行业技术标准；关于动议、决策、生产、供应、评估、效果、全流程的规范性指标；资金运用的指标。深圳学者认为，指标设计应分四大类：发展规模指标；政府投入指标；社会参与指标；公众满意度指标。2006 年 9 月，国务院发布的《国家“十一五”时期文化发展规划纲要》明确提出，中国将建立政府对公共文化事业投入的绩效考评机制。其中提出要加大政府对文化事业投入力度，扩大公共财政覆盖范围；加强基层文化设施建设；推行公共文化活动项目公开招标和政府采购，引入市场竞争机制；制定相应税收政策，吸引和鼓励社会力量兴办公益性文化事业；设立国家文化发展专项资金和基金等措施。这大大加强了文化部门建立较完备的绩效评估体系的紧迫性。

2. 公共文化服务绩效评估主体的多元化

由政府机关内部评估发展到由外部绩效机构评估，由官方评价到民间评价，评估主体的多元化是绩效评估的一大趋势。美国民间，特别是学术机构对于美国的公共服务的评价有着重要的标杆意义。如美国的锡丘兹大学坎贝尔研究所自 1998 年以来就与美国《政府管理》杂志合作，每年对各州或市的政府绩效进行评估并发布评估报告，引起政府和公众广泛关注。现在很多城市都接纳了这种评估方式，主动请专门的社会调查机构对其业绩进行评估。

一般说来，除立法机构和审计部门以外，绩效评估的主体还包括：①学者专家。学术界本身相对超脱的地位和严谨的学院派风格有助于进行更为科学、全面、客观的绩效评估，也能提出准确、长远的建议性意见。②使用者。文化服务的消费者对于文化机构的业绩评价最有发言权，各地采用问卷调查的方式来了解文化机构实际所提供服务的质量。③一般公众。社会公众对于文化服务的整体印象以及综合评价也是文化部门的考察目标，对于文化机构开拓新的文化服务领域，了解潜在文化需求有着直接意义。④媒体。媒体作为社会公器，有责任对文化机构实行监督，彰显民意。⑤第三方调查力量。调查公司、会计师事务所等社会机构以其专业性、公平性与中立性，也成为重要的绩效评估的主体。此外，评估过程或结果的资讯，都应该对外公开，接受来自各界的监督和意见反馈。各国审计部门、文化机构普遍采取年报公布方式，并通过网站得以公布。与此相应，在评估主题方面体现出了明显的公民导向。各国普遍采用调查报告、问卷调查的方式来掌握民众文化权利实现程度和意见，20 世纪 90 年代以来，有关质量的顾客满意度指标在评估指标体系中大幅度增长，国家还进行大规模的顾客满意度调查，将提升顾客的满意度作为政府绩效的目标。

一年一度的“全美最有文化城市”排名就是集合以上特点，由学术机构介入地方文化评估的例子。该评选由美国中康涅狄格州立大学主持。在 2005 年度的评选中，课题组确定了全美最大的 69 个城市（人口在 25 万以上），选取了六大文化指标：报纸发行量、杂志发行量、书店总数、图书馆馆藏、市民受教育年限和互联网资源量，六大指标下设有不同数量的子指标，通过各类公开的渠道获得数据，然后将这些数据除以所选城市 2004 年人口数，得出的结果即人均拥有的文化资源，并按其高低进行排名。该评选目的在于评估美国各大城市及其居民的文化水准，其最大优点就是评价主体从官方转移到了有学术背景支撑的民间团体，并且进行跨地域的评价，保证了其评价的公正性，可以作为官方绩效评估体系的有益补充，对地方政府有着积极推动作用。

二、公共文化服务绩效评估的要求与价值

（一）公共文化服务绩效评估的基本要求

公共文化服务评估的目的本质上来看是为了促进和落实政府和社会公共服务机构履行公共服务的职能，增加公共文化产品的供给、改善公共文化服务的质量。具体而言，公共文化服务绩效评估应当满足以下基本要求：

公共文化服务评估必须有助于促进公共服务透明度、问责制和应对能力。这一准则涉及创建新的公共文化服务供给机制和评估机制，提高公众观察、监督和分析政府和社会公共服务机构决策过程的能力。公共文化服务的对象是社会和公众，社会和公众理应了解公共文化服务的政策过程，同时公共文化服务透明度也能增加政府的公共服务的责任，改善政府对公共文化服务需求的应对能力。公共文化服务的评估还要促进公共服务的公平性。这意味着要把政府提供服务的范围扩充至弱势群体，使服务能惠及更多人，特别是通过促进有关两性平等、文化多样性、儿童、老年人、残疾人和其他社会弱势群体等方面的社会包容的各种机

制。公共服务评估要促进公共文化服务的专业精神。这涉及公共服务管理中的人力资源管理问题，诸如量才征聘、培训和发展以及促进道德行为等。

公共文化服务评估必须有助于改善服务提供过程。公共文化服务评估必须显示出有效性，即在数量上和质量上能有效地达到公共文化服务的目的。为了符合这个准则，被评估单位需证明它的计划、方案、其他各类服务创新在很大程度上产生了预期的结果，并能提供优质服务渠道。这一准则强调，提供公共文化服务应当做到方便及时、渠道畅通和用户至上。这种优质服务的提供可以体现在政府的各项服务在时间和方式上都方便于民众，快速处理各种申请和要求，减少公民必须遵照进行的文书工作或其他活动，达到服务的高效率。效率的提高必须有量化的指标来说明，这可能还涉及在中央政府和地区政府背景下大框架内的服务变革，而不是递增性的改善。将服务创新的方法、工具和技术应用于微观和宏观问题，例如，公共文化服务的现代化，行政改革或政府服务提供程序的革新，扩展政府服务的范围，改进服务质量，提高服务效率，从而促进公共服务的透明度、问责制和应对能力。

公共文化服务评估还必须有助于增进政府的回应性，强化公众的知情权，了解公众的意见，对此作出快速有效的回应；提高公共文化服务的质量，公布综合性的公共文化服务指导，制定行之有效的实践指南，改善服务品质和关键领域的服务绩效，更好地满足用户的需求；引入先进的服务标准，改进服务程序追求持续的绩效提升，为公众提供有效率的公共服务。

（二）公共文化服务绩效评估的价值取向

公共文化服务的绩效评估作为改善公共文化服务供给体制、优化公共文化资源配置、提高公共文化服务供给能力和质量的有效工具，应当建立在公共行政的公平与效率价值准则之上。

1. 公共文化服务的效率观

在经济学中，对效率的回答比较清晰，通常指成本-收益之间的关系，反映的是既定成本下收益多少的比较，或者既定收益下投入成本多少的比较。这种效率概念应用到公共服务的投入与产出时，则需根据相关概念的本质内涵对其外延进行拓展。就公共文化服务的投入和成本而言，与普通产品的投入并无区别，无外乎投入的“人、财、物”的合计，比较容易测度；但是对公共文化服务的产出和收益而言，使用传统方法进行衡量则显得相当棘手，因为绝大多数公共文化服务都具有非竞争性或非排他性特点，使得对各个消费者实际公共文化服务的受益难以度量，而且很多公共文化服务产生的结果事实上都无法以货币形式来进行度量。虽然理论上提出了很多试图解决公共服务受益测度的方法，但尚没有一种能真正用于实践。

2. 公共服务的公平观

与效率概念不同，公平的概念在经济学，乃至哲学上从来就没有达成过一致认识。而且对于公平的主体（谁跟谁公平）、客体（哪些方面要公平）、原则（如何判断是否公平）同样争论不休。①公平的主体。关于公共文化服务公平的主体选择问题，主要由问题的轻重缓急来决定。历史经验告诉我们，相对于个体之间的不平等，群体之间不平等问题的严重性更突出。当前，我国最突出的差别是经济发展的地区差别和二元结构下的城乡差别，这属于典型的群体性不平等问题，应更值得关注。②公平的客体。关于"什么是应该公平（平等）的对象"，是研究公平问题最核心的问题。可以根据其公共性的强弱和影响范围来确定哪些公共文化服务最应该优先被纳入平等分配的范围，并将其作为公共文化服务公平的客体。③公平的原则。明确了谁与谁公平，对什么进行公平分配，进一步就需要明确如何保证公平分配。对这个问题，一般优先采用罗尔斯的"最大最小"原则，即在坚持自由平等原则（罗尔斯第一正义原则）基础上，承认公共文化服务在群体间可以存在差异（差异原则），但是公共文化服务的提供必须有助于社会最弱势群体状况的改善，这种差异必须对弱势群体最为有利（最大最小原则）。仅仅依据罗尔斯的最大最小原则，还不足以保证公共文化服务分配的正义，还必须引入平均分配原则，强调基准的公共文化服务的供给水平应该平均，即所有地区和所有个人都应该享受到这一水平以上的公共服务，即所谓的"底线完全平等"。

综上所述，公共文化服务的"效率"指的是公共服务的投入与产出转化关系，即用多投入、多产出下的"广义生产率"来测度公共服务提供主体间的"相对效率"；公共文化服务"公平的主体"主要指地区间和城乡间的群体公平，"公平的客体"主要指基本公共文化服项目，"公平的原则"则强调必须使所有的群体和个人享受公共服务的"底线完全平等"。在公共文化服务的公平与效率的优先顺序上，主张"公平优先，兼顾效率，并努力用最有效率的方式去追求公平"。

三、公共文化服务绩效评估体系的建构

1. 公共文化服务绩效评估体系的原则要求

完整的公共文化服务绩效评估体系应当能够系统反映服务活动的输入、过程、输出和结果四个基本方面。其中，输入指为提供公共文化服务所需投入的资源，财政投入的公共文化事业费应当作为公共文化服务绩效评估的重点内容；过程指不同类别公共文化服务项目的流程及其绩效评估；输出指公共文化机构的种类、数目，公共文化产品与服务的品种、规模等；结果指公共文化产品或服务所

产生的影响，这种影响往往体现为公共文化服务对民众价值观、审美倾向的影响或具体服务的市民满意度等方式。

构建公共文化服务绩效评估体系应能够满足公共部门绩效评估的四项通用原则要求：①经济。公共部门绩效评估的基本理论认为，在评估一个公共组织的绩效时，首要的问题便是一个经济成本的问题，这就是一般所说的“经济指标”。是否尽可能地“少花钱，多做事”，以最小的成本获得最大的收益，显然是绩效评估体系必须考虑的基本要求。公共文化服务绩效评估也不例外，有关组织，如政府财政对公共文化服务的投入经费是多少，数量是否合适，使用情况是否合理，综合反映了公共文化服务获得的资源水准、投入成本。②效率。所谓“效率”即组织、机构在既定的时段内，预算投入究竟产生了什么样的结果。简单地讲，效率可以理解为投入与产出之间的比例关系。更进一步，效率可以分为“生产效率”（productive efficiency）和“配置效率”（allocation efficiency）。就公共文化服务而言，前者可看作公共文化产品和服务的平均成本，后者则主要指公共文化资源配置的效率。③效果。效率和效果不同，前者更重视可以量化的或货币化的产品或服务，后者则更重视公共服务实现“标的”（targeting）的程度，如城市文化氛围与生态的改善情况、图书馆服务的市民满意度、文化政策目标的成就程度等。效果更关心一种整体意义上预期目标的实现程度。④公平（equity）。公平问题是衡量公共服务型政府绩效的重要指标。长期以来，对公共部门的评估侧重效率、效果，但是，随着“新公共管理”、“新公共服务”运动的开展和政府由传统管制型向现代服务型的转型，公平对待不同阶层公民的权利要求成为公共管理与服务的重要议题，也成为衡量公共服务绩效的重要内容。将公平作为衡量公共文化服务绩效的指标，应关注不同社会阶层或群体的文化权利是否得到重视和满足，特别是弱势群体是否能够得到更多的公共文化服务。

2. 公共文化服务绩效评估的基本维度①

评估维度就是依据评估目标和主题确定的评估范围类型。通过维度的区分，可以使评估项目更加全面、评估层面更加条理、评估标准更具有可行性。依据我国公共文化服务的基本目标及其评估的价值取向，公共文化服务的绩效评估应从以下方面展开：

（1）财政投入。政府作为公共文化服务的责任主体，承担着制定并执行公共文化政策，保证公共文化服务必要经费投入等职责。政府财政投入及其使用情况是绩效评估的主要内容。在西方发达国家和香港等地，政府公共财政投入及其使

---

① 毛少莹．公共文化服务绩效评估指标体系的建构［EB/OL］．http://www.szcrc.org/ns_detail.php?id=23474&nowmenuid=20572，2007-05-28.

用情况是公共文化服务绩效评估的首要内容。

（2）发展规模。有效的、均等化的公共文化服务必须依赖一定的设施、载体和活动，并形成一定的规模才可能实现，如一定数量的公共图书馆、书报刊网点和文化馆站，并应使其空间分布合理。将公共文化服务的发展规模作为评估维度之一，可以较客观地从一个容易量化的方面测量公共文化服务的绩效。

（3）社会参与。公共文化服务项目和活动，既需要政府部门，也需要社会力量的参与，这是公共文化服务社会化和市场化的问题。公共文化服务社会化和市场化客观要求公共文化服务供给体制及运作机制的转变，"社会参与"这一维度较好地反映了这一情况；同时，公共文化服务是否符合民众的需要，可以从民众的参与程度，如图书借阅次数、观看艺术演出或展览的人数及次数予以测度。

（4）公众满意度。发达国家公共文化服务绩效评估最直接的办法，就是以问卷的形式调查了解公众的满意度。选择这一维度，能够更好地体现公共文化服务以人为本，保障和实现公民文化权利，促进人全面发展的基本宗旨。

在明确评估基本维度的基础上，就可以分解形成评估的基本指标。确定评估指标是这个绩效评估工作的关键，直接关系到评估体系得质量和有效性，以及考评结果的公正性、准确性和可信度。公共文化服务绩效评估指标体系的一级指标可以直接应用评估维度，也可以从不同层面进一步分解，这应当视评估的目标和要求而定。

3. 公共文化服务绩效评估指标的设计原则

根据公共部门绩效评估的经验，公共文化服务绩效评估的基本指标属于社会学意义上的社会指标，具有"描述、结束、评价和监测与预测功能"，设定公共文化服务绩效指标应遵循以下的基本原则①：

（1）目标一致性原则：即公共文化服务体系绩效评估的指标体系与被评估对象（如文化管理机关、图书馆、博物馆等）的战略目标、绩效评价的目的三者之间应当是一致的。

（2）可测性原则：指公共文化服务绩效评估指标本身应具有可测性和在评价过程中的现实可行性。量化指标应当是可测的，非量化指标则应当用可操作的语言定义进行定性描述，以使所规定的内容可以运用现有的统计工具获得明确的结论，如用问卷调查的方式测量市民对文化活动的满意度等。

（3）整体性原则：这一原则要求指标体系内部的指标能够全面、系统地反映公共文化服务绩效评估的数量和质量要求。其中，最基本的要求是不能遗漏重要指标，如"人均公共图书馆的藏书量"就是一个衡量公共文化服务绩效水平的重

① 彭国甫．地方政府公共事业管理绩效评估研究［M］．长沙：湖南人民出版社，2004：159～163．

要指标；此外，要求通过各项指标之间在含义、口径、范围、计算方法、计算时间和空间范围等的相互衔接，以全面系统综合有效地衡量公共文化服务的整体绩效水平。

（4）可比性原则：第一，即要求公共文化服务绩效指标体系中的指标要有相互独立性，同一层次上的指标之间必须相互独立，不能交叉重叠，否则无法比较；第二，指标必须都能反映公共文化服务的绩效属性；第三，指标必须有相应一致的“尺度”，以便于比较；第四，指标应尽量与已有的一些统计指标或国际、地区间通用的同类指标在指标口径、范围等方面保持一致或可比，通常，用相对数、平均数、比例数等便于比较；第五，指标还应当考虑公共文化服务的发展趋势，使其具有长期适用性，以努力实现在一定时期内绩效考核的连续性和稳定性。

（5）可行性原则：这一原则对公共文化服务绩效指标提出了三个方面要求：一是指标要有针对性，即要根据不同的评估对象特定的职能和绩效目标来设定评价指标，做到有的放矢；二是要根据实际需要与可能设定指标，使指标切实建立在可行的基础上，防止指标设定过高；三是指标要具有可操作性，能够量化的指标要尽量量化，不能量化的指标要尽量使用如“优”、“良”、“一般”、“较差”、“差”等多阶段标准。同时，指标不是越多越好，要少而精。

4. 公共文化服务绩效评估的模型选择

自开展绩效评估以来，政府绩效评估历经了三种模式，一是“政府主持-政府评价”模式，主要实行以GDP为核心的经济评价体系，评估在政府内部实现；二是“政府主持-公众参与”模式，即在政府主持下，公众作为一般评价主体参与绩效评价活动，对政府活动进行评估；三是“民间机构主持-公众参与”模式。

将公众参与和技术理性加以结合的复合型政府绩效评估模型是一种优化选择。复合型政府绩效评估模型的核心是在绩效评估中引入公众和专家评估主体。我国政府重视的“公众参与、专家论证、政府决策”的决策体制结构实质上是公众、专家和政府之间相互合作与制约的机制。这一模型的构建需要考虑以下方面：①注重公共文化软指标的硬约束，通过选择若干可量化的指标，从数量上描述公共文化服务的总体状况，并注重数量指标与质量指标的结合；②需设计公众、专家、政府三方并存的多元评价主体制度；③根据不同评价主体和评价对象，分别设计指标体系，结合各评价主体的优势，对公共文化服务绩效实施全方位评估；④在评价方式上，避免缺乏数据支持和科学分析，尽量做到指标的量化处理，并坚持长期与短期的评估相结合；⑤重视公众、专家之间直接的沟通和信息交流，使专家能理解公众的价值偏好，同时也使公众了解专家的关注点，这一机制有助于绩效评价的新政策制订或修改。

在模型评价方法上，宜采用综合评价方法对公共文化服务体系绩效进行评价[①]。其中每个分层指数都从不同的侧面反映公共文化服务状况，可以采用多目标线性加权函数法进行评价，其公式为

$$B_i = \sum C_j Y_j$$

$$A_m = \sum B_i Z_i$$

$$F = \sum A_m W_m$$

式中，B_i 为某二级评估指标的评价值；C_j 为某三级评估指标的评价值；Y_j 为某三级评估指标在该层次下的权重；A_m 为某一级评估指标的评价值；Z_i 为某二级评估指标在该层次下的权重；F 为总评估指标的评价值；W_m 为某一级评估指标在该层次下的权重。

① 蒋建梅．政府公共文化服务体系绩效评价研究［J］．上海行政学院学报，2008，(7)：62～63.

下　　篇

第十章　农村公共文化状况及制度困境：以甘肃为例

建设社会主义新农村，是我国现代化进程中的一项重大历史任务，解决好农业、农村、农民问题，不仅只是“生产发展、生活宽裕”等简单的农村经济发展和农民收入增加，还应该有“乡风文明、村容整洁”这样的农民整体精神状态和素质的提高，以及农村文化事业的繁荣发展。党的十七大报告指出，要“重视城乡、区域文化协调发展，着力丰富农村、偏远地区、进城务工人员的精神文化生活”。在自然环境相对恶劣、市场化进程相对缓慢及公共文化投入总量严重不足的条件下，西部农村地区公共文化服务发展缓慢。为此，笔者立足于西部农村地区社会经济的基本特征，采取随机抽样的方法，以问卷调查和实地走访为主要形式，对甘肃部分农村地区农民的文化生活和公共文化服务进行了问卷调查，初步归纳了甘肃农村地区文化需求和公共文化服务的现状，以及公共文化服务发展面临的约束性因素。

第一节　公共文化服务与新农村建设

经济的发展与文化的进步是衡量一个社会文明程度的重要标志。进入新时期为了全面建设小康社会的奋斗目标的完成，党和政府针对改革开放30年以来我国农村社会发展取得的成绩和存在的问题提出了“建设社会主义新农村”的重大命题。党的十六届五中全会上通过的《中共中央关于制定国民经济和社会发展第十一个五年规划的建议》中对新农村建设的目标和要求用“生产发展、生活宽裕、乡风文明、村容整洁、管理民主”20个字作了准确科学的概括。2007年10月，胡锦涛总书记在党的十七大报告中指出：“重视城乡、区域文化协调发展，着力丰富农村、偏远地区、进城务工人员的精神文化生活。”建设社会主义新农村，是我国现代化进程中的一项重大历史任务，解决好农业、农村、农民问题，不仅只是“生产发展、生活宽裕”等简单的农村经济发展和农民收入增加，还应该有“乡风文明、村容整洁”这样的农民整体精神状态和素质的全面提高，以及农村公共文化事业的全面繁荣发展。《中共中央关于制定“十一五”规划的建议》中指出，要加大政府对文化事业的投入，逐步形成覆盖全社会的比较完备的公共文化服务体系。发展公益性文化事业、提供公共文化服务是公共服务型政府履行“公共服务”职能的内在要求，是维护和保障公民文化权益、满足多元文化需求的必然选择，是弘扬社会主义先进文化、构建和谐社会的本质要求。

农村公共文化服务是广大农民的客观需求。农村公共文化服务担负着满足广大农民群众精神文化需求、提高农民素质、调动社会主义劳动者积极性的重要任务。广大农民群众在劳动之余，需要得到有益于身心健康的文化娱乐活动。随着农村全面奔小康和现代化建设进程的持续加速，随着物质生活水平的不断提高和恩格尔系数的逐步下降，广大农民群众的文化生活需求与日俱增。提供更多的农村公共文化服务，满足农民群众的文化需求会对经济基础产生重要影响。[①] 农村公共文化服务一方面使农民群众逐步掌握新知识、新技术、新科学，不断破除各种保守习气，克服束缚生产力发展的传统观念，在人才培养、信息传递、科技普及、市场开拓等方面发挥作用，为农村经济的发展提供智力支持；另一方面使广大农民进一步破除旧的传统观念，树立新观念、新道德、新的人际关系、新的精神状态，为农村的深层次改革提供精神动力。从这个意义上说，今天的经济是昨天的文化，今天的文化是明天的经济。没有小康文化相配套的小康经济将是脆弱的，是不可能持久稳定发展的。此外，农村公共文化服务是建设和谐农村的重要保证。我国正处于社会主义初级阶段，不可避免地存在许多不和谐的因素。中国历史表明，优秀文化是维护农村稳定、打造和谐农村的精神动力。我们不能低估公共文化服务这个软实力，不能低估文化在调节社会关系、化解社会矛盾，构建和谐农村中起到潜移默化、润物无声的基础性作用。

第二节　甘肃农村文化生活与公共文化服务的状况

一、调查说明及问卷内容

在自然环境相对恶劣、市场化进程相对缓慢及公共文化投入总量严重不足的条件下，农村地区公共文化服务体系建设缓慢。为此，笔者立足于西部农村地区社会经济的基本特征，采取随机抽样的方法，以问卷调查和实地走访为主要形式，对甘肃部分农村地区农民的文化生活和公共文化服务进行了调查，调查内容围绕以下问题展开：

(1) 您每年的文化产品大约花费多少钱？

1. 30元及以下　　2. 31～100元　　3. 101～300元　　4. 300元以上

(2) 您每年的文化消费支出主要用于购买？

1. 电视、影碟机　　2. 音像制品　　3. 科普读物　　4. 报刊、杂志

(3) 除去为孩子购买学习用书之外，您还会经常去书店或图书馆（室）吗？

1. 经常　　2. 有时　　3. 从不

---

① 陈坚良．新农村建设中公共文化服务的若干思考［J］．科学社会主义，2007，(1)：98～99.

(4) 您去过下列哪些文化服务场所？（可多选）

1. 图书馆　2. 展览场所　3. 文化馆（站）　4. 公园　5. 影剧院

(5) 您常去周边地区的旅游景点吗？

1. 经常　2. 有时（偶尔）　3. 从来没有

(6) 您多长时间可以看到一场电影？

1. 每个月　2. 半年　3. 一年或更长　4. 从来没有

(7) 您多长时间可以看到一次戏剧？

1. 每个月　2. 半年　3. 一年或更长　4. 从来没有　5. 棋牌娱乐　6. 其他

(8) 您业余时间一般参加什么文化娱乐活动？（可多选）

1. 读书看报　2. 看电视、听广播　3. 看电影、看戏

(9) 您在当地一般看什么特色演出？（可多选）

1. 戏剧（如秦腔）　2. 歌舞　3. 杂技　4. 其他文艺演出

(10) 您当地的文化节会主要有哪些？（可多选）

1. 灯会　2. 庙会　3. 社火　4. 当地特色节会

(11) 您目前需求迫切的农业科技类文化项目有哪些？（可多选）

1. 农业科技频道　2. 科教影片和光碟　3. 科技致富书刊

(12) 在春节、清明、端午、中秋等传统节日，您及家人团聚的情况？

1. 经常　2. 大多数时候　3. 有时候　4. 基本没有

(13) 您对村庄传统风俗习惯的态度是？

1. 传统习俗是祖先传下来的规矩，必须保持

2. 现代社会发展迅速，传统习俗也应随之变化

3. 传统习俗内容繁杂，没有保持的必要

(14) 您认为在乡间主要存在哪类不文明的现象？

1. 耍牌赌博　2. 封建迷信　3. 色情表演

(15) 您认为本地政府重视群众的文化娱乐生活吗？

1. 非常重视　2. 比较重视　3. 一般　4. 不足

(16) 您是否能经常接触到文化事业单位人员？

1. 经常　2. 有时　3. 从来没有

(17) 您对当地公共文化工作人员的服务状况是否满意？

1. 非常满意　2. 满意　3. 一般　4. 不满意

(18) 您对周边的文化娱乐设施种类是否满意？

1. 非常满意　2. 满意　3. 一般　4. 不满意

(19) 您对周边文化娱乐场所的数量是否满意？

1. 非常满意　2. 满意　3. 一般　4. 不满意

(20) 您觉得周边的文化娱乐场所布局是否合理？

1. 非常合理　2. 合理　3. 一般　4. 不合理

(21) 您所接触到的文化下乡服务有哪些?(可多选)

1. 电影　2. 戏曲等文艺演出　3. 送书下乡、科技服务　4. 流动图书点　5. 未接触

(22) 您认为当地公共文化服务中哪一类活动搞得比较好?(可多选)

1. 送书下乡　2. 服务下乡　3. 文艺演出　4. 技能培训

(23) 您对当地公共文化服务的哪些方面比较满意?(可多选或不选)

1. 价格适中　2. 内容丰富　3. 享用便捷　4. 服务质量高　5. 提供时间合理

(24) 您认为哪些公共文化服务形式需要加以改进或加强?(可多选)

1. 送书下乡　2. 服务下乡　3. 文艺演出　4. 技能培训

(25) 制约您公共文化产品消费的因素有哪些?(可多选)

1. 价格　2. 内容　3. 设施布局　4. 服务质量　5. 时间

(26) 您是否愿意参加本地举行的文化娱乐活动?

1. 非常愿意　2. 愿意　3. 一般　4. 不愿意

(27) 您认为您自己在公共文化建设中应该发挥什么作用?

1. 积极参与　2. 有可能的话自己组织　3. 提出意见和建议　4. 什么也不

二、甘肃农村文化生活的状况

在调查活动中，共发放问卷 650 份，回收有效问卷 588 份，有效率为 90.5%。在对回收的有效问卷利用 SPSS 进行数据统计分析的基础上，初步归纳出甘肃农村地区居民文化需求的现状。

1. 文化生活的内容与结构

文化生活的手段是农村居民参与文化生活的载体，是架构农村居民和文化生活之间的纽带，是农村文化生活的阵地。目前农村可供居民文化活动的途径、渠道非常有限、形式单调，电视、广播和娱乐类杂志仍是农村居民进行家庭文化生活的主要形式。报刊或杂志的占有率仅为 21.1%。调查结果显示：农民的知识性文化生活偏少。其中 84.4%的居民不经常去图书馆或书店；农民的文化活动较少，居民业余活动单一。78.9%的农民业余时间以娱乐为主，其中 40.7%的农民选择在家看电视或听广播，每个月看一场电影和戏剧的比例分别只有 11.2%、3.6%。

群众性文化娱乐活动是促进农村社会交流的主要方式，既是精神文明建设的重要内容，也是活跃农村气氛、实现乡风文明的重要手段。然而，随着农村原有文艺人才的流失，加之很多的青壮年纷纷外出务工，农村所剩的多是高龄群众和

学龄人群，这一结果促成许多传统文化正被淡忘，带有浓郁地方色彩的文化艺术正在消亡。农民的思想意识也有了较大的变化，农村纯洁的人际关系开始变得容易出现种种新障碍、新摩擦，依靠传统文化所维系的稳固的农村社会秩序出现松动。在访谈中，农民普遍认为日常文化活动“单调”，离满足自己的文化需要还“差得远”。目前，农民文化娱乐需求的满足主要存在以下困难：一是看电影难。主要原因是“电影下乡进村少”或“电影院离家太远”。二是看书读报难。虽然农村有文化场所，但是图书报刊特别是具有指导性的实用读物太少。三是真正能反映新农村精神面貌的影视作品太少。四是本村组织文化活动少，而区、乡两级组织的活动是“远水解不了近渴”。

2. 文化消费的水平与层次

问卷调查显示，农民每年文化消费在300元以上的仅占13.3%，100～300元的占19.2%，100元以下的占67.5%。在对“您每年的文化消费支出主要用于购买哪类文化产品”的回答中，67.5%的被调查者选择购买电视机、影碟机等机电类产品及光碟等音像制品，选择购买科普读物和报纸杂志的人分别只有15.8%和16.7%。重物质消费、轻精神消费依然是农村群众基本的消费行为特征。

农民群众的文化素质、家庭收入、兴趣和爱好决定农村文化消费价值取向。调查显示，农民文化消费的层次可归纳为：①高品位文化消费。一是欣赏文明、高雅、健康的文化娱乐生活。目前主要的消费项目是政府组织的送文化下乡的节目，包括送戏剧、歌舞、电影、文化辅导等；乡镇文化站服务项目，包括图书阅读、书画展览、文艺会演、康体运动等。二是农民群众自发组织、开展的文化娱乐活动。如农民自办“农民书屋”、腰鼓队、秧歌队、篮球队等。②一般性文化消费。农民群众自主消费的精神文化产品，包括网吧、音像制品、歌舞娱乐场所、演艺场所、民间文艺活动、书店等，以及传统的走亲访友的文化娱乐方式等。③不良文化消费。近年来，乡镇集市尽管活跃了农村市场，交流了致富信息，丰富了文化生活。但是，红火的农村集市背后，也存在着很多不健康、不文明的现象，如赌博、“六合彩”、色情表演、封建迷信等在广大农村地区的不断蔓延。在问卷调查中，48.5%的被访问者表示农村存在封建迷信活动；38.5%的被访者认为农村存在赌博现象；12.5%的认为存在黄色淫秽现象。

3. 文化需求的特点与趋势

从需求热点来看，通俗文化最受农民欢迎，尤其是戏曲、打腰鼓、要杂技等民间文化活动最受农民的欢迎，高雅文化或专业性较强的文化还不能得到农民的普遍认同。这种文化消费主要来源是村里婚丧嫁娶和节庆时期的小型演出活动，农民普遍钟情于这种贴近自己生活的表演方式和内容。而从农民文化需求的趋势看，最受农民欢迎的是农业科技类文化。问卷调查显示：75%的人表示在看电视时经常选择“农业科技频道”；73%的人表示愿意观看“科教影片和光碟”；另有49%的人选择了“订购一些科技致富书刊”。

4. 农村传统文化习俗

调查显示，农村群众对春节、清明、端午、中秋等传统节日普遍比较重视，逢年过节家人经常团聚的占48.3%，大多数时候团聚的占37.5%，有时候团聚的占11.4%，基本没有团聚的仅占2.1%。在对待传统习俗的态度上，虽然有52.5%的人认为“传统习俗是祖先传下来的规矩，必须保持”，但也有39.8%的人认为“现代社会发展迅速，传统习俗也应随之变化”，另有7.2%的人认为“传统习俗内容繁杂，没有保持的必要”。在访谈中，在对“您对农村传统文化风俗习惯有何看法”的回答中，大部分农民都对其保持了一种理性的态度，认为对于传统文化和习俗既要提取积极成分，也要勇于摒弃消极和腐朽的成分。

5. 文化生活的参与度

人人享有公共文化服务，是国家公共文化建设的任务，也是公民的基本权利。公众的参与度是衡量一个公共文化服务平台有效与否的最终标准。目前，西部农村绝大多数农民的文化生活依然单调乏味，相当数量的农民很少参加文化活动，农民文化权利的实现度较低。调查中，对“您当地文化主要由哪些机构提供?”的问题，回答个人或家庭的仅占17.5%；对“您是否愿意参加本地举行的文化娱乐活动?”的问题，41.9%的人回答不愿意。这反映了随着经济的增长与市场理性因子的渗入，人们对公共文化的参与热情淡漠，而有限的收入也抑制了他们正常的文化需求，文化服务成了可望不可求的奢侈品。

6. 文化生活的满意度

文化产品和服务的供给不足，农民对政府的文化服务工作普遍不满意。对“您认为当地政府重视群众的文化生活吗?”，65.2%的人认为当地政府对群众的文化生活重视一般或不够；对“您能否经常接触到文化事业单位人员?”，分别有64.6%和44.7%的人回答偶尔接触或从来没有；而对“您对当地文化工作人员的服务状况是否满意?”，75.9%的人回答一般或不满意。在“您对周边的文化娱乐设施的种类、数量和布局是否满意?”一组问题，回答一般或不满意的人分别占76.2%、75.6%和78.6%。而对“哪些公共文化服务项目需要改进?”，有63.2%的人回答“技能培训”，52.9%的人回答“农业科技服务”，50.2%的人回答“文艺演出”，42.1%的人回答“送书下乡”。从调查结果可以看出，农村的文化活动还处在自发自为的状态，基层政府公共文化服务的种类、数量严重短缺，公共文化服务的质量低下，难以农村群众的文化需求。

三、甘肃农村公共文化服务的状况

1. 文化事业经费投入状况

我国文化事业费由于基数较小，增长仍然较慢，文化事业投入总量偏少。就文化事业的经费投入来看，虽然逐年呈增加的趋势，但是占国家财政总支出、文教科学卫生事业费支出的比例仍然相对较低。甘肃省也是如此，长期以来，公共文化的许多项目，如广场活动、展览、文艺会演等，都依靠财政拨款，但由于经费的短缺，许多活动不能正常开展。举例来说，目前甘肃省各级图书馆的收入主要是财政补助收入，2004 年全省各级图书馆总收入 3516.2 万元，而财政拨款为 3419.4 万元，高达 97.2%，其他收入年占比例还不到 3%。由于甘肃省经济发展缓慢，财政收入十分有限，各级政府用于图书馆的补助收入只能保障职工工资，办公经费少，新购藏量低。2004 年，全省新购藏量经费 596.3 万元，而省图书馆新购藏量经费为 388 万元，比例高达 65%，全省只有 6 家图书馆新购藏量经费超过 10 万元，无购书经费的图书馆有 34 个，占全部的 37%，购书经费不足万元的有 33 家，有 21 个图书馆没有办公经费。[①] 经费的不足严重制约着图书馆的自身发展和业务的开展，使得图书馆在新书购置、活动开展等主要功能方面受到限制，无法为广大读者提供更好的服务。

2. 公共文化基础设施状况

公共文化设施的建设滞后于经济建设和群众文化生活的需要已成为不争的事实。甘肃农村地区图书馆（室）、文化馆（站）的设施建设、服务能力非常落后，公共文化设施建设从数量、规模及网点分布上，相比公众的文化需求都有一定的差距。2001 年国家计委、文化部确定甘肃省县级“两馆”基础设施建设的补助项目 59 个，涉及全省 46 个县、市、区的 60 个馆。省计委在资金配套过程中又确定了 3 个省级补助项目。截至 2004 年 6 月，国家和省级共确定县级“两馆”基础设施建设的补助项目 62 个，涉及 48 个县、市、区的 63 个馆，其中：图书馆 32 个，文化馆 23 个，“两馆合一”的项目 4 个。而 2002～2004 年的 48 个建设项目，由于受经济条件和地方财力的限制的制约，到 2003 年只完成了 20 个，

---

① 文化部计划财务司．2004 年甘肃省图书馆困难重重［EB/OL］．http://www.ccnt.gov.cn/whb-whgz/whbwhtj/t20050923_10771.htm，2009-04-13.

竣工率仅为41.7%。[①] 县乡许多文化馆、站只建成了基础设施（房屋），但真正有配套设施，具备一定文化活动能力、对群众具有吸引力的还很少，以至相当部分功能瘫痪或是被挪作他用。总的来看，活动经费少，投入不足，人才流失严重；内部管理不善、效率低下、人员素质不高的问题依然困扰着许多文化馆、图书馆等文化单位，制约着其功能的拓展和延伸，严重影响其群众性和公益性的充分发挥。[②]

3. 公共文化服务项目

就甘肃农村来说，农民能够读得懂、用得上的书籍不多，真正是面向农村发行的报刊屈指可数，有些所谓的"文化下乡"也是一些形象工程，内容陈旧、实用性差，农民并不感兴趣。当前为数不多的所谓农村题材的电视剧大多都不能够真实描写农村实际，反映农民的思想和情感，难以产生共鸣。有些文艺作品文化消费取向错误、意识形态模糊，特别是有的大众传媒把"通俗"变为"庸俗"，把"娱乐"变为"愚弄"，混淆了是非善恶美丑的界限。总体上，政府未能向基层提供足够优质的文化服务，农村公共文化服务处于自生自灭、放任自流状态。

从1996年开始，中央宣传部、中央文明办、教育部、科技部、司法部、农业部、文化部、卫生部、国家人口计生委、广播电影电视总局、新闻出版总署、共青团中央、全国妇联和中国科协14部委联合开展了文化、科技、卫生"三下乡"活动，成为宣传思想、服务"三农"的名牌项目。通过举办多种形式的文化下乡活动，既把先进的农业生产技术传递给农民，促进当地农业生产的发展，还通过开展各种群众喜闻乐见的文化娱乐活动，宣传党和国家的政策，丰富农村居民精神文化活动，促进农村基础文化设施建设。但由于甘肃农村地域广泛，文化下乡活动的受益面依然有限。在调查中，71.57%的被调查者认为自己的村镇没有举办过文化下乡活动。文化下乡究竟是一种形式，还是一种能够实质推动农村文化建设的举动，需要反思。就满意度情况来，对当前的"文化下乡"活动很满意的占到了27.04%，比较满意的有40%，一般的有25.56%，而不满意的占到了7.41%。在这不满意的人群中，最主要的原因也还是认为举办的次数太少，这部分人占到不满意人群的51.09%，其次有33.70%是认为只有形式没有意义，另有15.22%的人是认为脱离了农村实际，从而丧失其本来的作用。

---

① 田爱军，李建军．甘肃省县级公共图书馆、文化馆设施建设任务艰巨［EB/OL］．http://www.ccnt.gov.cn/whbwhgz/whbwhtj/index.htm，2005-05-12.

② 文化部计划财务司．甘肃省文化设施亟待改善［EB/OL］．http://www.ccnt.gov.cn/whbwhgz/whbwhtj/t20050527_10638.htm，2009-04-13.

4. 公共文化服务的供给状况

在现代化建设过程中，经济的发展是各级政府优先追求的目标，在片面追求经济发展的环境下，各级政府之间形成一种压力型体制关系，上级政府对下级政府的考核多注重经济发展指标，而对农村文化建设等软指标关注较少。农村文化建设由于在短期内很难彰显政绩，以至于农村文化服务工作在基层政府的工作中长期处于边缘化状态，最终导致乡镇文化站“虚设化”，农村文化服务严重匮乏；文化管理部门习惯于将文化设施建设和服务项目当作送温暖工程，很少考虑这些设施、设备、图书在丰富群众文化生活、普及科学文化知识、推动精神文明建设中的针对性和实用性。所谓的农村文化服务，主要是由文化行政部门主导的单向的、强制性的、灌输性的文化公共产品的单向供给模式，较少考虑农民群众的现实需求和受众地位，往往表现为一种精英文化对乡村文化的改造，导致农村文化“服务”与农民群众的需求严重脱节或错位。对农村文化的有限投入也大多局限于县乡文化馆站的建设，以致政府供给的公共文化资源主要集中在乡镇，真正进入村庄内部、与农民群众日常生活相联系、能够被农民群众所享受的农村公共文化资源不但数量极为有限，而且缺乏多样性。

第三节　农村公共文化服务发展的制度困境

一、财政投入及其机制的迟滞

1. 国家财政投入总量与结构失衡

长期以来，国家财政对文化事业的投入总量偏少，没有随着财政状况的好转而加大对文化事业的投入。从文化部门的统计数据来看，全国文化事业费占国家财政总支出的比重平均为 0.41%，占国内生产总值（GDP）的比重平均为 0.09%，特别是在 90 年代，文化事业费占 GDP 的比重更低，仅为 0.06%。1997 年以后，文化事业费占财政支出的比重持续下降，到 2003 年降到最低水平（仅为 0.35%），显然，这一时期的文化事业并未随着财政状况的好转而增加投入，没有达到文化事业投入“增加幅度不低于财政收入的增长幅度”的要求。

预算内农村文化建设的资金投入比例更低。根据财政部教科文司的统计，“十五”期间，全国农村文化建设的投入虽然总量逐年有所增加，但与之相应的是，预算内的拨款比例却呈下降趋势，2005 年降到 60%以下（为 56.32%），达到“十五”期间的最低水平。2006 年，国家财政对农村文化共投入 44.6 亿元，仅占全国财政对文化总投入比重的 28.5%，低于同年城市文化投入 71.5%高达 43 个百分点。扣除对县级文化单位的投入，2006 年全国财政直接为 7.37 亿农民提供文化服务的乡镇文化站投入经费只有 10.9 亿元，每个农民一年仅能享受 1.48 元的文化投入。2006 年对西部地区文化共投入 34.3 亿元，占全国文化事业财政投入比重为 21.9%，比重偏低。

囿于现行的财政体制，投入不足的现象集中表现在区域和城乡差别上。2004 年国家对西部地区文化事业投入 24.35 亿元，占全国文化事业财政投入比重为 21.4%，比 2000 年增长 77.6%，年均增长 15.4%。虽然国家财政对西部地区文化投入有所增加，但与财政对东部地区文化投入比较，无论是经费的基数，还是经费的增长速度都低于对东部地区对文化的投入，2004 年财政对东、中地区文化投入占总财政投入的比重高达 78.6%，高出对西部地区文化投入比重 57.2 个百分点。从人均文化事业费来看，人均文化事业费的极差从 1980 年的 3.99 元一直扩大 2006 年的 44.29 元。[①] 另有统计显示，2005 年，广东省的文化事业财政拨款达 12.8 亿元；江苏省超过 11 亿元，比上年增加 2.4 亿元。而西藏、青海和宁夏居于末位，拨款不过亿元。江苏新增的额度就等于海南、西藏和宁夏的总数。这种财政投入机制与经济发展和群众公共文化需求的增长不相适应。

2. 财政资金投入机制紊乱

经济体制改革以来，为了适应财政分权的体制状况，多方调动积极性，各个系统的政府部门（条条），以及各个地方政府（块块），都成了公共文化机构资金资助的重要来源。随着社会主义市场经济体制的基本建立，公共财政基本确立，如果仍然按照传统行政管制的“条条”、“块块”模式发展公共文化，无疑将导致种种弊病层出不穷。例如，分系统和过分依赖地方的投入模式使得资金投入分散化，既容易在经济发达地区出现重复建设，也导致欠发达地区资金短缺。又如，不管在“条条”还是在“块块”中，行政化的资金拨付和使用方式，使得公共文化财政资金的使用决策和监管都集中在系统内，甚至集中于主要领导。这种方式缺少公众意见和专家系统作支持，缺少决策的科学性，往往造成难以预想的后果。一些地方领导不考虑公共文化需求的程度，热衷于搞超豪华的“首长工程”，结果公共文化设施建起后却没有足够的内容供给，连场馆的日常维护费用都成了巨大的财政负担。而在工程建设既成事实的情况下，一些地方又“甩包袱”，将这些场馆委托给某些商业机构运营，改变了它们的公共文化服务用途，结果使其承担的公共文化服务功能退化甚至异化。至于“问责”与“评估”，就更难实现。

二、文化发展政策体系的缺憾

我国目前已经初步建立起了由一系列由党的政策、行政法规和规章构筑起来

---

① 李建军. 2005 年中国文化发展概述［M］. 北京：北京图书馆出版社，2006：127.

的文化建设的政策系统和文化管理机制。然而，现有的文化政策系统，基本上都是在两种体制转型过程中制定和形成的，很大程度上带有计划体制的痕迹。由于我国不同领域里的现行文化管理与文化产业政策是由政府的不同行政主管部门制定并以政府的名义发布的，行业和部门的利益保护色彩比较浓重。这些出自不同部门的文化政策往往因部门利益而相互冲突、相互掣肘。因此，整个文化建设的政策体系就缺乏法律体系的权威性、公共性、公正性和公平性。文化政策的自相冲突反映了政府对管理文化和经营文化的认识模糊，但是，面对经济文化全球化大潮，文化政策明显的不一致和内在的规则冲突，不但没有从根本上解决我国文化建设体制和制度上一些根本性的问题，如行政垄断、市场准入、投资主体多元化、文化企业产权关系改革等，还进一步激起了新的国际文化规则的冲突。由于文化政策与国界文化规则的差异，一方面要执行文化政策；另一方面又要符合国际规则，加上原有的文化政策系统并未因机构的改革而失去政策效能，还出现了新机构执行旧政策，致使一些地方和领域，文化行政权力在资源重组和优化配置的名义下，出现了前所未有的权利和市场的扭曲。中国文化市场的法律和法规与国际规则相衔接的趋势，要求将不同文化领域彼此独立和不相衔接的法律法规转化为所有领域统一的法律法规体系，迅速推动各类文化产品的自由流通和各种文化生产要素的合理配置，为建立统一的文化产品市场和文化资本市场提供有力的法律保障。

三、基层财力与事权的“张力”

财权是一级政府获取财政收入、确定财政支出的权力。财权的界定应以事权为依据。但目前我国现行政府事权界定存在着一定程度的“内外不清”问题，市场与政府职能界定不明确；各级政府事权分配不合理，存在“上下不清”问题。公共产品由于较强的“外部性”，其生产供给必然与“公共财政”相联系，公共产品供给的资金使用与管理制度是公共产品供给的保证。然而，考察我国税制改革的历程，不难发现，从 1994 年以来分税制的实施到随后的农村税费改革，再到农业税的取消，每一次改革都使基层政府的财源进一步减少，农村县、乡、村财力短缺的现象非常普遍。目前我国基本公共服务的事权（包括教育、卫生、文化、社会保障、公共基础设施、生态环境等方面的投入）主要由县乡基层财政来承担。据调查，我国的义务教育经费 78％由乡镇负担，9％左右由县财政负担，省负担 11％，中央财政负担不足 2％。此外，从财权和财力来看，基层政府没有税收立法权，没有举债权，也没有独立的主体税种，收入主要依靠共享税，使其掌控的收入极其有限，转移支付又不到位。据统计，目前拥有全国人口 70％以上的县乡财政组织的收入仅占全国财政收入的 20％左右。可见，财力与事权的不匹配是基层财政困难的根本原因，也是基层政府提供公共服务能力不足的关键。①

县乡财政面临的困难突出表现在三个方面：一是财政自给率低，财政支持地方经济发展的功能弱化。2003 年，甘肃省 86 个县（区）中，有 73 个县的财政自给率在 50%以下，有 70 个县存在赤字。取消农业税后，西部地区的县乡财政更加困难。二是负债面广，负债率大，财政风险加剧。西部 80%以上的县乡存在负债，负债总量普遍超过年地方财政收入的 2 倍以上。以甘肃省会宁县为例，2005 年甘肃省会宁县县乡债务总额已达 19 675 万元，相当于全县 2004 年财政收入 2007 万元的 9.8 倍。三是公用经费保障水平低，制约了县乡政府提供公共产品与服务的能力。县乡财政对农村基础设施以及教育、医疗、卫生、文化等基本公共服务领域的投入明显不足，城乡公共服务差距逐步扩大，二元社会经济结构与二元财政结构愈加明显。县乡财政困难不仅制约地方经济的增长，而且影响到基层政权建设和农村公共文化的健康发展。而从财政支农资金管理上看，资金管理分散，资金使用效率低的问题比较突出。一是分块管理、渠道多、部门分割严重；二是财政支农资金使用上的管理落后，监督机制不健全；三是财政支农资金决策上的盲目性和随意性很大，项目（立项）决策过程缺乏公开化和科学化。基层财政的窘迫导致政府文化事业经费投入严重不足，文化事业费占财政总支出的比重偏低，并且文化投入偏重于城市，城乡差距日益拉大。如全国 2004 年文化事业费中城市占 73.5%，农村文化只占 26.5%；文化事业费中东中部地区占 78.6%，西部地区只占 21.4%。②

四、基层政府公共服务职能的弱化

政府职能与经济发展水平和居民收入水平密切相关，乡镇政府的基本职能是需要从公平的角度考虑的。这一类职能的目的在于使全体公民的基本权利得到保证以实现社会公平目标。基层政府的第二类职能，可称之为扩张性职能，这些职能主要由当地经济发展水平和居民偏好所决定，就某一方面来讲，它与当地的收入水平和农民的意识相关。而西部农村地区经济落后，农民文化意识缺失的现状就制约了基层政府的扩张性职能，尤其是公共文化服务的职能。从目前基层的投入结构看，财政资金的 60%～70%用于人头费，用于建设性的比例不高；在建设性资金中，用于大中型水利建设的比重较高，用于中小型项目比重不高；直接用于农产品流通补贴的比例高，而一些关系农业和农村发展全局的基础性、战略性、公益性的项目，如农村公共文化产品和服务、社会化体系建设，或者没有财政立项支持，或者缺乏足够的投入保障。

---

① 安体富．完善公共财政制度，逐步实现公共服务均等化［J］．财经问题研究，2007，(7)：6.

② 刘玉琴．文化投入增加城乡差距仍大［N］．人民日报，2005-08-09.

随着中央建设社会主义新农村宏伟目标的贯彻实施，农村向城镇化发展的步伐正在加快，文化市场的经营项目已向农村集镇、村落扩展，并将形成市场。对此，农村的文化市场管理工作，就成了亟待探讨的新课题。调查发现，目前，农村文化市场管理工作与乡镇、街道党委，政府，办事处有“脱节”现象，主要存在管理职责不明、组织机制不全、考核目标不清、没有人员编制等问题。而县级虽有明确的管理机制和监督职责及行政执法职能，但由于管理编制人员不足，管理经营范围扩大，监督检查任务繁重，管理地域面广线长，管理经费缺乏保障，管理设使设备落后等主客观原因，造成了日常监督、管理鞭长莫及的现象。同时，现在乡镇、街道撤销了原社会文化管理委员会领导小组以后，没有再设文化市场管理机制，因而乡镇、街道也就没有了明确的组织结构和机制，更没有明确的编制人员，使文化市场管理工作出现了“缺位”。

五、政府文化管理体制的滞后

在传统的计划经济体制下，社会公益性文化事业通常由政府包办统揽，主要表现为：一切公益性文化的要素和资源都高度集中在政府部门，一切文化公益活动都按政府的计划进行；政府包办各行各业的文化公益事业，管理权和经营权合一；条块、区域、门类、部门分割现象严重；国有单位“垄断”社会文化公共产品的生产权和经营权。一些业内人士指出，我国文化产品的生产与文化服务的提供，长期以来都是在计划经济体制下进行，政府作为文化生产与服务的主体，或完全脱离市场，按行政体制运作；或半脱离市场，按事业体制管理，导致文化市场出现一些“畸态”的现象。政府主管部门不仅负责制定文化政策和市场监管，行使“管文化”的职能，还直接投资举办各类企事业文化单位，承担“办文化”的职能，形成了严重的“管办不分”的状况。这一传统的文化体制，在当今已完全不能适应人民群众日益增长的文化需求。

农村文化服务主要是通过自上而下设置县、乡、村文化机构等部门化供给方式运作的。在这种体制下，乡镇文化站更主要的是一种部门化的文化管理机构，而不是一种农村公益性文化服务组织。因此，管理多于服务，输送多于培育，“养人”多于“养事”，体现着管制、改造、控制的核心理念，公共文化服务仍然是一种科层行政管理。在这种管理体制下，文化事务实际上由行政区划管理机构来承担，具体包括两类主体：一是市县级政府、乡镇级政府、村民委员会。其中市县级政府是公共文化设施的投入主体，村民委员会则是村民自我管理、自我教育、自我服务的基层群众性自治组织。从法理上讲，村民委员会享有对农村公共事务的自主权和自决权。然而，由于传统行政体制运作的惯性，村民居委会承担了许多行政组织指派的行政事务，实际上成了乡镇行政机构的下属办事组织。传统治理中，这一类行政机构担负着包括促进文化发展在内的多种社会职能，而实践中，由于缺乏动力机制和评价机制，文化职能往往被弱化，行政机构在文化发展中扮演着一种有限的角色。而行政机构的科层化运行机制也导致其政策和目标大多是由内而外产生，对行政系统外的公众需求的回应匮乏是显而易见的。二是专业的地方文化机构，包括文化主管部门及其管辖下的文化馆（站）、展览馆、博物馆、公共图书馆等，依靠层级的文化机构的布局来办文化，文化馆（站）缺乏内外部激励，文化资源的效用无法有效发挥。

六、公共文化服务民间力量的缺失

长期以来，政府办文化的观念已然成为全社会的共识，于是一切文化只要和“公共”二字沾边，就一定是要由政府来包办。社会公益性文化事业，政府理应成为投资主体，但这并不排斥吸纳社会资本用于文化建设。目前我国公共文化服务除了财政困难外，造成农村文化投资和经费短缺的另一重要原因是筹资渠道不畅，资金来源单一，还未普遍形成通过社会各方力量支持和发展农村公共文化的机制。而在西方国家，非政府组织已成为公共文化产品（服务）的主要提供者，这种民间组织在我国目前尚处于起步阶段，只发挥着公共文化产品（服务）生产供给的补充作用。据统计，目前我国正式登记的非政府组织约 29 万个，其中文化类的仅 3000 多个。可以看出，非政府组织在我国的公共文化服务中所占的比重依然很小，社会力量的缺乏必然会导致公共服务市场竞争主体的缺失。现代公共行政学认为，科学合理的公共事务治理主体应该是一系列来自政府但又不限于政府的社会公共机构和行为者。政府不该是公共文化产品与服务的唯一提供人。公共文化服务的供给方式应从单一方式向多种方式转变，须由政府、企业、非盈利组织、社区等来共同提供，如此才能使更多的社会力量投入到公共文化服务领域中，形成良性竞争、多元互补的公共文化服务体系。

七、农民文化需求表达机制与参与机会的阙如

在世界各国，公共需求表达都是一个难题。在计划经济条件下，由政治和长官意志决定。改革开放多年以后，这种思维模式还有很深的影响。存在着行政领导替公众决定他们有什么“公共”文化需求的情况，结果提供了一些不受欢迎的产品。例如，一些脱离群众的奖项，往往按照领导的好恶评出“叫好不叫座”的文化产品。而这些产品评奖结束就直接进入仓库，既浪费了公共资源，又损害了公共文化服务应有的信誉。在市场经济条件下，文化产业的发展依赖于需求，公共文化的发展也依赖于需求。区别在于前者表现为“私人”需求，后者表现为“公共”需求。从理论上讲，无论是私人产品还是公共产品，最终出资购买者都是公众，都必须体现他们的意愿。因此公共产品的选择必须经过一个公共决策程序。这一程序包括公共文化需求的表达、意见搜集和社会评估等环节。意识到这

个问题的重要性就会发现，我国当前公共文化服务体系在这些环节上的制度设计相当薄弱，有的关键环节仍付阙如。尊重公民的文化权利，就要尊重他们文化需求的表达权和公共决策的知情权、参与权。

对于农民而言，文化发展难以像经济建设一样带来可观的经济收入。税费改革以前组织乡村文化活动，参加的人可以计义务工，税费改革后取消了义务工，就很难以调动他们的积极性了。在文化部门的垄断下，我国农村文化中介组织缺乏生存发展的良好环境，难以发挥配置文化资源、促进文化交流、促进文化均衡发展的作用，也缺乏参与农村文化的积极性。此外，由于镇乡、街道财力不足和农民收入低下，目前的各类文化活动大部分仅限于城镇，边远地区的农民群众很难享受到文化服务，出现了“重城镇阵地、轻边远山区，重大型庆典、轻日常活动，重精美培养、轻大众普及”的现象。就甘肃省而言，目前，虽然90%以上的乡村都了广播，但相当多的村广播已完全停止播出，有的村庄广播虽然存在，但很少利用其宣传党的方针政策，讲解农业知识。虽然有些村庄书刊报纸征订得较多，但投递后，由于无人管理而流失，大多失去了实际意义。

第十一章　新农村公共文化服务：路径选择与制度创新

文化以价值理性和工具理性的方式提供人类社会发展的目的意义和根本动力。新世纪，经济和文化的发展日益融合，文化力日趋成为社会发展的一种强大的内驱力，对整个经济与社会发展起着越来越重要的作用。改革开放 30 年，中国社会经济、社会变迁的过程必然伴随着传统文化的扬弃、社会主义新文化的孕育和形成。在这一社会转型及构建社会主义和谐社会的历史时期，全面推进具有全民性和健康文化价值导向性的公益性文化发展是必然的选择。公共文化服务的发展，就在于通过满足公众的文化需求，维护和实现公民的文化权益。这是一种真正的全民文化自醒、文化自觉的过程，是中国特色社会主义文化发展的基本议题。这种议题实质上是一种制度的变迁与创新，即用与市场经济相配套的一整套制度代替、变革与计划经济相关联的制度体系，实现公共文化服务发展基础制度的创新。

第一节　新农村经济与文化的协调发展

正确认识和处理文化产品的社会效益和经济效益的关系，是农村文化发展的一个重要议题。随着改革开放的深化和市场经济体制的发展，经济和文化的发展日益融合，出现一体化的趋势，文化力日趋成为区域发展的一种强大的内在驱动力，对整个经济与社会发展起着越来越重要的作用。可以说，几乎所有的经济活动都是按一定的文化运行的。经济活动本身就是人类所特有的文化活动，而文化的特性又渗透于整个经济活动之中。文化既是一种动力，又是一种资源。文化的这种看不见、摸不着的底蕴作用，便成了经济发展中所隐含的深层次的动力。从根本上讲，文化与经济的联系在于人既是经济活动的主体，又是一种文化、习俗、价值观念的载体，更是一个民族历史传统的延续者和承继者。推动、影响人类经济活动和行为的不仅仅是经济规律和准则，还有经济以外的因素，而且这种因素对一个民族经济发展的影响往往大于经济规律本身。马克斯·韦伯在《新教伦理与资本文精神》(1986 年) 一书中，谈到资本主义生产方式产生和发展时说："在任何一项事业背后，必然存在着一种无形的精神力量，尤为重要的是，这种精神力量一定与该项事业的社会文化背景有密切的渊源。"因此，文化产品绝不是普通的商品，而是一种具有特殊功能的商品，它的功能首先是满足人们的精神文化需要，教育人们树立正确的世界观、人生观、价值观和道德观。这就要求必须把文化产品的社会效益和经济效益很好地统一起来，把精神文化产品的生产纳入市场供应体系，既要追求经济效益，也要有利于文化事业的发展。而文化产品的社会效益和经济效益的内在统一体现在：

一方面，壮大农村经济，增加农民收入，可以增强农村文化建设的“造血”功能。农村文化的发展离不开经济的支撑，只有经济增强，农民收入增加，农村文化建设才有长足发展的保障。一是大力推进农业产业化经营，调整和优化农村产业结构，以十大农业产业化项目为重点，壮大龙头企业，优化区域布局，推进农业标准化生产，全面提高农业综合生产能力。二是以经济强镇工程为契机，壮大镇域经济，发展农村二、三产业，增加汇聚人气和吸纳农村劳动力就业的能力。三是狠抓农村劳动力转移就业工程，要进一步建立和健全资源调查系统、劳务培训系统和输出服务系统。根据劳动力市场的变化和需求，利用现有职业教育资源优势，大力开展订单培训和定向培训，打造劳务品牌，加快农村劳动力转移步伐，促进劳务输出组织化、规模化、稳定化。四是认真执行各项惠农政策，按照“多予、少取、放活”的方针，减轻农民负担，提高农民的增收积极性。

另一方面，农村的文化建设将会极大地推动农村经济的发展。一是理论是实践的指南，科学理论保证了新农村建设沿着正确的方向发展。二是先进的理念、文明的乡风，能够创造经济发展的良好环境。建设新农村，在大力发展农村经济的同时，还要不断加强农村精神文明建设，努力提高农村社会文明程度；在积极促进农业生产方式转变的同时，还要积极推动农民生活方式和价值观念的转变，培育健康文明的社会风尚。

从一般角度来讲，文化都具有正外部性。公共文化本身对公民具有整体性的熏陶，是提高人的欣赏水平、塑造公民人格、型构国家精神的主要载体。如文化设施免费向未成年人开放，就是让公民处在一种优良文化氛围的整体里面。国家投入文化要从整体战略的角度来考虑，应着眼于公共文化的整体性、超前性和公共性。

就我国而言，文化对经济发展的双重影响最突出地体现在区域文化与经济发展的双重效应上。长期演化而成的区域文化构成了不同地区经济发展的重要条件。特定的地域文化作为一种文化基因和集体无意识，逐渐积淀在该区域绝大多数人的文化心理结构之中，使之形成异于其他区域的价值观念、风俗习惯、思想道德、思维情感模式、行为特质、人格品质等文化特征，造成了人们的文化秉性和文化环境的差异，形成了不同人们社会经济心理和经济行为的差异，继而形成经济发展的差异和差距。同时，不同地区企业发展的不同水平、不同的产业选择等也受到不同地域文化的影响，以致区域经济发展呈现出不同的特色。因此，地域特色文化渗透到区域经济中，立足于资源优势等，可形成有特色的区域经济模式。而文化对区域经济发展的作用，主要体现在以下几个方面：文化环境是经济全面发展的不可或缺的前提；独具特色的区域文化是区域经济发展的重要资源；文化中有利于经济发展的潜在因素，决定着对经济发展道路的选择；文化发展与经济变革相适应的程度，决定着区域经济发展的速度；文化与社会现代化相适应的程度，决定着经济发展的水平；区域文化的增长力，可以不断提高经济发展的质量。在西部农村公共文化发展中，应当注重挖掘西部农村地区传统文化资源，包括民俗文化资源等，从而开发出适合市场需要的、有地方文化特色的产品和产业，推动西部农村的社会经济发展。

第二节　新农村公共文化服务发展的理性认知

一、公共文化服务内涵的“文化自觉”①

文化以价值理性和工具理性的方式提供着人类社会发展的目的意义和根本动力。公共文化服务的发展，就在于通过满足公众的文化需求，实现、维护和发展公民的文化权益。这是一种真正的全民的文化自醒、文化自觉的过程，是中国特色社会主义文化发展的基本题旨。

社会主义核心价值体系的坚守。价值尺度与价值追求，是文化建设与发展的灵魂。牢牢把握先进文化的前进方向，就必须坚持用“三个代表”重要思想和科学发展观统领文化建设，坚持马克思列宁主义、毛泽东思想和邓小平理论在意识形态领域的指导地位，贴近实际，贴近生活，贴近群众。建设和谐文化，是构建社会主义和谐社会的重要任务，而社会主义核心价值体系是和谐文化构建的根本。社会主义核心价值体系主要包括：马克思主义指导思想、中国特色社会主义共同理想、以爱国主义为核心的民族精神和以改革创新为核心的时代精神、以“八荣八耻”为主要内容的社会主义荣辱观。中华民族传统美德、优秀革命道德与时代精神的完美结合，是市场经济条件下判断行为得失、确定价值取向、做出道德选择的基本标准。② 自觉坚持社会主义核心价值体系，是推进公共文化服务发展的基础。

公共文化服务的“均等化”诉求。政府的目的“只是为了公众的福利和安全”③。由政府提供的各项公共服务都存在着均等化的普遍要求，公共服务均等化的提出正面临着国家和社会发展过程中各种非均衡现象对民众生活带来的挑战。阿玛蒂亚·森曾说过，贫困是对个人基本能力的剥夺，而不仅仅是收入的低

---

① 曹爱军．公共文化服务：理论蕴涵与价值取向［J］．湖北社会科学，2009，(3)：41～42.

② 宋一．社会主义和谐文化建设视野中的公共文化服务体系［J］．陕西理工学院学报（社会科学版），2008，(2)：23～24.

③ ［英］约翰·洛克．政府论（下）［M］．叶启芳等译．北京：商务印书馆，1996：69.

下。更好的教育、培训和卫生保健不仅提高了个人生活质量，而且通过提高其能力，使其免于陷入贫困。因此，对于城乡、地区和阶层差异的解决需要通过对人的现代化来实现。人既是现代化的目的，也是现代化的主体和根本动力，文化建设的主要任务是构建现代国民精神和现代个体人格。值得注意的是，现代发展过程中，人性在从神性和圣性中回归的同时，又在兽性和物性中拖曳迷失；现代文化的机械性与人的完整性和肉身性形成矛盾，快节奏高效率的生存模式使不少人堕入文化和社会不适应症的泥潭。在人的现代化方面，公共文化以其必然性和合理性的内容，求真务实的文化精神推动着大众观念的进步和素养的提升。政府公共文化服务的均等化应从“以人为本”的角度来进行制度设计。以人为本是一种价值要求，也是一种文化取向。这种文化取向要求一切法律、制度、决策、行为和活动都必须体现人的要求、人的权利和人的尊严，实现人的理想。现代社会，政府的服务效果更多地取决于社会公众的认同和参与程度，这就要求实现政府行政由封闭、半封闭向公开、透明的转变，赋予公民更多的知情权、选择权、表达权和监督权，并在此基础上建立健全公共文化利益的实现机制、公平的文化资源分配机制等。

“公共文化空间”的培育。当代中国市民社会的发育与市场经济制度的建立有着直接的关系，市民社会萌动的意识也是在市场内部首先形成的。随着市场的不断发育以及对社会变迁带来的积极影响，这种空间出现了向社会域转换的趋势。当代中国市民社会需要一个集体的精神活动领域。市场经济的发展催生了以商品意识为主流并强调“个人主义”的大众文化，这种大众文化成为市民社会发育的前提，为市场经济的进一步成长奠定了精神基础。但是，人类自我意识的实现所需要的，远远不止于大众通俗文化所能提供的文化内涵。市民社会的进一步发育，必须有意识地将真正具有知识和思想内涵的公共文化空间的构建当作一个重要的目标去完成。市民社会的核心机制是由非国家和非经济组织在自愿基础上组成，各种文化团体及学会均属于这类组织。由该类组织构成公共文化空间的目的，是为了使任何个体都有机会实现自我意识的成长。公众作为知识的接受者和受益者，在记录了历史传统的文化空间中去感受种种震撼并开始进行严肃的思考，这就是公共文化空间存在的价值。这种公共文化空间的重要性在于，它所包含的文化资源拥有量是国家文化软实力的直接体现。与文化市场中流动着的文化产品不同，公共文化空间内部的资源拥有量是实现文化繁荣这一目的的重要前提。

社会文化生态的平衡。时代的变迁使社会文化生态也发生了变化：大工业时代的文化是围绕生产展开的，比较强调社会意志、团体意志和团体道德，更多的是为了教化的功能而展开。而在全球化时代和信息化时代，文化是围绕着消费展开的，更多地与休闲娱乐和个人意志的张扬相关联。商业化对于文化的提升作用是很明显的，但商业化也容易导致文化的低俗化，忽略了文化传播精神文明的实质。曾担任美国总统经济顾问委员会主席的阿瑟·奥肯坚持一个基本立场：社会需要市场，但社会必须约束市场；商业之外的各种价值都必须得到保护，以免受到金钱尺度这个潜在暴君的侵犯。阿瑟·奥肯这一论断表明，文化生态需要平衡。发展公益性文化事业，是实现社会文化生态平衡和优化的基本路径。公共文化服务发展中，应正视主流文化、精英文化、大众文化三者的互动。主流文化的中心性、统摄性、同一性，使其具有强烈的意识形态色彩，占据主导地位，承担着其控制领域内的文化监护和文化培育的权利和责任。精英文化主要以人文精神作为批判性话语，探求社会结构的本质、规律、合理性及其可能性。大众文化与主流文化、精英文化并存，一方面，以主流文化规范大众文化，为大众提供精神食粮，弘扬爱国主义、集体主义、社会主义的主旋律。主流文化调整策略，既要借鉴大众文化的成功模式，又要对大众文化因势利导，传播意识形态。另一方面，以精英文化的思想指导、学术喂养与智力支持来提升大众文化，提高大众的文化素质和精神境界，重建文化价值系统，建设涵盖和包容历史精神、人文精神和时代精神的大众文化。

二、公共文化服务发展的目标指向

改革开放30年是中国社会快速发展和全面转型期，经济、社会变迁的过程必然伴随着传统文化的扬弃、社会主义新文化孕育和形成。在这一社会转型及构建社会主义和谐社会的历史时期，全面推进具有全民性和健康文化价值导向性的公益性文化发展是必然的选择。而明确公共文化服务发展的目标方向，是坚持文化秩序建构社会主义方向的逻辑前提。

1. 保障和实现公民的基本文化权利，全方位回应现代社会公民的文化需求

文化权利与经济权利、政治权利是当今社会人的三大权利，也是公共文化服务的基本诉求。在三大权利中，经济权利是基础，政治权利是保证，文化权利是目标。理解文化权利，必须从人类的需求与社会的发展这两个方面入手。从人类的需求出发考察文化需求，可以把人的需求划分为：基本需求——满足生存的状态（包括基本生存、种族繁衍）；发展需求——满足人的生活品质的提高；自我实现的需求——实现人的自由发展。公共文化服务主要是满足全社会成员的基本文化需求，基本文化需求则是人在其生存和发展过程中所衍生出的对文化的需求，这一需求在相同的社会发展阶段中个体需求的取向是基本一致的，它是一个个体的人在其社会存在中所应享有的最基本的文化权利。从社会发展的角度，一个国家、民族在其社会的发展过程中，必须首先考虑其成员基本的生存状况，达到一定生存状况的文化需求，保证其基本的文化权益，在此基础上，进一步考虑国家安全、民族传统、文化形象等问题，才能保持社会的稳定与和谐。现代政府

是责任政府，公民权利本身就构成了政府的责任。20世纪90年代以来，我国陆续签署了《世界人权宣言》、《经济、社会、文化权利国际公约》和《公民权利和政治权利国际公约》，这表明我国在保障公民文化权利方面实现了与世界的接轨。保证人民基本的文化权益是对一个健康、文明的社会的基本要求，也是一个国家、民族的文化形象和民族传统继承和弘扬之所必需。公共文化服务，就是要确保每个人都能够享受到基本文化权利，实现最基本的文化需求，从而达到整个社会文化的大发展。

2. 坚持公共文化发展的社会主义方向，弘扬社会主义先进文化

弘扬社会主义先进文化，是公共文化服务承担社会服务功能的价值导向。主要表现在：通过公共文化服务，传播马克思主义的基本理论、观点和方法，树立正确的世界观、人生观、价值观，确立科学的发展观，承担用马克思主义理论统领社会主义现代化建设各项事业的功能；弘扬社会主义先进文化、民族优秀文化与民族精神，承担文明传承和确立文化自信心、自豪感，激发人民群众建设社会主义现代化的热情的功能；提供文化设施、场所和产品，承担满足人民群众日益增长的精神文化需求，实现人民群众文化利益的功能；通过文化活动与实践，激发人们的想象力、创造力，承担培育人文精神与人文情怀的功能；通过文化产品的创作，承担为文化产业的发展提供原创力的功能等。因此，以弘扬社会主义先进文化为目标，加强社会主义先进文化建设，以科学的理论武装人、以正确的舆论引导人、以高尚的精神塑造人、以优秀的作品鼓舞人，本身就是公共文化服务内在功能的本质要求。

3. 提升公共文化服务功能，建立完备的文化设施、营造良好的文化生态

在中央政府明确提出构建公共文化服务体系以来，围绕着发展社会文化事业，我国各级政府日益重视不断提升公共文化服务的功能，形成了“两手抓、两加强”的工作思路，文化基础设施建设受到了高度重视。多年来片面追求经济建设，公共文化设施严重短缺的状况有了较大缓解。加大公共文化设施建设，完善公共文化网络体系，营造良好的文化生态环境，是大力发展文化生产力，繁荣社会文化事业，创造内容丰富、形式多样的文化产品的基础条件。为此，应以提升文化服务功能为目标，按照科学规划、合理布局，符合实际、讲求实用，可持续运行的方针，以基层文化设施建设为着力点，加强公共文化服务的硬件建设。要发展县（市、区）、乡（镇、街道）、村（社区）各级文化设施和文化活动场所，将公共文化服务网络向基层延伸；同时，组织开展流动演出、流动图书馆、流动电影放映、流动公益讲座、流动培训和流动展览等服务活动；加强公共文化设施整合力度，提高基层文化设施综合利用率；建立文化馆、图书馆、科技馆、少年

宫、学校图书馆共建共享的新机制。与此同时，应积极营造涵盖环境文化、制度文化和观念文化的文化生态体系。通过统筹规划，维持并优化社会文化生态体系，促进城乡、区域文化的全面协调发展。

4. 推进文化资源合理配置和平等共享，促进文化事业的均衡发展

实现公共文化资源的开发、利用和共享，是保障和维护公民平等地享有文化权益、享受文化产品和服务的前提和基础。然而，受长期计划经济体制下形成的“单位制”结构的社会组织形式所造成的体制、机制和观念的影响，一方面由于过于偏重经济的快速发展致使社会公共文化资源生产供给严重短缺；另一方面又由于部门分割导致大量的公共资源和准公共资源（各单位、部门自身的资源）被闲置不用或开发利用不够而给文化建设、文化资源开发和共享设置了重重障碍，现有文化资源难以充分有效地利用。与此同时，由于长期实行非均衡的经济社会发展战略，文化资源配置和制度安排中存在诸多文化资源配置地区不均衡、城乡“二元结构”和阶层差异等典型问题。建立覆盖全社会的公共文化服务体系，就应以推进公共文化资源的合理配置和平等共享为目标，建立公共文化资源的共建共享机制，加大公共文化产品的生产供给，推动基本公共文化服务在地区、城乡和阶层之间的协调发展。

5. 实现政府治道变革，形成多方联动的公共文化供给机制

由于文化与意识形态的关系，在传统“管制型”政府管理模式下，文化领域被纳入意识形态的管理范畴，片面地强调文化的公益性价值及为意识形态服务的一面，忽视了文化的商业价值和大众化的一面。在这种思路下，发展文化产业主要采取国有独资或国有控股为主体的方式垄断性经营。各种文化政策基本是以“国营”或“公营”为出发点制定，并施以父爱式管理，产业主体缺乏自主的地位；现行的文化管理体制对文化产业发展控制严格，管办不分，资源配置主要依靠行政手段，社会资本和民营企业难以进入文化领域。

实现由“管制型”政府向“服务型”政府的变革，是当前我国政府转型的目标模式，这一政府变革模式的主旨就在于推动政府向职能有限化、行政开明化的方向发展。有限政府的建构过程也是社会多元主体逐渐发育、成熟，趋于理性和自律的过程。开明政府则表明政府的开放性和理性，集中体现在政府的公共性上，体现在政府应代表全体国民利益。伴随着政府职能的转变和企业社会职能的剥离、政府与社会组织间分工协作关系的初步确立，大量与公民相关的社会公共事务应由各种社会组织来共同承担。社会文化事业发展和公共文化产品的提供，本质上是政府履行满足公民公共文化需求的基本职责，在这一过程中，应正确处理公共文化公益性与市场化的关系，逐步形成政府主导，文化类企业、非政府组织、社区（村落）等

社会力量共同参与、协商和对话“交互理性”的制度框架，纠正政府的“错位”、“越位”和“缺位”，激活市场力量，提升公共文化服务的质量和效率。

三、新农村公共文化服务发展的创新思维①

公共行政官员有责任通过担当公共资源的管理者、公民权利和民主对话的促进者、社区参与的催化剂等角色来为公民服务。关注农民群众，树立服务理念，强化协调意识，是基层政府在农村公共文化服务建设中顺利实现由“掌舵”向“服务”角色转换的关键所在。

1. 宏观层面：经济建设与文化发展统筹兼顾

新农村建设是一项涉及经济、政治、文化建设的系统工程，它要求农村各级政府在发展经济，提高农民群众物质生活水平的同时，也不能忽视公共文化服务建设对提高农民群众整体素质的重要性。西部农村公共文化服务事业发展水平，在很大程度上与各级政府对待农村文化建设的观念有关。因此，转变“重经济、轻文化”的落后理念，是实现真正意义上农村经济社会可持续协调发展的关键所在。在发展农村公共文化服务事业过程中，要有经济发展与文化建设并重的崭新理念。一方面，通过发展农村经济为农村公共文化服务建设提供强有力的物质保障和资金支持；另一方面，通过启动内需，扩大服务性消费，农村公共文化服务建设又为经济发展开辟了新的增长点。为此需要把发展公共文化服务事业列入经济社会发展总体规划，实现经济发展与文化建设互利双赢，实现“生产发展、生活宽裕、乡风文明、村容整洁、管理民主”的社会主义新农村建设目标。

2. 中观层面：“以人为本”科学发展

长期以来，在西部农村，兴修农田水利设施、开展农村合作医疗等工作由于政绩明显见效快而备受各级政府重视。与之相反，农村公共文化服务事业却因建设周期长、见效慢、政绩不明显而被忽视。这种“重政绩、轻实效”的落后理念在很大程度上严重制约了农村公共文化服务事业的健康发展。重政绩本无可厚非，但一味追求“形象工程”、“面子工程”，而忽视实际效果，最终导致劳民伤财、得不偿失。从农村公共文化服务事业的发展前景来讲，尽管农村公共文化服务往往是“只见投入，不见产出”，短期内政绩不明显。但从长远来看，农村公共文化服务在整个农村经济发展的过程中所产生的实际效果是不可估量的。不但在一定程度上缓解了农民群众对日益增长的文化生活的需求，使农民群众的精神生活更加充实丰富，而且为农村经济可持续发展提供了强大的精神支撑和智力保

---

① 曹爱军．新农村公共文化服务发展构想［J］．四川行政学院学报，2009，(3)：17.

障。为此，各地在农村公共文化服务发展中，必须“想农民之所想，急农民之所急”，切实转变以往重政绩、轻实效的落后理念，树立以人为本的公共文化服务事业科学发展观。比如浙江省宁波市鄞州区近年来积极构筑的“15 分钟文化圈”就是新农村文化建设中树立“以人为本的科学发展观”的最佳典范。“‘15 分钟文化圈’，就是指不论是在社区还是在乡村，居民走出家门，最多只要步行 15 分钟，就能找到一个能求知、求健、求美、求乐的文化活动场所。”

3. 微观层面：数量与质量并重

这里所说的质量主要是指农村公共文化服务的品质与水平，涵盖了公共文化设施、文化活动、文化信息等服务的品质与水平。对于甘肃这样一个自然条件差、经济欠发达的地区来说，农村公共文化服务建设不仅需要量的增加，更需要质的提高。在农村公共文化服务建设中要摒弃形式主义、铺张浪费、只求数量的做法。各地应以西部大开发和惠及西部农村农民的国家文化项目的实施为契机，切实转变公共文化服务建设片面强调“数量”的理念，勇于树立农村公共文化服务“既要数量又要质量”的新理念。一方面，要有主动争取国家文化发展资金及项目的超前意识，以此为依托，尽快使农村公共文化发展在短期内达到“量的突破”；另一方面，通过国家文化项目的实施，还要有做好改善内部条件、提供配套资金、配备专职人员的协调意识，使建成的文化项目能够在短期内运转起来，实现农村公共文化服务发展“质的提高”。在对待地方自筹资金建设的农村公共文化服务项目上，亦应秉承数量与质量并重的理念。

第三节　新农村公共文化服务均等化发展的路径选择

一、制度变迁及其路径依赖

文化的发展是和谐社会构建的一个重要议题，这个议题实质上是一种制度的变迁与创新，即用与市场经济相配套的一整套制度代替、变革与计划经济相关联的制度体系，而这一过程又恰恰是以政府为主导的强制性制度变迁。制度变革不是建立在公民和社会组织一致同意的基础上的，而是一种自上而下的行政命令式的党和政府的意愿，因此在制度供给时会出现既得利益集团的路径依赖[①]目的，

---

① 路径依赖（path-dependence），又译为路径依赖性，其含义是指人类社会中的技术演进或制度变迁均有类似于物理学中的惯性，即一旦进入某一路径就可能对这种路径产生依赖。路径依赖问题首先由保罗·大卫在 1985 年提出，而后 W. 马兰·阿瑟在此基础上进一步发展，形成了技术演进中的路径依赖的系统思想，后来，道格拉斯·诺斯将前人有关这方面的思想拓展到社会制度变迁领域，从而建立起制度变迁中的路径依赖理论。

甚至会出现地方利益集团修正国家意图的现象。

制度经济学认为，制度变迁会导致效率的变化。从制度变迁视角来考察我国农村发展的滞后，会发现制度变迁缓慢、缺乏制度创新是导致农村落后的主要原因。建设社会主义新农村主要举措就是突破路径依赖，进行制度创新。按照新制度经济学的分析，之所以产生路径依赖是因为制度变迁本身存在着报酬递增的自我强化机制。对于农村公共物品供给制度来说，必定有一个团体从中获取了持续增长的收益，从而强化了这种选择而不愿作出改变。

从政府角度来看，政府改革必须考虑社会成本、收益与政治成本、收益。基于既有的决策和财政体制，中央政府倾向于自上而下的决策方式，以节省物质成本，同时节约与基层政府及农民的交易成本；而基层政府则依靠制度外财政①，这样不仅可以维持自身的行政和财政平衡，而且还能得到额外的利益。这种在物质和心理上的收益“双重角色”使得基层政府也不愿意轻易改变这种初始路径选择。从农民角度看，农民更多的考虑个人成本和个人收益。而作为文化产品和服务的需求者，个体的农民则因其个体成本与收益的理性分析而无法组织起有效的表达和供给，无法达到集体的理性他们更倾向投资于农业生产。从集体角度看，村集体经济组织也有供给公共产品的职责。但它们所供给的公共产品，没有被纳入到正规的财政体制范畴内；集体提供农村公共产品还受到确立集体目标和收益函数的影响，难以以制度化的形式存在和运作。

这样，理性的政府及官员和理性的农民、集体基于成本和收益的考量，就很难突破原有的制度路径，而这种路径对制度变迁却具有极强的制约作用。制度变迁中的路径依赖一旦形成，其既定方向就会在以后的发展中得到自我强化。因此，处于体制转轨和社会转型的国家必须重视、思考并不断解决“路径依赖”的问题。就我国而言，长期以来就呈现出二元经济结构的特征，公共物品供给以地区为界，分为城镇公共物品与农村公共物品供给。政府将大部分的财力投向城市，形成了严重的公共产品供给的城市化倾向，而对农村公共物品长期实行政府主导的、以制度外财政为支持的供给体制，这种体制并没有随着经济体制的转轨和财税体制的改革而相应转变，而是沿着既有的路径继续发展。② 政府在公共物

---

① 孙潭镇和朱钢（1993）最先提出了“制度外财政”这一概念。他们将财政定义为“行政当局依靠行政的强制力量，为支撑政府活动而进行的资金筹措和运用”。根据这一定义，可将乡镇财政划分为制度内财政和制度外财政，前者指在现行财政管理体制下的预算内财政和预算外财政，后者指乡镇政府以各种形式筹集的自筹资金以及由此发生的政府支出，虽然也属于财政范畴，但它与制度内财政有明显区别：其收支范围、收费标准和收费方式由乡镇政府根据本乡镇的实际情况而定，而不像制度内财政那样有全国统一的制度性约束，其资金的使用既缺乏制度规范，也不纳入预算管理。同样一个概念，樊纲（1995）将之称为“乡镇非规范收入”。

② 张建斌，徐大立，廖煜娟．从路径依赖理论看新农村建设的制度创新［J］．山东经济战略研究，2006，(7)：34.

品供给过程中存在的路径依赖不仅增加了农民负担，也使得农村改革和发展无法顺利展开。

一方面，农村公共文化制度内供给的不足。现行分税制下财权过于集中在中央，事权过于下放到地方，加上转移支付制度的滞后，地方没有正常的融资渠道去完成大量的事物，事权与财权的不对称，造成地方巨额财政负债的形成。1994年分税制改革后，中央财权大幅度提高、地方财权大幅度下降，但中央与地方的事权划分变化幅度较小：1994～2002年中央财权为52%，而地方财权平均为48%；中央事权平均为30%，地方事权平均为70%。税费改革后，地市级政府的收支缺口约为1/4。正是由于政府间在公共物品供给中的责权利不对称，部分公共物品如文化产品和服务、乡村公路、农村教育等，提供责任和义务主要由县、乡等基层政府承担，却不拥有与履行义务相对称的财权，而上级政府尤其是中央和省级政府拥有相当多的财权，提供公共物品的责任却相对较小。

另一方面，自上而下的公共物品供给决策，导致公共产品的供给不能反映农村居民的真正需要。根据公共选择理论，市场分为政治市场和经济市场，政治领域中的人同经济中的人一样，都是“理性人”，均是以追求个人利益最大化为目标。这就使乡镇制度外公共物品的供给决策规则表现为自上而下强制性特征。改革开放前，农村公共产品的供给主要靠国家，人民公社制度的基本特征是政社合一，无论生产队还是公社一级，都在一定程度上履行政权职能，同时也是一个经济组织，在这一体制下，公社区划范围内对公共产品的需求主要靠公社内部解决。加上意识形态的刚性约束，政府理所当然成为唯一的决策者，而下级服从上级、地方服从中央的决策原则又保证了自上而下的决策方式。正是由于这种自上而下、强制性的公共物品供给决策机制，导致公共产品的供给不能反映农村居民的真正需要。

二、公共文化服务均等化发展的基本路径

如前文所述，我国农村社会公共文化服务的发展，应在统筹城乡的基础上采取多元方式来进行，即采取一体化和多元化策略。一体化主要解决城乡“二元结构”问题，逐步建立城乡一致的公共服务供给体系；多元化主要解决公共服务的一元供给体制，逐步探索公共服务供给主体、供给方式及筹资渠道的多元化。

市场经济条件下，国家继续包揽公共文化服务是不可能，也是不必要的。政事分开的目的之一就是将政府从一个公共物品和公共服务的单一提供者变成竞争生产的组织者。在公共文化建设中，不能单纯走纯公益化或纯市场化的道路，必须将政府与市场有机结合。在坚持公益性前提的情况下实现有限的市场化，是公共文化服务体系建设的现实选择。事实上，公共服务市场化是20世纪80年代西方发达国家行政改革的核心主题，其基本思路是在公共服务供给领域引入市场竞

争机制，将原有由政府承担的部分公共职能推向市场，通过充分发挥市场优化配置公共资源的作用，以达到有效改善和提升公共服务的目的。

政府主导的公共文化服务领域与社会广泛参与的公共文化事业建设渠道，共同构成了社会主义市场经济环境下的公共文化服务保障体系的两翼。政府在加大对博物馆、图书馆、文化馆等公益性文化部门的资金投入的同时，鼓励社会兴办和支持公共文化事业，建构“国民文化经济共同体”，形成公共文化事业政府投入与社会投入相结合的多渠道、多元化的投入机制，提高文化事业建设效率。随着政府的治道变革，社会治理结构由一元向多元的发展，建立政府主导、公众参与、市场竞争、多元共治的公共文化服务模式是公共文化服务体系建设的应有之义。

第四节　新农村公共文化服务均等化发展的制度创新

一、建立并规范公共财政制度

财权是一级政府获取财政收入、确定财政支出的权力。财权的界定应以事权为依据。但是，我国现行政府事权界定存在着一定程度的“内外不清”问题，市场与政府职能界定不明确；各级政府事权分配不合理，存在“上下不清”问题。农村公共产品由于较强的“外部性”，其生产供给必然与“公共财政”相联系，公共产品供给的资金使用与管理制度是公共产品供给的保证。因此，要从根本上保证基层政府公共产品的供给，就必须保证县、乡、村三级财权与事权的统一，从而从制度上保证农村公共产品的有效供给。

公共性是公共财政的本质特征。这是因为，政府是整个社会的代表，政府的财政收入来自于全体社会成员，因而，公共财政支出也必须用于全体社会成员，即要求政府必须对所有经济主体和社会成员提供“一视同仁”的服务。在“一视同仁”的政策下，政府及其公共财政在为社会提供服务的过程中，对所有的社会成员应该公平对待。为此，应进一步明确中央政府与地方政府，以及地方各级政府之间在提供义务教育、公共文化事业、公共卫生、社会保障等基本公共服务方面的事权，健全财力与事权相匹配的财政体制。

然而，考察我国税制改革的历程，不难发现，从1994年以来分税制的实施到随后的农村税费改革，再到农业税的取消，每一次改革都使基层政府的财源进一步减少，基层的县（区）、乡（镇）、村（街道）财力短缺的现象非常普遍，尤其是西部农村地区。若不对当前的财政体制进行变革，使事权与财权相对等，公共文化产品供给的有效机制就难以确立。解决这一突出问题，有两种思路可供借鉴：①

---

①　安体富．完善公共财政制度，逐步实现公共服务均等化［J］．东北师大学报（哲学社会科学版），2007，(3)：91～92.

一种思路是维持现行的财政分权体制，但加大中央财政对西部落后省份以及省级政府对县、乡、村三级的转移支付力度，以使基层政府在处理地方事务时不至于财力上捉襟见肘。财政转移支付要以实现全国各地公共服务水平的均等化为基本目标，坚持公平、公正、公开的原则，用客观、科学的方法规范各级政府间转移支付，使各级政府的职权、责任和财政预算相匹配，保证基层政府有效地履行其职责。这是目前最直接也是最可行的方法。我国一直实行单一的纵向转移模式，目前在继续实行以纵向转移模式为主的同时，应试行横向转移模式。我国东部地区与西部地区经济社会发展的差距巨大，而中央财力又十分有限，单单依靠中央对地方的纵向转移，实现地区间公共文化服务的均等化，将会旷日持久，遥望无期。逐步试行东部发达地区支援欠发达地区，有利于加快区域间的协调、均衡发展，提高国家经济社会的整体发展水平。在此过程中，应完善财政转移支付的法制化建设，用法律形式将转移支付制度的原则、内容、形式、预算和监督等确定下来，保证转移支付的制度化。

另一种思路是调整目前的财政分权体制，将中央和省级财权下移。尤其是对于西部地区，要使基层政府在税收分割中享受更大的比例，彻底改变农村基层财政依赖农业税的局面。无论是从理论上还是从世界多个国家的通行做法来看，使中央、省、县成为我国基本的三级政府，并拥有相对独立的事权和财权，都是解决事权和财权不对应问题的根本出路。与此同时，应建立有效的制衡机制，提高乡镇与村两级组织的自治程度。通过制度创新，在议政和行政之间建起一种民主制衡的机制。由村代会对村委会进行有效的监督和制约，防止违背民意、权力腐败等问题的发生。如果这种体制能够成功，就可进一步把乡镇人民代表大会做实，由它来监督和制约乡镇政府的决策和行政。只有在乡村两级建立起有效的制衡机制，农村的公共财政体制才能真正落实，民主决策、民主管理、民主监督才能真正实现，农村基层才能真正做到“有人办事、有钱办事、有章理事”。

二、改革政府文化管理体制与行政模式

（1）准确界定政府的角色与职能。公共文化服务既是人类精神生产的重要内容，又是政府公共服务体系的组成部分。作为人类精神生产，具有主体性、创造性、民族性、时代性等特征；作为公共服务，公共文化服务则突出体现公共性、权益性、普惠性、服务性等特征。在现代社会，享有公共文化服务是公民基本权利，保障公民文化权利、提供公共文化服务则是政府的重要职责，因此，公共文化服务体系建设必须以政府为主导，发挥好政府主导作用：一要明确职能定位，应以保障公民文化权益为出发点，以坚持社会主义先进文化前进方向为原则，以激发全民文化创造活力与提升国家文化软实力为目标，把做好把握方向、统筹规划、政策引导、强化扶持、有效监管等服务工作作为政府基本文化职能。二要深

化体制改革，理顺政府与社会、市场及文化单位的关系，实现政府由办文化向管文化转变，由管微观向管宏观转变，由管、办、养合一的直接生产方式向政府主导、多元参与的供给方式转变，完善宏观管理体制。三要转变政府文化行政模式，政府必须实现从指令性管理向指导性管理的过渡、从全面管理向重点管理的过渡、从统一管理向分类管理的过渡、从单一管理向多样管理的过渡。

（2）合理划分各级政府的财权与事权。考察我国税制改革的历程，不难发现，从 1994 年以来分税制的实施到随后的农村税费改革，再到农业税的取消，每一次改革都使基层政府的财源进一步减少，农村县、乡、村财力短缺的现象非常普遍。为此，应根据公共产品受益性涉及的范围，明确划分各级政府的事权。按照财权与事权相对称的原则，完善中央与地方共享税的分成办法，调整中央与地方政府之间的财权分配格局。财力投入要向县、乡公共服务倾斜、向基层倾斜，保证县、乡政府履行职责和提供公共服务的能力得到增强。同时，健全政府公共服务绩效管理和评估体系，强化各级政府公共文化服务的责任，形成科学的公共文化服务问责机制。问责制有利于改善和加强中央对地方的约束与监督机制，帮助地方政府逐步摆脱权力机构的羁绊，确保其公共性，对加快建立社会主义公共文化服务体制具有深远意义。

（3）深化文化事业改革。文化事业是由国家或社会举办的为全体公民或社会某部分人群提供文化产品或服务的公益性文化事业单位及所开展的各项活动，它不以盈利为目的。我国的文化事业单位是计划经济体制下形成的、公共文化服务体系特有的单位。改革开放以来，体制改革与社会转型促使文化事业服务由国家包办逐步转为国家机制、市场机制、社会机制共同提供，以国家包办、两公（公有制、公益性）为特征的传统文化事业向文化产业与文化事业二元发展转化；文化事业主体由公共部门包办逐步转为公共部门、民营企业、非营利组织共同承担。由于传统文化体制管办不分、政事不分等原因，导致职能不清、机制不活、效率不高的问题突出，成为制约公共文化服务体系建设的难点。因此，必须以适应文化建设的新任务、新体制、新格局，推动社会主义文化大发展大繁荣为目标，按照政事分开、管办分开原则分类推进文化事业单位改革。同时，应根据文化事业单位存量巨大、类型多样与社会转型长期性的现实，在分类改革战略设计与推进中，以科学界定政府文化职能与政事关系为基础，按照明确分类改革方向、初步实现机制转换、最终实现机构改制的思路推进文化事业单位改革：一是对文物保护、公共图书馆、公共博物馆、群众文化馆、代表国家艺术发展水平与具有保护传统艺术功能的表演团体等公益型文化事业单位，按照政府主导，增加投入、转换机制、增强活力、改善服务的要求进行改革。按政事分开、企事分开的原则，转变职能，逐步剥离非社会公益性文化职能；国家建立完善的宏观调控机制，根据社会需求与财政能力发展变化情况，调整布局、优化结构，提高文化事业资源配置效率。二是对艺术表演、图书发行、电影与音像制作、电影发行与放映、舞厅歌厅等经营型文化事业单位，按照创新体制、转化机制、面向市场、壮大实力的要求进行改革。坚持市场化（产业化）的改革方向，明确其市场主体地位，按企事分开原则剥离其公益文化事业职能，积极推进向企业转制；国家引导、鼓励社会力量举办文化机构，积极参与文化事业、文化产业的发展。

三、调整公共文化服务职能结构

十六届三中全会明确指出，要完善政府社会管理和公共服务职能，为全面建设小康社会提供强有力的体制保障。公共文化服务是政府公共服务的重要组成部分，为社会提供公共文化产品是政府应承担的责任。政府必须顺应服务型政府转型的要求，变革政府文化管理模式，调整政府公共文化服务职能的结构。

1. 调整公共文化服务的生产者和提供者的分工①

传统的行政管理理念认为公共文化服务的提供和生产为一体，并认为它们都应该由政府来承担。最早对这种理念提出质疑和挑战的是著名公共财政经济学家理查德·A. 马斯格雷夫，1959 年他就从概念上对公共服务的提供和生产进行了区分。1961 年，文森特·奥斯特罗姆、查尔斯·蒂博特和罗伯特·沃伦对这种概念上的区分做了进一步的延伸和发挥，他们明确指出，公共产品和服务的生产和供应需要区分开来，前者既可以由私人来承担，也可由公共部门来承担。

区分供应和生产有助于更清楚地界定政府职能。对于政府机构来说，一个重要任务是提供公共产品和服务，但是它却不一定要负担生产的职能。政府机构是作为一个供应机构出现的，它的核心职责在于代表公民进行集体选择，即汇集和表达公民的愿望和要求，代表公民的利益，根据这些愿望和要求决定提供哪些公共文化服务。同时，政府机构还应该对实现服务所需的资金进行筹措和分配，对服务的结果和成效进行监督和检查。并在所有过程中，坚持贯彻对公民负责的原则。对于公共文化服务的生产，则可根据其类型和性质的不同进行区别对待。政府可以选择自己生产，也可以通过协调生产、共同生产、合同生产等方式与市场和第三部门合作。或者直接通过非国有化，从一些生产过程中完全撤出。这样就可以大大地缩减政府的公共文化服务投入，增强其效率和效能。提供和生产的区分，解决了政府应该管什么，不应该管什么的问题，为非国有化、自由化、压缩式管理以及对社会力量的广泛运用奠定了理论基础。

区分供应和生产，有助于政府实现政治角色和服务角色之间的平衡。现代政

---

① 卢映川，万鹏飞等．创新公共服务的组织与管理［M］．北京：人民出版社，2007：261～262.

府，既要扮演管理角色，也要扮演政治角色。因此，必须在公正、公平、效率、回应性、代表性等相互冲突的价值中寻求适当的平衡。区分公共文化服务的供应和生产，在一定程度上为平衡点的寻找提供了一个新思路。公共文化服务是政府的重要职能，其中，服务的提供，主要是一个集体选择的过程，是一个政治过程；服务的生产，则是技术性的，是一个管理的过程。政府的主要职能在于提供，在提供公共文化服务时，应强化政府的政治角色，重视民意的汇集和表达，并将公平、公正、回应性作为衡量政府绩效的主要指标。在政府进行生产时，则应要以效率标准衡量其工作效果，以保证服务的数量和质量。这样，在执行不同职能时优先考虑不同的目标，就可以在一定程度上实现政治、服务两个角色的平衡和兼顾。

区分供应和生产有助于引进准市场竞争，增加效率。区分供应和生产，为公共文化服务的组织和管理提供了多样的选择。政府可以充分利用社会力量，采取各种方式，促进公共文化服务的社会化，如合同外包、特许经营、公共文化服务社区化等。这些方式可以打破以往的政府垄断，在生产环节上引入准市场竞争，这就加强了公民的自主选择权。与市场类似的用假投票手段，可以构成对服务生产者的监督和制约，促进其改进技术，提高生产率，以最有效率的方式提供最优质的服务。

2. 调整公益性文化事业部门与营利性文化事业部门的分工①

现代文化事业的内容是丰富多彩的。从管理角度来看，可将其分为以满足社会目标为主的公益性文化事业和以满足个人需要为主的营利性文化事业。其中，公益性文化事业主要包括：与国际标准相一致的福利性文化事业，如博物馆、公共图书馆、艺术馆、科技馆等；以弘扬某种社会意识形态和价值观为目的的文化事业，如革命历史展览馆，爱国主义教育基地等；此外，还包括为丰富基层群众业余文化生活而组织的基层文化、群众文化活动，以及部分缺乏市场竞争力、但能反应某种文化传统的文化艺术活动。

文化事业具备一定拥挤性，即在一定范围内，增加一个消费者的边际成本为零，然而一旦某一特定的临界点，新增消费者就会降低全体消费者所享有的服务质量。这种拥挤性可能导致的供求紧张是文化事业管理的关键所在。怎样通过完善的机制设置来体察公众需求，并通过合理的资源配置途经来缓解供求矛盾，是文化事业管理所要解决的最为基本的问题。此外，作为政府公共服务重点的公益性文化事业还具有一些自身的特点，如教育性，这在公益性文化事业中体现的尤为明显。公益性文化事业，往往是对某种社会主导的意识形态、价值观念、道德

① 张波．政府公共文化服务职能创新研究［D］．吉林大学博士学位论文，2009.

体系的宣传，既有利于增强公民的文化素质，又有利于某种国家目标的实现。同时，公益性文化事业还具有非营利性，虽然部分公益事业也会投入市场，但其首要目的不在于创造价值、获取利润，而在于丰富公众的精神文化生活，提高公众的文化素质。这些特征，构成了公益性文化事业和营利性文化事业显著的区别。也正是由于这种区别，营利性文化事业的管理应由市场主导，政府只起规范作用；而公益性文化事业的管理，则应该以政府为主导，政府要通过财政拨款、税收优惠、公私合作等多种方式，为公益性文化事业资金上的支持和帮助，并通过专门部门，对其管理进行规范和指导。

3. 调整不同公共文化服务组织的分工

公共文化组织机制改革的方式主要包括公共文化组织机制改革的方法和形式两个方面。公共文化组织机制改革的主要方式是：加大政府投入，鼓励社会资助，积极深化内部管理制度和运行机制的改革。这是公共文化组织机制改革方式的共性。

任何公共文化组织的机制改革方式都是共性与个性的统一。因此，也要根据不同的公共文化组织的不同特点，采取分类改革的方式，即选择一些个性化的方式。对于政治宣传类的文化事业组织，改革的重点应根据宣传有效的原则，重组文化资源、减少政府的业务干预、改革内部运作机制，实现政治宣传类文化事业组织的少而精。政府在明确其基本职责的基础上，加强对政治宣传内容的管理，强化内部管理工作，建立激励和约束机制，调动一切积极因素，具体的制作、生产、播出、发行等环节应引进市场运作机制，降低成本，提高效率。对于作为国粹的京剧、昆剧等门类的文化事业组织，改革的重点是加大政府扶持力度，以完成项目多少和质量高低作为财政拨款的依据，激励其多出精品、多出人才。与此同时，积极鼓励和引导此类文化事业组织进行市场开发，强化市场意识，打造艺术精品。对于公共图书馆、文物馆、博物馆和纪念馆等文化组织，改革的重点是加大政府投入力度，实现投资方式按人头划拨向按绩效划拨转变。通过拨款补贴或实行差别税率等，鼓励、引导社会力量兴办此类文化事业，形成以政府主办为主体、社会兴办为补充的发展格局。对于面向社会群众的文艺演出、文化展览活动等公共文化组织，改革的重点是激励基层开展自娱自乐式的文化活动，实现自我管理，政府在必要时给予适当的财政支持。同时，出台相关政策，鼓励民间资本的投入，并形成自我发展、自我约束的机制。

公共文化组织的机制改革，要在分析公共文化组织共同特性的基础上，寻找改革的共同方式，同时也要对现有公共文化组织进行科学分类，在此基础上，根据不同类别公共文化组织的特征，确立不同的改革方式。

四、建立健全农村基层自治制度

公共物品供给的帕累托最优条件是所有消费者的边际替代率之和等于公共物品生产的边际转换率。但是公共物品的供求平衡不是通过市场进行的，在消费者和供应者之间存在着信息的不对称，供应者难以得到消费者的需求信息，这要求公共物品的提供者必须要事先了解消费者的需求。因此，要尽快建立由农村内部社区需求决定公共产品供给的机制，完善农村社区民主建设；公共产品供给的决策需经民主表决，对重大投资决策做到“一事一议”，加大对农村公共文化资源使用的监督和增强资源使用的透明度。

从 1987 年我国首部村民选举法开始，中国农村的民主化和农民的社会参与都经历了一个漫长、艰难而又充满希望的过程。随着村民组织法和村民自治条例的出台，农民的民主参与意识得到显现，但也存在一些问题：首先，旧有的体制和传统的定式仍然是阻碍农民参与意识的最大阻力。自 1998 年新修订的村委会组织法的出台，村民自治作为农村基层民主改革试点被提上议事日程，“海选”村委会组成人员成为落实村民自治的重要手段在农村进行广泛地推广。然而，尽管一些地方的乡镇党委、政府极力表现出大力提倡“海选”村委会的组成成员的姿态，但大多停留在口头上和并非心甘情愿的行动中，使不少地方的村委会“海选”不过是流于形式走过场。其次，现行的村民选举中的农民参与意识，很大程度上是一种缺乏规范的参与形态。“海选”村民委员会组成人员为农民行使民主参与的权力提供了政治舞台，但由于农民在接触这一新生事物时还缺乏足够的心理准备和法律常识，因此，这种参与是一种缺乏规范意识的简单形态，无法避免农民的盲从性、私利性和狭义性，而这正是导致目前村民选举中，部分选民参与热情和选举时的参与率不是很高的一个重要原因。因此，农民民主参与意识的觉醒和法制规范的健全是实践村民选举中农民民主参与意识的迫切要求。

政府必须抓住建设社会主义新农村建设的契机，大力发展农村文化教育，提高农民的文化素质和政治参与意识，引导农民破除自然经济和落后、保守的小农意识，逐步确立适应社会主义市场条件的自主、平等、竞争、民主、法制、科学、效益、创新等现代意识，发展农村基层民主，培养合格的主体；提高村民的权利观念和自治观念，使村民掌握自治权的内容和行使的程序，为村民自治制度的实施打下思想基础。

党的十七届三中全会将“农村基层组织建设进一步加强，村民自治制度更加完善，农民民主权利得到切实保障”确定为到 2020 年的农村改革发展基本目标任务之一，对村民自治工作提出了新的要求。各地应以党的十七届三中全会精神为指导，积极发展基层民主，努力扩大村民自治范围，健全村党组织领导的充满活力的村民自治机制，促进农村经济社会又好又快发展。为此，应重点做好以下工作：

（1）坚持党的领导、人民当家做主、依法治国有机统一，发展农村基层民主，以扩大有序参与、推进信息公开、健全议事协商、强化权力监督为重点，加强基层政权建设，扩大村民自治范围，保障农民享有更多更切实的民主权利。健全村党组织领导的充满活力的村民自治机制，深入开展以直接选举、公正有序为基本要求的民主选举实践，以村民会议、村民代表会议、村民议事为主要形式的民主决策实践，以自我教育、自我管理、自我服务为主要目的民主管理实践，以村务公开、财务监督、群众评议为主要内容的民主监督实践，推进村民自治制度化、规范化、程序化。

（2）做好农村基层群众自治制度建设的统筹协调工作。加强制度建设，健全工作机制，以推进基本公共服务均等化为目标，建立长期稳定的政府投入保障机制；积极培育农村服务性、公益性、互助性社会组织，完善社会自治功能；积极引导企事业单位、驻村单位、社会团体、中介组织发挥各自优势，通过城乡社区结对、共驻共建、对口支持、资金帮扶等多种方式，共同参与社会主义新农村建设。

（3）加大农村社区建设力度。认真贯彻落实科学发展观，充分发挥党政主导作用和农民主体作用，积极探索农村社区建设与社会主义新农村建设、农村专业经济组织培育发展的互促共进机制，保持农村社会和谐稳定，促进农村社会全面进步；从农村实际和农民需求出发，依法完善社区治理，发展社区服务，繁荣社区文化，满足农民群众日益增长的物质文化生活需求和利益诉求，促进基础设施向农村延伸、公共服务向农村覆盖、科学技术向农村扩散、现代文明向农村辐射，让广大农民群众共享改革发展的丰硕成果。

在实践中，对农民社会自治网络的研究对政府农村发展政策的制定及发展项目的设计有着很大的参考价值。农村公共文化服务可持续发展，必须依赖农民社会网络的建立与扩展。培育农民的参与意识和自治意识，发展农村社会的自治组织，营造农村主体间的交互的政策环境，形成丰富的文化交往关系，农民就能够通过其社会网络的运行自发地、内源地调动农村社会的文化资源，自主参与农村文化建设。

五、建立公共文化服务的“共同治理”机制

治理是个人和公共或私人机构管理公共事务的诸多方式的总和，是使相互冲突的或不同的利益得以调和并且采取联合行动的持续过程。著名学者俞可平教授认为：“治理”的目的是在各种不同的制度关系中运用权力去引导、控制和规范

公民的各种活动，以最大限度地增进公共利益。[①] 治理理论关注社会管理力量的多元化和政府的核心地位。治理实际上是对公共事务管理机制的制度创新，它打破了市场与经济、公共领域与私人领域、政治国家与公民社会的传统两分法的思维模式，把有效的管理看作两者的合作互动过程，力图建立起全新的公共事务管理新范式。社会多元主体参与公共管理的治理模式具有如下特征：一是公共权力的多元性。政府组织、非政府组织以及其他社会组织，凡参与公共事务处理的主体都可能形成权力中心。二是政府能力的有限性。政府并非万能，传统的管制性政策由于效率迟缓或其他因素，往往无法达到预设的目标与规范，出现政府失灵的局面。而非政府性质的社会组织利用新的技术和方法，同样可以使一些公共管理事务高效运转。三是组织边界的模糊性。无论政府组织与非政府组织之间，还是公共领域与私人领域之间，都形成了一种平等竞争、合作协商的互动关系，依靠彼此间的利益协调和相互博弈达到公共管理的目的，从而模糊了彼此间的权力界线和所承担的责任。四是各类主体的依赖性。政府组织与其他社会组织之间，以及各类社会组织之间存在着相互的权力依赖关系，必须彼此交换资源、持续协调才能顺利实现各自目标，最终形成参与性的自主网络。

在公共文化服务发展中，应正确处理公共文化服务与公共文化社会化、市场化的关系，逐步形成政府主导，文化事业单位、企业、非政府组织、社区等多元主体共同参与、协商与对话的“交互理性”的制度框架。

（1）政府。公共事业的建设是政府的重要职责。发展文化事业，建设公共文化服务体系，满足群众多层次、多样化、整体性的公共利益，这种广泛的公共权利只有政府才能够最大限度地、有组织地提供公共资源来实现。为此，政府应加强自身修养，深刻领悟“保障公民权益”的执政本质，在公共文化服务发展中，实现并维护好群众的文化权利，推动文化事业健康有序发展。

（2）文化事业单位。文化事业单位在我国是公共文化产品和服务的主要生产者。目前，仅文化部系统的文化事业机构就有约 5 万个，其中被明确确认为是公益性文化事业单位的文化馆、站即占了 4 万多个。在公共文化服务体系构建中，文化事业单位依然是不可缺失的主体。

（3）文化类企业。目前我国的文化事业领域仍是相对单一的政府部门和文化事业单位在唱主角。在这一公益性的文化领域中，民间资本和民营企业被排斥在行业之外，未能真正享有平等地参与竞争的资格和机会。深化文化体制、文化运行机制的改革，就是要正确处理公共文化的社会化和市场化的关系，在文化事业领域引入市场机制，使企业参与公共文化产品的生产和供给。现代企业社会责任理论也为企业参与社会公共事务提供了理论论证。该理论认为，企业的社会责任

---

① 俞可平．治理与善治［M］．北京：社会科学文献出版社，2000：3.

除了包括经济责任外，还包括公共责任和社会响应。这就要求企业应积极参与公共政策过程、参与社会公共事务，主动响应遵从或有助于强化社会认同价值的行动。公共文化服务属于社会公共事业的范围，企业应通过发展、扶持、赞助等多种方式，参与公共文化产品和服务的提供。

（4）非政府组织。理论界普遍认为，非政府组织是政府、市场之外的第三支社会中间力量，它的存在本身就是对政府、市场的补充和平衡。非政府组织是推动传统治理模式转型的重要力量，要推动我国文化管理体制的变革，就应进一步加大政府职能转变力度，将应由社会承担的社会管理和公共服务职能转移出去，交由非政府组织承担，确保非政府组织和经济社会的同步发展，充分发挥非政府组织在促进公共文化产品供给和公共文化服务中的组织协调作用。为此，应强化NGO的公共责任意识，形成以人为本，自律与他律相结合，以道德为支撑、产权为基础、法律为保障的NGO公共责任机制，使其真正成为公共文化服务体系主体构成中不可或缺的组成部分。

（5）社区（村落）。随着经济转轨、企业改制、政府改革和社会转型的全面推进，我国的经济社会发生了重大变化，社会结构、组织形式、就业方式等呈现出多样化，社区（村落）日益成为人们生活的主要空间。社区（村落）作为具有成员归属感的人群所组成的一种社会实体，社区（村落）在形成和发展过程中也孕育着自己特有的文化，并成为整个社会文化体系的组成部分，社区文化既承载着群众休闲娱乐、学习提高等实用功能，也肩负着文化传播等重大使命，对发展社会主义先进文化、构建和谐社会具有重要作用。村民委员会作为农村社会农民自我管理、自我教育、自我服务的基层群众性自治组织，应当发挥好组织和协调本村的公共文化事务的职责。推动农村公共文化发展，需要村民委员会的积极参与，真正为农民平等地参与行使自己基本的文化权利提供平台，真正使农民自主地参与组织丰富多彩的文化生活，并充分动员村内各类组织已兴建的文化设施参与公共文化服务，提高文化基础设施运行的效率和效益，优化社会文化资源的配置。

公共文化服务的发展依赖于公民直接或通过社区与行政官员就共同利益进行对话，从而达到互信合作。在这个追求公共利益的过程中，共同区域中的社会互动与共同责任应当由多元主体共同承担。在提供公共文化服务的过程中，应当促进公民、私有部门及非政府组织等的广泛参与及其合作关系的确立。要达成多元主体的信任与合作，必然要求公共权力和责任的重新分配。新公共服务的倡导者认为，改进服务的问题不仅要关注公民的需要，也要关注权力在社会中的分配，主张将权力由行政组织转移到民选的社区组织，政府不能过多地干预和限制民治机构的作用。新公共服务理论关注民主价值和公共利益，公共行政应改变传统行政组织办文化、管文化的模式，集中承担为公民服务和向公民放权的职责，并在提供公共文化服务时，充分发挥民间力量和社区组织的功能，实现民主参与，体现公民价值，促进多元主体共生治理机制的形成。①

为此，政府应正确处理公共文化社会化与市场化的关系，为各方参与提供一个平台，形成政府主导、支持社会多方平等参与、良性竞争、合作互补的新模式，使更多的社会力量投入到公共文化服务领域中。创造条件用多种方式鼓励社会力量参与公共文化服务，使公益性文化实现社会化发展。建立政府主导、全社会力量多渠道参与社会文化建设的社会参与机制，积极争取政府部门支持，促进对公益性文化事业的捐助，并使之成为社会的普遍行为。用政策杠杆鼓励和扶持社会力量举办公益性文化事业，发动全社会的力量不断完善公共服务，以有效弥补公共资源及政府服务的不足。目前青岛、济南等地对全市各类群众文化活动、文化节庆进行统计公布，向社会寻求赞助。深圳市公益文化活动社会化运作的主要程序是：信息发布、接受申请、资格审查、评审组评审、公布结果、签署任务书、拨款、展演监督等，动员企业、民间社团和业余文艺团体等社会力量来承办，允许企业冠名赞助，形成全社会共同参与承办社会公益文化活动的良好局面。可以利用各级政府网站，宣传公共文化的设施和服务，建立定期在网上公布活动的制度，提高公众对公共文化服务和活动的知晓率和参与率。利用互联网发表作品、传播交流信息，使其成为现代社会公共文化的新媒介。同时，政府应加强协调，对群众文化活动向社会进行整体推介、宣传，使其更好地向社会化和市场运作发展。

公共文化事业的繁荣离不开市场，也要在市场中找到自身的适当位置和生长点。借鉴西方发达国家政府改革的方式，让"公共服务市场化"，把"企业化管理"引入文化事业单位，从而增强文化事业单位的市场竞争能力，激发文化事业单位的活力。目前，文化事业单位改革试点中的一些市场化运作，已经取得了骄人的成绩，北京朝阳区文化馆就是一个予人启发的例子。北京朝阳区文化馆自1996年以来，摆脱了长期以来束缚文化馆发展的桎梏和不适应现代市场经济的经营观念，经历了馆长聘任、全员聘任，引进机制、改变格局，开放办馆、多元发展等三个阶段，进入到全面建设现代化文化馆的新阶段。兰州市也在2005年举行了第三届文化项目推介会，把兰州各类文化活动和建设项目面向社会整体推介，为企业和社会各界关注文化、参与文化建设搭建服务平台，借助市场机制对城乡文化资源进行整合运作，为构建高层次的"文化圈"提供了动力支持。

---

① 李少惠，王峥嵘．论城市社区文化发展中的公共行政——基于新公共服务视角的探析［J］．经济体制改革，2006，(5)：43.

第十二章　新农村公共文化服务：模式创新与平台构建

20 世纪 90 年代，治理理论的兴起引发了现代国家公共管理的变革，也为重新思考我国基层政府的治理转型提供了理论范式。世界银行发展报告指出：发展中国家改善公共服务有突出的成功，也有惨痛的失败，主要区别在于公众在决定他们所获得的服务的质量和数量方面的参与程度。农民和民间力量的普遍参与是农村公共服务变革的一个重要条件。公共文化服务的发展依赖于公民直接或通过社区与行政官员就共同利益进行对话，从而达到互信合作。参与式公共文化服务是一种以农民参与为基础、市场运行为中心和政府支持为保障的新型公共服务运行机制，这种公共文化服务的创新模式，需要建立在公共文化服务均等化发展的基础平台之上。唯有如此，才能实现农民参与、市场运行和政府引导之间的良性互动。

第一节　基层公共文化服务的创新模式

一、基层公共文化服务的实践模式

改革开放以来，我国政府积极推进文化体制改革，理顺文化发展机制，开展了多项社会文化建设工程及常设性的文化活动，扩大了公共文化服务的领域，丰富了基层公共文化的内涵。各地政府及文化部门大胆实践、积极探索，创新了公共文化服务机制。依据资金来源、实施主体、组织运作方式、价值和目标取向、创新及影响程度等差异，国内基层公共文化服务实践有三种典型模式。

1. 内生型

计划经济体制下，一切公共文化服务皆由政府相关机构管理及其文化事业单位生产与提供，绝大部分的公共文化资源都掌握在政府手中；而今，在公共文化需求及政府文化职能发生转变的背景之下，政府原有的文化机构及单位在公共文化资源配置方面不再僵化囿于单一、固定的手段，许多创新的公共文化服务手段与方式应运而生。

“十五”期间，广东省创新思路，以资源共享为目标，首创了“流动图书馆”、“流动博物馆”、“流动演出服务网”等文化工作服务模式。由广东省文化厅组织实施，广东流动图书馆、流动博物馆、流动演出服务网分别以广东省立中山图书馆、省博物馆、省群众艺术馆为龙头，整合全省图书、文博、群众文化资源，每年送书、送展览、送戏到山区和东西两翼等地区，在全省开展流动文化服务。此举不向当地收取演出费用，主要针对广东省经济欠发达地区群众看书、看展、看戏难等问题。“广东流动图书馆”于2003年11月成立，至2005年底，全省已在28个县（区）设立了流动图书馆分馆，各分馆累计阅览达196.78万人次，阅览了380.68万册次。“广东流动博物馆”于2004年初建立，至2005年底共制作了21个专题展览，举办巡回展览41场次，覆盖了全省大部分地区。2005年，“广东流动演出服务网”建立，以省群众艺术馆为龙头，组织各地群艺馆、文化馆（站）的节目在省内流动演出，受到群众的欢迎。与此同时，各地文化事业单位也相应开展了各项创新服务方式的举措，由图书馆、文化宫或是群艺馆等，定期举办的免费讲座和电影放映，以及针对城市特殊群体，尤其是外来务工群体设立的文化服务站和“流动课堂”、“流动书屋”的建设。在乡村加大了文化下乡的力度，在城市实现公共文化服务社区化。

国有文化事业单位内部改革创新，目的是为盘活现有资源。“这种公益性的流通手段，是对政府资源、社会资源、艺术资源、服务资源、管理资源、经济资源、人力资源、技术资源、设备资源、观众资源等各类文化资源要素的全面盘活整合与有效利用，从而使文化投入产生最大的资本绩效和附加值，体现的是公益性原则。”此举激发了其内部活力，使其提供的现有服务超越原有的单纯服务功能，使这些文化功能得到空间范围上的延伸与辐射，打破条块分割的资源局限，扩大了受众范围，拓展了公众对文化资源的享受度。这是解决公共文化资源分布不平衡的有效办法。定点服务与流动服务相结合，推动公共文化服务向城市社区和农村基层延伸，为实现资源共享，更好地发挥文化设施、设备的效用起到了显著的作用，一定程度上解决了下级部门文化经费短缺的问题，也减轻了当地政府的经济负担，增强了这些文化事业机构自身功能的辐射。

之所以将其称为“内生”，是因为具有以下特点：①在资金来源方面，公共财政直接投资；②在实施主体方面，生产者与提供者合一，由公共文化机构生产并提供公共文化产品和服务；③价值和目标取向上，一方面主要体现出公益性原则，不倡导商业化；另一方面，对比原文化事业单位的工作形式，体现出更多的主动服务性，一定程度上体现出政府职能角色定位的取向；④创新力度与影响程度上，主要利用自身的资源或条件优势，在服务方式或手段方面进行创新，使现有资源得到更有效的整合利用，使公共文化服务功能的发挥在其原有基础上得以拓展，并没有创新增加文化服务的内容，但已为自身内部其他方面改革创造出有利契机。

2. 外包型

针对政府无所不包、无所不能的情况，公共服务事业外包不失为一个好办法。这里的外包主要是针对公共文化产品和服务的生产而言的，为之付费的依然是政府。外包，在这里主要是指政府采购制度，是政府将公共服务以“合同”的形式，交由非公共部门生产和经营，再由政府通过招投标机制进行购买。文化主管部门不再直接办文化，而是提出运营目标，通过合同外包的方式将服务承包给具有服务能力和声誉的文化机构与组织，并给予相应的财政或经费补贴。这是政府文化职能行使过程中一项重大的制度创新。

2005年，宁波市委宣传部、文广新局等通过政府采购制组织实施“万场电影千场戏剧进农村”。首先是各流动放映队和演出剧团及其演出剧目由市政府采购中心通过招标确认，各单位在中标后领取放映或演出资格证书；其次与有演出、放映指标的各乡镇、村协商，由各乡镇、村自主选择影片和剧目，并签订协议；最后各演出剧团、放映队凭演出、放映回执单领取政府补贴。至2005年11月底，已演出戏剧855场，放映电影8740场，全年共有200多万人次观看电影，吸引200多万人次观看戏剧演出，活动惠及全市近3000个村。

广大农村是文化资源相对贫乏的地区，也是公共文化服务体系建设的难点之一。长期以来慰问农村的文化演出，存在着一定的形式单一、节目老化等问题，反映了农村公共文化服务、产品的供给与需求严重脱节。当进村的演出剧目完全由农民来选择的时候，公共文化产品的供给与需求就对接了，这同时也将促进供给者的自身调整和改革。根据我国目前的现实分析可知，外包机制主要具有下述特点：①在资金来源方面，公共财政直接投资，但只限于提供者；②在实施主体方面，提供者与生产者分离，由政府及其下属的文化行政机构提供购买的资金，是作为外包运作的组织实施者，公共文化产品和服务的生产者是具有一定营利性质的文化单位；③价值和目标取向上，既体现出公益性的价值原则，又重视运用政府采购，在公共文化服务领域引入市场机制；④创新力度与影响程度上，进一步将公众的需求与供给对接，将政府采购制度的作用应用进来，有助于提高公共文化服务的质量及效率。这既是政府职能转换的一种表现，也能促进各类文化机构和组织的发展，促进整体服务水平的提高。

3. 合作型

长期以来，政府理所当然地认为自己是公共文化服务的供给者，使得自己成为公共文化服务唯一提供主体，缺少与之携手合作的力量。一方面使得政府提供公共文化服务状况无法得到改善与提高，公共文化服务的许多项目，如广场活动、展览、文艺会演等，都依靠财政拨款，但由于经费的短缺，令许多活动不能正常开展；另一方面又因为思想上的落后，制度上的阻碍，限制了文化事业支持力量的成长空间。

2000年，青岛市文化局经过多方论证，借鉴经济领域的一些成功做法，提出了举办公益文化项目推介会。立足于市场策划、市场营销、市场运作，对文化项目进行了包装，并对参与单位的利益、形象、运营成本、投资回报等进行了详尽的市场分析。2002年，首届青岛文化项目推介会上，数十家本土企业通过文化主管部门刊印的文化项目推介简易手册，与数百项公益文化活动“联姻”。三年来，青岛共推出各类文化合作项目千余项，吸纳社会资金数亿元参与公益文化建设。这被称为是社会赞助公共文化事业的新风尚，是公共文化建设接轨市场的一个初期成熟案例。青岛正是以如是创新模式，在全国率先开辟了社会资本进军文化领域的有效路径，这是打破社会文化发展中经费不足这一瓶颈、为基层文化活动提供发展能量的有效方式。企业开始公开有序、组织化、规模化地参与到公益性文化事业的建设中；这是政府不断创新文化服务管理理念、实现地区公共文化事业与文化产业双重发展的表现。

该模式的主要特点如下：①在资金来源方面，以社会资本为主，公共财政投入为辅；社会资金进入公共文化领域，但真正运用资金进行建设的仍然是原来以政府为主的体系力量；②在实施主体方面，政府与企业或是中介组织双方共为运作的组织实施者，是文化单位与非文化系统的企业的合作；③价值和目标取向上，与企业和中介组织的合作，吸纳市场与社会的力量，体现出公共文化服务运作的新思路，明确显示了政府自身职能由办文化向管文化的角色转变意识，成为公共文化服务的策划人和促进者；④创新力度与影响程度上，文化单位与非文化系统的企业的合作，或称之为文企联姻，可以筹集更多的社会资金，是对社会资源的有效利用，弥补公共部门的不足，也可达到合作双方优势互补的目的。

实践证明，公共文化服务的模式创新，能有效提高全社会公共文化服务的质量和效率，更好地保障公民的公共文化权益，满足公民的文化需求。

二、“参与式”：农村公共文化建设的创新模式

（一）“参与式”公共文化服务

公共文化服务的发展依赖于公民直接或通过社区与行政官员就共同利益进行对话，从而达到互信合作。在这个追求公共利益的过程中，共同区域中的社会互动与共同责任应当由多元主体共同承担。治理是个人和公共或私人机构管理公共事务的诸多方式的总和，是使相互冲突的或不同的利益得以调和并且采取联合行动的持续过程。治理理论关注社会管理力量的多元化和政府的核心地位。

长期以来，我国推行的计划经济体制，使得政府“无所不包”，全能主义的政府掌握着巨大的社会资源，控制着社会、集团、公民个人和政府自身的生产、分配、交换和消费全过程，在对社会政治和经济事务实行全面而集中的管理的同时，对于不同事务的领域则由自上而下、分门别类的部门提供公共服务。政府主

导型的公共服务要求一切活动根据上一级的政府指令进行，这种公共服务是国家对社会经济事务进行专业化分工管理的需要，有其历史的必然性。随着改革开放的深入和市场经济的发展，尤其是农村税费改革的推进和基层民主政治的发展，政府垄断农村公共服务的模式凸显出多重危机：既使基层政府在快速释放的公共服务的需求面前，显得“捉襟见肘”、“力不从心”，又使基层政府有限的公共服务供给偏离农民的现实需求，造成“供求背离”。20 世纪 90 年代，治理理论的兴起引发了现代国家公共管理的变革，也为重新思考我国基层政府的治理转型提供了理论范式。世界银行发展报告指出：发展中国家改善公共服务有突出的成功，也有惨痛的失败，主要的区别在于公众在决定他们所获得的服务的质量和数量方面的参与程度。农民和民间力量的普遍参与是农村公共服务变革的一个重要条件。

我国的社会转型与体制改革已促使文化资源逐步由单一计划分配，转向国家、市场、社会共同配置，文化服务由国家包办转向由公共部门、市场部门、社会部门共同提供，三种机制协调运行是我国文化发展的趋势。面对农村公共文化服务需求不断增加和基层政府财源逐步减少的现实矛盾，以及农村公共文化服务质量和效率普遍低下的现状，我国一些地方在实践中已探索形成了公共文化服务的内生型、外包型和合作型等模式。通过对这些实践模式基本特征的总结，笔者发现，强调“普遍参与”和“多元化”是其共同特征。为此，笔者认为，参与式公共文化服务建设应当是公共文化服务的基础模式。

参与式公共文化服务是一种以农民参与为基础、市场运行为中心和政府支持为保障的新型公共服务运行机制，它具有竞争性的市场调节机制、计划性的政府干预机制以及自治性的农民有序参与机制的制度优势，实现了农民参与、市场运行和政府引导之间的良性互动。在多元参与的公共文化服务体系中，政府是主导，但政府无法也不宜包办公共文化服务。民办非营利文化机构在许多国家是公共文化服务的重要生产者，例如美国几乎所有交响乐团、70%的博物馆、艺术馆均为民间非营利机构，而我国现有四千多个文化类民办非企业单位及一定数量的社会团体、基金会，并开始在文化建设中发挥积极作用，因而应积极培育发展民办非营利文化机构，发挥其提供公共文化服务中的积极作用。企业的主战场虽在文化产业，但其强大生产能力与较高组织效率，在提供产业支撑与经济资源等方面有不可忽视的作用，应积极促进文化企业发展，并鼓励各类企业通过公私合作、公益捐助等多种方式广泛参与公共文化服务，成为公共文化服务体系的重要补充力量。

（二）农民自主参与：参与式公共文化服务的内生机制

新农村参与式公共文化服务以农民的普遍参与为出发点，充分体现了现代社会公共服务的价值取向。参与式公共文化服务重新赋予农民参与公共服务的权利和责任，使农民真正具有参与公共服务决策和生产的机会和条件。这样，农民才会有更多的话语权和选择权，农民、政府和市场之间才可能进行平等的对话与协商，政策制定方才会具有回应性和责任性，生产方之间也才会有充分的竞争性。可见，农民的普遍参与是实现参与式文化公共服务的前提条件，这要求政府不仅要关注并积极回应农民的公共文化需求，更应当唤醒农民的主体意识和权利意识，引导农民积极参与到公共文化服务中来，实现并保障农民的基本文化权利。

1. 发展农村文化教育，培育新型农民

新农村建设的主体是农民群众，培育新型农民是实现“民主公民权”的根本途径。舒尔茨的研究发现，不是传统农业而是现代农业才能对经济增长作出重大贡献，而实现传统农业向具有高生产率的现代农业转变的关键要素在于必须大力提高农民成功使用包括复杂困难的耕作实践在内的新的投入品的能力。只有培养农民使其成为掌握和运用现代科技的新型农民，才能使农业科技成果真正转化为现实生产力；才能把农村巨大的人口压力转化为人力资源优势，形成持续推动新农村建设的力量源泉；才能使农民崇尚科学、崇尚文明，逐步形成农村健康、和谐良好风尚。

由于长期的历史原因，我国农村人口的整体文化程度不高，农村改革后大量文化程度相对较高的农村劳动力流向城市和发达地区务工经商，大量初中以下文化程度的农民就滞留在农村，这种状况严重影响着农村居民日常文化活动的参与能力。与文化水平较低的状况相比，农民意识观念对农村文化发展的影响更大，突出的表现为两种倾向：一是自私狭隘，政治意识淡薄，缺乏对公共生活、公共利益的热情和关注；二是不受约束的个人主义倾向，在追求个人利益时缺乏必要的契约与合作意识。从一定程度上说，农民的文化素质、技术能力和思想道德水平，直接决定着农民政治参与和文化参与的意识和能力。政府应当充分创造条件提高农民的素质，激发他们的参与积极性，唤醒他们对于治理参与重要性的认识。同时，要让农民在充分受益的前提下参与，在规范的制度下参与，在畅通的渠道下参与，在政府的引导下参与并以组织的方式参与。为此，要大力发展农村文化教育，提高农民的文化素质和政治参与意识，引导农民破除自然经济和落后保守的小农意识，提高农民的权利观念和自治观念，为农村基层民主发展培养合格主体。

公共物品供给的帕累托最优条件是所有消费者的边际替代率之和等于公共物品生产的边际转换率。但公共物品的供求平衡不是通过市场进行的，在消费者和供应者之间存在着信息的不对称，供应者难以得到消费者的需求信息，这就要尽快建立由农村社区文化需求决定文化供给的机制。一方面，应大力发展农村经济，为农村公共文化需求的形成提供物质基础。相对发达的村集体经济会增强村庄自身的独立性，改善村民委员会在与乡镇政府博弈中的弱势地位，增强农民整体的话语权，形成农村公共文化需求的形成机制。另一方面，基层政府在公共文化服务过程中，要注意加强公共文化建设项目的科学论证和可行性研究，对公共文化基础设施建设的财政投入和文化政策的制定要通过听政、议政、民意调查、专家咨询等行政参与的方式，提高农民参与的可行性。

2. 鼓励农民自办文化，发展农村文化社团

农民既是农村文化建设的受益者，更是农村文化建设的生力军，是农村文化活动的主体。农民自办文化，开展自发的群众性文化活动，是农村经济发展到一定程度之后农民自发的精神文化追求。新农村文化建设要充分挖掘蕴藏在农村的文化传统，充分调动广大农民参与文化建设的积极性、主动性和创造性，要坚持业余自愿、形式多样、健康有益、便捷简易的原则，充分利用农闲、节日和集市，组织花会、灯会、赛歌会、文艺演出、劳动技能比赛等活动，开展农民自办的自娱自乐的群众文化活动。目前，在我国农村，农民自办文化现象日益增多，农家书屋、文化大院、农村个体电影放映队和农民文艺表演队等，已成为丰富群众文化生活的重要方式。这些自办文化活动，来自农村，由农民创办，贴近农村生产生活实际，农民自编自演、自娱自乐，而且成本低，深受农民群众的欢迎和喜爱。在这些农民喜爱的文化生活中，农村文化社团扮演着重要的角色，发挥着主要的作用：第一，农村文化社团搭起了政府与农民之间的桥梁。农村文化社团的活动，一是联系了本地区的群众，在社团的组织下学习党和国家的有关政策法律，增加农民自我教育的机会；二是通过社团成员和刊物，传递政府的政策，反映群众心声，聚民心、传民意，起到互相沟通的作用。第二，农村文化社团是新农村文明的辐射源。农村的各类文化社团都有一群文艺爱好者，他们积极协助政府举办各种活动，形成了一股文明的辐射源，影响着本地区的农村的社会关系和社会发展，有利于在当地农村形成了一股讲文明、重学习、积极向上的好风气。第三，农村文化社团提升了新农村的文化品位。农村文化社团有自己灵活的组织机构和运作模式，组织运作成本相对较低，并且有自己的活动经费，所以能自行举办各种有益的文化活动；民间文化社团来自民间，他们熟悉农民文化需求的层次特点，所举办的文化活动能迎合农民的心理需求；社团活动还是社会业余教育的组成部分，可以发挥自我教育，自我娱乐的作用。

（三）基层文化体制改革：参与式公共文化服务的制度基础

落实基层政府对农村文化工作的基本责任，需要政府重新界定其职能，实现

政府从管微观向管宏观、从办文化向管文化转变，深化文化体制改革。根据文化事业单位性质实行分类管理：加快县、乡公益性文化事业单位的改革，转换机制，增强活力；推进经营性文化事业单位的转企改制，鼓励民间资本参与经营性文化事业单位的股份制改造，实现投资主体多元化；鼓励社会力量在政策范围内，以各种形式兴办文化实体；通过民办公助、政策扶持，鼓励农民自办文化，使农民成为农村文化建设的主体。要理顺文化工作机制，特别是要明晰乡镇文化站的职能及归属管理问题。当前，农村大多数文化站基本上是一人一站，实行人员归乡镇管理，业务归口文化部门管理的双重管理模式，结果导致谁都管谁又都不管，乡镇文化专干既无目标任务约束，又无经费、设施等保障，无法开展工作。要打破行政地域分割的束缚，归口由县级文化部门统一安排、统一管理、统一考核，突出政府主导，强化部门责任。

文化系统的长期存在，为公共文化发展积淀了丰富的文化资源，包括土地、房屋、文化基础设施、人力等各方面的资源和资产，这是公益性文化事业获得较大发展的良好基础。应围绕建立县、乡、村、户四级公共文化服务网络着力抓好文化基础设施建设，注意将资源优势变为发展优势，通过联合、重组、参股等形式，促进资本、人才、技术等要素的优化配置，提高文化创新能力。在“后农业税”时代基层政府财力不足的情况下，政府无法投资兴建大量公共产品，因此要积极探索农村公共产品供给制度的创新，不能一味地希冀政府的财政支持。在明晰产权的前提下，积极引进民间资金，将一些公共文化产品改由民间提供或转化为私人产品，按照“谁建设、谁收费、谁受益、谁付费”的原则，通过市场机制来运作，政府只予以指导和监管，进而逐步形成乡村公共文化服务的政府供给、农民适当缴费以及民间主体的市场供给多元供给格局。

第二节　公共文化服务均等化的基础平台

一、公共文化法律与政策体系

1. 制定并完善文化发展的法律法规

在社会文化发展和监管中，法律法规规定了文化活动的基本方向，为文化工作者提供了文化活动的法律依据，促进了文化事业管理的法制化和规范化。法律手段的平等性、普遍性和适用性保障着政府的宏观调控力度。公共文化宏观调控中对法律手段的应用，主要是通过制定和执行法律法规来调整文化关系、保护文化发展环境、促进文化事业的健康有序发展的。目前，我国适用于文化领域的法律法规由国务院主管部门或地方人大制定的法规较多，由人大常委会制定的法律较少；设定管理处罚权限的内容较多，明确管理者与管理相对人权利义务的内容较少；针对文化市场秩序进行管理的治标性内容较多，而与国际规则接轨的资格审验的内容较少。为此，要推进文化立法进程，制定并完善加强宏观管理、规范市场秩序、促进文化事业和文化产业繁荣发展的法律法规，特别要抓紧制定非物质文化遗产保护、广播电视传输保障、文化产业促进等方面法律法规，扩大文化法律法规的适应面和操作性，保障社会文化工作的健康发展、规范运作。

2. 制定公共文化发展政策

制定基本均等的公共文化发展政策，是政府公共文化服务的核心职能：一是文化投入扶持政策。加大政府对文化事业的投入，扩大公共财政覆盖范围，形成稳定的经费保障机制，确保对文化建设的财政投入逐年增长。二是文化设施建设政策。要把文化设施建设纳入城乡建设整体规划，纳入镇村建设规划，特别是城市新建小区和新农村建设必须规划和配套建设相应文化设施，规定配比标准，实行规划前置审批，对不按规定配比的不予审批或不予验收。同时，尽力保证公共文化设施建设用地，对可以划拨供地的，应优先划拨；采用有偿方式供地的，应在地价上适当给予优惠，并减免相关税费。三是文化服务的促进政策。一类是采取政府采购。如对经济贫困村文化服务实行政府采购，由政府出资每年组织若干次送电影、送书、送戏下乡。另一类是实行政府补贴。如对演出表演团体、电影放映单位到农村基层演出放映根据不同类别行政村实行分档次补助，经济越贫困补助标准越高，利用市场资源和政策杠杆促进农村文化服务的开展。四是文化产业的扶持政策。在市场经济条件下抓文化建设，没有产业的发展，就没有事业的繁荣；没有事业的繁荣，也就没有产业发展的基础。要从市场准入、土地征用、证照办理、税费收缴、信贷投放等方面制定优惠政策，积极为文化产业发展营造良好环境，促其不断发展壮大，为公共文化服务提供坚实的产业支撑。五是文化供给的适度民营化政策。根据不同公共文化服务项目的性质和特点，采取不同的供给模式，对那些进入门槛比较低的公共文化服务项目，逐步向民营企业和民间组织开放，鼓励和支持民营企业和民间组织参与公共文化服务，满足人民群众多层次文化需求；对那些兼有公益和经营特征，进入门槛较高的公共服务项目，主要引入市场机制，加强公共文化部门的竞争，提高公共文化的服务质量和水平。

二、公共文化事业发展战略规划

公众性、共享性是公共文化服务的基本特征，政府应面向社会普遍提供基本均等的公共文化服务。基层政府应深刻学习中共中央办公厅、国务院办公厅《关于加强公共文化服务体系建设的若干意见》和《关于进一步加强农村文化建设的意见》的精神，按照“重视城乡、区域文化协调发展”要求，以基本公共文化服务均等化为目标，制定公共文化事业发展的中长期规划纲要，将公共文化服务体系建设纳入国民经济和社会发展规划、纳入城乡建设整体规划、纳入新农村建设范畴、纳入年度财政预算、纳入干部政绩考评体系，通过加大财政资金投入、规范转移支付、优化资源配置，统筹规划、均衡发展，形成适度向农村、基层、欠发达地区、困难群众倾斜的公共文化服务体系。

公共文化服务要达到确立文化形象、创造文化力的目的，文化发展的战略规划必须体现可操作的方法论特征，关注文化发展的关键要素：

（1）发展环境——文化发展目标的环境条件。目前区域文化发展战略规划的制定主体多为政府，但从长远来看，文化建设的主体绝不仅是政府，将日益包括愿意在文化领域投入热情与资本的多元社会力量和在文化经济领域发挥支柱作用的文化企业。而改变这种状况的关键在于区域是否有先进文化和优秀文化适于生长的基础，是否有促进它们蓬勃发展的外部条件和走向强势的环境阶梯。培育和营造文化发展环境是体现区域文化见识、文化情怀，诠释区域文化形象，振兴文化服务的基础。这种环境包括坚持正确的文化舆论导向，倡导先进的文化价值，颁布必要的文化法令与制度，维护文化业的运行秩序，扶持健康的文化事业和文化产业，提高区域文化形象和文化辐射传播能力。

（2）核心业务——文化规划的基本方向。区域文化战略规划需要有感召力和拓展力的文化产品、文化服务，代表独有的文化形象、特殊的文化价值，表现核心文化竞争力。核心业务的确立所释放的品牌效应和信誉价值，会使相关产业与衍生产品的跟进成为有灿烂前景的行动。公益性文化事业，也无法回避其本质和原设计规定的向社会提供文化产品和服务的结构、数量和质量问题。要根据社会需要，在文化产品和服务项目上不断推陈出新，是文化发展规划的基本方向。

（3）文化需求——文化消费的循环供应链。社会文化的内容和形式具有丰富性、多元性和复杂性，文化生产总体上无法靠单一体来完成，于是在社会文化事业、文化产业，甚至大型文化组织内部都会形成一个个链形组合。为此，要把文化供应链和产业链的良性化、完整化包括在区域战略目标之中。规范高效的供应链、产业链体系，是文化发展中核心业务和相关业务良性互动的基础。

（4）文化置业团队的发展。团队是一切事业保持发展势头的根本要素。对于需求内容、形式都有很大复杂度和弹性的文化领域的可持续发展，更依赖置业团队的质量和规模。文化团队负载着文化生产供给的创新力和执行力。适应文化发展战略需要的优秀置业团队的成长和壮大，关系到区域文化核心竞争力的强度，关系到文化战略规划的前景。

三、农村文化建设的人才队伍

农民需要文化，但文化更需要农民。农民的主体地位，决定着新农村文化建设就是为农民服务。具有民族性的文化才具有世界性，农村的传统文化、乡村文化、通俗文化是原生态的文化，是民族文化的根，是现代文化的魂。中华民族独特的文化资源和文化活动，就“活”在广大农民的日常生活中，农村具有内容丰富的民间原生态文化。改革开放以来，我们农村文化建设的困境，根本原因就是忽视了农民创造文化的主体的作用。如果在文化创造上，农民成为了旁观的局外人、简单的劳动者，这种身份不仅造成农民对文化建设的冷漠，而且使我们民族文化的发展没有了源头活水。农村发展需要人，人的因素决定一切。在农村文化建设的过程中，乡土文化人才是开展农村文化建设活动必不可少的依赖资源。他们不仅是农村文化精英，而且对所在农村社会有着较强的“乡土情结”。要采取民办公助、政策扶持等措施，积极鼓励、引导和扶持农民自办文化，使农民群众真正成为新农村文化建设的主体力量。如果在农村文化建设过程中缺少此类人才，政府的各种投入就很难在基层得到有效落实，更谈不上农村文化的发展。因此，农村文化建设中，乡土文化人才的培养是必然的选择。应当培养一批文化程度较高、思想敏锐、富于改革和进取精神的中青年农民，使其成长为农村文化事业的主体。他们以农村文化市场为导向，组建各类农村民间职业剧团、农民业余文艺队或民间演出队等文化组织，采取适宜的文化活动形式，积极迎合农民的文化需求，成为农村文化专业户和农民文化精英。

农村文化队伍的建设，尤其对乡镇文化队伍的建设是新农村文化建设的根本问题。要建立一支稳定而健全的农村文化人才队伍，首先，要“就地取材”，抓好农村业余文化骨干队伍建设，把农民群众中那些热爱农村文化，有文体特长和组织才能的文化青年及时选拔、组织起来，并给以必要的辅导和培训，鼓励他们扎扎实实为农民服务，为家乡奉献，使他们逐步成长为农村民间的文化使者。其次，利用国家“高校毕业生到农村服务计划”和“大学生志愿服务西部计划”的政策契机，着重选拔和发展一批优秀的应届大学毕业生到广大农村从事文化信息传播、活动组织、人员培训等活动，为农村文化队伍补充新鲜血液。在农村文化人才队伍管理过程中，要重点做好以下几点：①加强农村基层文化队伍建设，重点解决乡镇文化站工作人员的事业编制，提高文化从业人员的业务素质和管理能力，将农村有志于热爱农村文化事业、有文艺才能的青年人充实到农村文化队伍中来；②在农村文化队伍的建设中，要积极推进文化管理体制改革，主要是用人制度、人员分配方式的改革，实行聘任制，打破按职称分配的变相平均主义，让能够干、喜欢干农村文化工作的人有舞台施展才华，让那些不能干、不愿干文化工作的人及早离岗退位；③加强农村文化队伍的业务培训工作，尽快提升他们的业务技能和管理能力。乡镇文化站、文化馆要充分发挥自身职能，加大对村级文化室工作人员的辅导和培训工作，同时要尽快培养一批农村文化骨干队伍，建立文化队伍建设的长效机制，使新农村文化建设实现可持续发展。此外，各级公办的文化艺术单位要积极组织作家、艺术家深入农村，体验农村生活，努力创作思想健康、艺术精湛、形式活泼的为广大农民群众所喜闻乐见的优秀文化产品，以强大的竞争力占领文化市场。

四、公共文化服务基础设施

公共文化设施是政府提供公共文化产品和服务的载体，是公共文化服务体系的基础。要以大型公共文化设施为骨干，以社区和乡镇基层文化设施为基础，加快建立覆盖城乡的公共文化设施网络，推动各种文化设施共建共享。

1. 五级联动，建设基础文化设施

以财政投入为主，将文化事业经费、基本建设资金列入本级财政预算和基本建设投资计划，并随着国民经济的发展逐步增加对文化事业的投入，确保地方财政每年对文化建设的投入增幅不低于同级财政经常性收入的增幅，抓好省、市、县（区）、乡（街道）、村（社区）五级综合性文化设施的建设。在省、市两级，主要是在现有的基础上加大对图书馆、博物馆、展览馆、文化馆和体育馆等大型文化设施的投资，使之真正成为都市人的文化家园，同时兴建高质量的影视中心、广播中心，推动省市文化的发展；区县主要是改建和扩建文化馆和图书馆，并在结构布局上注意省市一级的文化馆和图书馆的辐射半径，尽可能地做到合理布局，在一些民族地区和历史文化悠久的区县可以建立特色博物馆；乡镇和街道主要是文化中心、文化广场这方面的建设，力争起到承上启下的作用；社区和村落主要建设重点是文化室、图书室、文化活动中心等的建设，根据条件还可以采取流动图书室等灵活的方式。

基层文化设施的建设要紧密围绕人民群众的文化生活。城市要以社区为重点、通过建立阅报栏、社区公告牌活动展板等形式建立起公共文化服务的阵地，增加公共健身设施，开辟社区群众文化开展的场地；新农村文化设施建设要坚持以政府为主导，以乡镇为依托，以村为重点，以农户为对象，发展县、乡镇、村文化设施和文化活动场所，构建农村公共文化服务网络。要以建设综合性、多功能乡镇文化站为龙头，加快农村文化设施建设步伐。要按照综合性、多功能，有阵地、有经费、有专门人员的基本要求，以乡镇文化站为龙头和阵地，因地制宜，确定适合各县、区的农村文化设施建设的新思路，形成宣传教育、文化娱乐、信息服务、科学普及、体育活动等于一体的文化中心，丰富农民和农村的文化生活。建设、修缮简易的露天剧场，建立农村放映电影、表演戏剧或进行其他公共文化服务的主要阵地，尽快实现广播电视“村村通”工程的目标，在条件成熟的地区推广有线电视和互联网。

2. 整合资源，科学利用特色文化设施

就甘肃而言，甘肃有着悠久的历史文化传统，无论是农村，还是城市，都有许多历史文化遗迹、宗教圣地和祠堂庙宇等特色文化设施，要构建公共文化服务体系，就要科学、合理地利用这些特色文化设施，比如文溯阁《四库全书》藏书楼、静宁成纪文化城、阳关博物馆、兰州的白塔山、敦煌的莫高窟、天水的羲皇故里、夏河的拉卜楞寺、遍布乡村的宗族祠堂等特色文化设施，这些特色文化设施与各地投资兴建的文化馆、图书馆、博物馆一样，不仅是文化建设的基础和载体，也是各地文化事业的基础设施品牌。对这些特色文化设施的保护、修缮和利用，不仅可以扩大公共文化服务的阵地，并且还具有其他文化设施所不能代替的特色品牌塑造作用。

3. 采取措施，强化公共文化设施监管

按照现代政府公共服务理论，公共文化设施的根本目的在于向社会公众普遍提供丰富优质的文化服务。也就是说，公共文化设施的管理和服务应具备两个特征：一是公益性，保证社会公众普遍参与。二是优质高效的服务，保证效益发挥的最大化。两者缺一不可。为此，一定要加强对公共文化设施的监管，制定公共文化设施服务规范，明确设施的公共性质，明确监管主体，明确服务规范。各类文化、教育、科技、体育和青少年、老年活动场所及相关设施要做到活动经常化、服务规范化，不得闲置或随意挪作他用，已经挤占、挪用的公益性文化设施要限期收回，同时要做到管理规范、资源共享、综合利用，提高其综合服务能力和使用效率。对电影院、剧院等文化设施，在确保其功能不变的前提下，可采取公办民营、联合经营、公开招标、委托经营等方式，最大限度地利用现有资源，更好地提供文化服务。要认真研究各类公共文化服务设施，特别是乡村文化站室的管理和运行机制，不断提高现有文化资源利用率。

五、公共文化生态体系

文化生态是一种历史过程的动态积淀，是为社会成员所共享的生存方式和区域现实人文状况的反映，它与特定区域的地理生态环境和历史文化传承有着密不可分的因缘关系。这种现实人文状况以隐性的系统而存在，带有明显的地域性特征，具有一定的动态性、过程性和导向性，并在很大程度上决定着该地域社会经济文化的发展模式和发展走向。推动公共文化的可持续发展，必须创造适应发展的文化生态环境。

1. 挖掘整理民族民间文化

民族民间文化是人类文化的重要组成部分，见证了人类在某一历史阶段的演进和发展。各民族文化在共同生活中相互融合，共同推进经济社会的发展，但随着市场经济和工业化、城市化的迅速发展，尤其是现代文明的侵入，一些民族民间文化，如甘肃独有三个少数民族裕固族、东乡族、保安族的民间文化就面临着失传的危机。位于河西地区的裕固族因独特的区位和复杂悠久的历史变迁，其文化涵盖了古代西部游牧民族和近代西部少数民族的兴衰发展史，被称为研究西部文化的“活化石”。尤其是裕固族语言，保留和遗存了大量的古突厥语，具有极其重要的研究价值。叙事长歌《黄黛琛》、《萨拉玛克》、《西至哈至》是裕固族的经典作品。“拜提”是东乡族民歌形式，这种以阿拉伯字母记述的东乡语叙事长歌反映了本民族的文化、历史、宗教渊源，然而这种历代口口相传的民歌正伴随着老艺人们的相继离世而渐成绝唱。还有东乡族早年兴盛的民间乐器“哔哔”，裕固族独特的“皮雕”艺术，或伴随人们生活状态的变化而被淡忘，或由于抢救不及时而濒临绝迹。

民族民间文化属于不可再生资源，一旦毁灭，会严重影响到文化生态的平衡。因此，要树立时不我待的责任意识，克服少数民族地区人口稀少、地处偏僻和经济欠发达等民间文化抢救和保护工作中面临的障碍，在民族地区开展对民族民间文化的普查、登记、收录工作，以科学严谨的态度摸清家底，了解布局，制定规划，实施重点保护工程；在民族地区建立民族文化生态保护区和民族文化艺术之乡，对优秀的民间艺术传承人给予资助，同时完善民间文化传承机制；成立专门基金会，由政府投入带动社会各界捐助，对急需抢救的民间文化项目给予关注和倾斜；把抢救保护和弘扬民族文化结合起来，经常性开展各民族文化艺术活动，特别注重将民族民间文化引入中小学课堂，使民族民间文化薪火相传，保护文化的多样性。

2. 保护传承民俗文化

传统民俗文化是历史长期发展的积淀，不同的地域都有其独特的民俗文化，无论是文化民俗、节日民俗，还是民间文学艺术，都是历史积淀与现代继承和发展的结合，但在全国各地，民俗文化逐渐陷入越来越少、逐渐变味的困境已是不争的事实，这是对文化生态的巨大威胁和破坏。面对这样的现状，各地要坚持保护与创新并重，建立民俗文化体系，以此推动公共文化服务与传统民俗文化传承的有机结合地向纵深推进。首先要重视保护优良传统民俗文化。举办民俗文化节是保护传统民俗的有效形式。从 2002 年开始，一年一度的端阳节来临之际举办的甘肃庆阳香包民俗文化节，以庆阳地区的传统民俗香包刺绣、剪纸、皮影、道情、民歌等“庆阳五绝”为基础，大力开发民间民俗文化产业，已在国内外产生了重大影响，带动了特色文化产业的快速发展，而且也使得以香包刺绣为代表的民间民俗文化得以传承。其次要不断创新传统民俗文化。各地不同的传统民俗文化都历经多年而得以传承，自有其独具特色的元素，但是一些地方的民俗和现代社会的结合产生了一些新的社会问题，这需要我们本着去粗取精、去伪存真的态度，吸取传统民俗文化中的精华、创新发展。各地要依托特色文化资源，明确构建公共文化服务体系的重点和方向，广泛吸取社会力量，从各地特殊的地理生态环境和历史文化传承出发，培育和发展“一县一品”、“一乡一品”和“一村一品”的特色文化。

3. 塑造文化景观与文化形象

文化景观是文化生态体系建设的组成部分，鲜活地展现着地域的文化特色。各地在构建公共文化服务体系时，要从当地的实际出发，在公共文化景观的建设上与历史传统和文化一脉相承，充分体现文化底蕴和文化特色。在兰州，号称“外滩”的滨河路就形象而鲜明地体现了兰州的特色黄河文化，无论是水车园，还是中山桥，抑或平沙落雁，无一不体现了兰州这座黄河唯一穿城而过的省会城市的文化特色，塑造了兰州历史悠久而又充满生机和活力的城市形象。在公共文化服务体系的构建中，要合理规划，在修缮、维护原有的文化景观和建设新的文化景观时，要结合历史和现实的各种因素，宏观决策，统一规划，让文化景观和文化底蕴相得益彰。

整体文化形象的定位和塑造，应该具有浓厚的文化氛围。在静态层面上，应该有形象鲜明、独特、经典的文化标志；在动态层面上，应该有更多声名远扬的文艺品牌，有高水平、高品位的艺术展演活动，有丰富多彩的群众广泛参与的大众性文化活动，有发达的文化产业、丰富的文化产品和繁荣规范的文化市场；在人的行为层面上，有普遍存在的高尚的社会公德氛围，有强烈的行为规范意识和自律能力，有崇尚真善美的审美取向和高远的价值取向。在整体文化形象的塑造中，重点是开发具有地域特色的文化品牌。在独有的历史文化资源和现代文化积淀的基础上，构建独具特色的文化长廊。

六、公共文化服务内容与形式创新

提高农民群众对公共文化服务满意度，就必须认真了解和掌握农民群众对文化需求的真实意愿，即当前农民群众最需要政府提供哪些方面的公共文化服务，需求量是多少。按需求层次的不同，农民群众对公共文化服务的需求可以分为初级文化需求、中级文化需求和高级文化需求三类。对农村公共文化服务需求进行分类，其目的在于增强农村公共文化服务的针对性和实效性，坚持因地制宜、分类指导的原则，创新公共文化服务内容与形式，更好地满足农民的文化需求。

公共文化服务的健康发展，需要树立正确的文化发展效益观，处理好以下关系：一是文化经济效益和社会效益的关系；二是普及与提高的关系，文化活动要注重提高质量、品位，树立品牌，也要满足公众的普遍需求；三是思想性与娱乐性的关系，各种文化活动要有内涵和主题，要体现价值取向；四是共性和个性的关系，要围绕地区特点，营造文化特征，构造特色文化。围绕单位主业，发挥主观能动性，开拓活动，增加主办、承办活动项目，适当减少非自主经营的、出租场地性质的、商业性质的经营活动，努力扩大文化服务的覆盖面和群众的整体参与。

充分发挥公共文化服务设施的优势和专业人才队伍的优势，调动基层政府部门、事业单位，推动群众文化活动的发展，包括宣传教育活动、文学艺术活动、多种形式的文化娱乐活动、搜集整理民族民间文化遗产和理论研究等活动，冲破群众文化网络小文化框框，形成大文化格局，集文化娱乐、教育、时政宣传、科学普及、体育健身等于一体，促进公共文化的繁荣，扩大公益性文化活动比例，保证群众免费参加文化活动的权利。调动社区、社团组织、国有和民营企业等社会其他力量办文化活动的积极性，大力发展社会文化、村镇文化、家庭文化、校园文化，适时组织举办社区文化艺术节、农民自办文化活动、广场文化活动、职工文艺表演、农民文化节、书画展等，引导人民群众参与健康向上的文化活动，使他们在满足精神需要的同时提高思想素质和科学文化水平。

各级文化部门要积极挖掘和用好社会文化资源，实现共建共享。发挥公共文化设施和基层文化单位的网点作用，充分发挥文化馆、图书馆、博物馆、文化站等基层文化阵地的优势，积极开展“文化进基层”、“文化下乡”、“文化辅导培训”等公共文化服务活动，建立流动文化车和文化小分队，开展流动图书馆、流动展览、流动演出、流动讲座、流动培训、流动电影等多种形式的文化服务，并使之经常化、制度化，全方位地为农村居民提供丰富健康的文化生活服务。建立公共文化信息服务体系，公共文化信息服务是促进市民享受、参与和创造文化的重要方式。继续努力加强文化信息资源共享工程建设，发挥市和县（市、区）两级图书馆信息资源中心的作用，进一步完善文化信息资源共享工程建设，推进基层公共图书馆自动化、网络化建设。运用现代信息技术手段，对优秀文化资源进行数字化加工、整合和共享，结合实际，探索建设网上图书馆、网上博物馆、网上剧场，为公众提供方便、快速的文化信息服务。开设文化网站，让村民们在网上进行交流和接受培训，让公众有更为先进的文化享受方式。

基层文化机构要创新机制，整合资源，盘活现有公益性文化资源存量，提高文化基础设施的利用率，实现资源的合理配置。通过整合文化资源，提高文化场馆的综合效益，以最小的投入给广大人民群众营造了更多更好的精神文化产品和服务。县（区）文化主管部门要以整合后的区文化馆、图书馆和博物馆以及社会演出团体为龙头，以镇街（村）文化站（室）、文化活动中心为依托，制定年度文化进农村工作计划，立足基层，深入开展以流动图书馆服务、流动博物馆、公益讲座服务、公益演出服务、公益电影服务及培训辅导服务为方向，开展内容丰富、形式生动、贴近村民的公益活动。

培育、开发有地方文化特色并贴近群众生活的文化活动，发动和调动本地文艺工作者的积极性和创造性，进一步发挥文艺表演队、合唱团、书画社、剧团等各类业余文艺团队作用，创作和提供具有艺术性、观赏性和富有时代意义的具有地方特色的文艺精品，努力在专业和群众文艺创作的质量和数量上取得突破，为农村文化活动提供充足的和高质量的节目资源。同时，方便群众享用“文化大餐”。要充分应用各种传播媒体如报刊、广播、电视、网络等发布本区主要文化活动信息，提高公共文化服务的知晓性、参与性和便利性。扶持和倡导健康向上、寓教于乐的文化产品和文化娱乐活动，鼓励开发有利于青少年健康成长和适合老年人等各类公众的文化活动项目。加强对未成年人服务的针对性，为他们推荐优秀歌曲、图书、影视作品的活动，为青少年提供优秀的精神产品，营造良好的公共文化环境。

七、公共文化传播交流的促进机制

基层文化主管部门要重视农村的文艺创作，认真制定农村文艺创作规划。要拓宽题材范围，注意弘扬民族民间优秀文化传统和地方特色，充分利用本地群众喜闻乐见的艺术形式，以适应农民观众的审美需求。

加大农村公共文化建设力度，提高农村文明程度，应重点从以下几方面着手：第一，推进广播电视“村村通”工程。重视完善和发挥现有无线转播台站的作用，利用无线、有线和卫星等多种技术手段，力争使农民群众收听收看到套数更多、质量更好的广播电视节目，完善农村广播电视公共服务覆盖体系。同时，应加大专项资金投入，积极发展农村电影放映，重点做好配送电影流动放映车和电影拷贝工作，丰富农村电影片源。加强农村中小学爱国主义教育影片和农村科教影片的放映。采取定点、流动、录像放映等多种形式，积极探索农村电影放映的新模式。第二，开展农村数字化文化信息服务。加快发展文化信息资源共享工程农村基层服务点，重点支持边远贫穷地区乡镇、村落基层服务点建设。文化信息资源共享工程要与农村文化设施建设统筹规划，综合利用，使县文化馆、图书馆和乡综合文化站、村文化活动室逐步具备提供数字化文化信息服务的能力。第三，推动服务“三农”的出版物出版发行，提供更多更好的农村题材文化产品。实施服务“三农”重点出版物出版工程，出版单位选题规划要向农村倾斜，重点支持和培育一批服务“三农”为主的出版单位，增加农民群众买得起、读得懂、用得上的通俗读物的品种和数量。发展农民书社等农民自助读书组织，为农民群众读书提供方便。继续实施送书下乡工程。以政府采购形式，每年集中招标采购一批适用于农村的图书，直接配送到国家扶贫开发工作重点县的乡村文化站（室），方便农民群众阅读。改进报刊订阅发行工作，缩短发送时间，使农民群众及时看到报刊。第四，重视基层业余文艺创作队伍建设。加强对业余文艺创作人才的辅导、培养、提高工作，扶持业余文艺作者创作出具有乡土气息和较高艺术质量的文艺作品。坚持群众文艺工作的导向，努力推出优秀作品和优秀人才。基层文艺的会演、评奖要面向群众，把“群众欢迎不欢迎、喜欢不喜欢”作为重要标准。对获奖的优秀作品要积极组织展演、展览、推广移植以及宣传评介活动，努力扩大获奖作品的社会影响。第五，开展多种形式的群众文化活动。农村文化活动要贴近群众生产生活实际，坚持业余自愿、形式多样、健康有益、便捷长效原则，丰富和活跃农民群众精神文化生活。充分利用农闲、节日和集市，组织花会、灯会、赛歌会、文艺演出、劳动技能比赛等活动。紧密结合农民脱贫致富的需求，倡导他们读书用书、学文化、学技能，普及先进实用的农业科技知识和卫生保健常识。以创建文明村镇、文明户等为载体，积极引导广大农民群众崇尚科学，破除迷信，移风易俗，抵制腐朽文化，提高思想道德水平和科学文化素质，形成文明健康的生活方式和社会风尚。

在大力推动此前相对滞后的农村文化服务发展的同时，要切实做好城市和农村文化建设的协调工作，加强城乡之间文化资源的共享和互补。将统筹城乡公共文化事业发展的理念贯穿于文化设施布局、文化经费投入、文化生活安排、文化产品生产等各个方面，创新统筹城乡的发展体制和投入机制，在政策和投入等方面向农村倾斜，加强城乡之间的各种资源的共享和互补，做好城市和农村的文化协调工作，实现城区文化设施大项目与农村基层文化设施小项目双管齐下的均衡发展。并鼓励其他社会力量的投资与扶助，从根本上改变政府重城市而轻农村，重管理轻服务的不合理状况。实行城市带动战略，建立城乡互动、互利双赢和共同发展的统筹机制，以城市辐射带动城镇和农村，逐步构建资源、设施、物品、队伍等城乡、公办民办事业单位之间的交流和合作新机制。

城市的文化基础雄厚，文化设施先进，文化现代化气氛浓厚，城市文化反哺农村可以实现城市与农村的双赢。城市文化反哺农村是社会文化发展的客观规律，也是城市文化进一步发展的前提。城市文化也只有在与农村文化的碰撞中，吸收农村文化浓厚的民族特色，才能引领时代潮流。为此，一是文化公共产品要向农村倾斜。建设先进的农村文化，造就高素质的新型农民，是新农村建设可持续发展的动力和基础。在新农村建设实施“以工促农、以城带乡”的战略中，政府有义务也有能力在农村公共事业中发挥更大的作用。二是加快实现城乡文化一体化进程。在新农村文化建设中，要把城市与农村作为一个有机整体统筹兼顾，协调发展，在促进城市文化发展的同时加快农村文化建设的步伐，将城市文化资源逐步引向乡村，把城市里图书馆、博物馆、电影院等强势文化资源向农村流动，实现城乡图书馆联网协作，促进城市图书馆的服务向乡村延伸，形成以城带乡、城乡文化资源一体化的文化事业协调发展的格局。三是建立对农村的文化援助机制。要动员社会各界力量支持农村文化建设，积极引导对农村文化事业的捐助，重点捐助文化站（室）、图书室等农村文化基础设施建设以及农村公益性文化实体和文化活动。动员城市单位和居民以各种方式捐赠电视机、收音机、计算机和农民群众需要的图书杂志、音像电子出版物等，可由捐助者直接交付农村，也可由民政部门、人民团体和有关民间组织负责组织发送。社会力量通过依法成立的非营利公益性组织或国家机关向农村文化事业的捐赠，纳入公益性捐赠范围，按税法的有关规定税前扣除。

参 考 文 献

奥斯本，盖布勒. 2006. 改革政府：企业家精神如何改革着公营部门［M］. 周敦仁等译. 上海：上海译文出版社

蔡立辉. 2002. 政府绩效评估的理念与方法分析［J］. 中国人民大学学报，(5)：93～100

曹爱军. 2009a. 公共文化服务：理论蕴涵与价值取向［J］. 湖北社会科学，(3)：40～42

曹爱军. 2009b. 新农村公共文化服务发展构想［J］. 四川行政学院学报，(3)：16～18

陈昌盛，蔡跃洲. 2007. 中国政府公共服务：体制变迁与地区综合评估（中国公共服务发展报告 2006）［R］. 北京：中国社会科学出版社

陈建一. 2007-02-02. 改革——公共文化服务体系建设的助推器［N］. 中国文化报

陈筠泉，李景源. 1999. 新世纪文化走向——论市场经济与文化、伦理建设［M］. 北京：社会科学文献出版社

陈民宪. 2004-10-21. 人人享受文化——宁波社区文化建设的理念与实践［N］. 中国文化报

陈鸣. 2006. 西方文化管理概论［M］. 太原：书海出版社，山西人民出版社

陈威. 2006. 公共文化服务体系研究［M］. 深圳：深圳报业集团出版社

陈振明. 2000. 评西方的“新公共管理”范式［J］. 中国社会科学，(6)：73～82

陈振明. 2003. 政府再造——西方“新公共管理运动”述评［M］. 北京：中国人民大学出版社

程国顺. 2000. 当代中国农村政治发展研究［M］. 天津：天津人民出版社

丹尼尔·贝尔. 2007. 资本主义文化矛盾［M］. 严蓓雯译. 南京：江苏人民出版社

邓朴，石正义. 2006. 公共服务市场化的主体多元性探析［J］. 四川大学学报（哲学社会科学版），(2)：58～62

丁言. 2006. 建构我国基层文化制度体系的理性分析［J］. 广东行政学院学报，(3)：82～86

樊纲. 1995. 论公共收支的新规范——我国乡镇“非规范收入”若干个案的研究与思考［J］. 经济研究，(6)：34～43

冯云廷. 2004. 城市公共服务体制：理论探索与实践［M］. 北京：中国财政经济出版社

弗雷德里克·杰姆逊. 2002. 全球化的文化［M］. 马丁译. 南京：南京大学出版社

傅才武，宋丹娜. 2004. 我国文化体制的缘起、演进和改革对策［J］. 江汉大学学报，(2)：83～89

哈贝马斯. 1999. 作为“意识形态”的技术与科学［M］. 李黎，郭官义译. 上海：学林出版社

侯彬. 2005. 社会转型期的政府能力研究［D］. 中共中央党校博士学位论文

侯玉兰. 2005. 新公共服务理论与建设服务型政府［J］. 国家行政学院学报，(4)：31～34

胡惠林. 2003. 文化政策学［M］. 上海：上海文艺出版社

胡惠林. 2006. 文化产业学——现代文化产业理论与政策［M］. 上海：上海文艺出版社

黄飚. 2003. 文化行政学［M］. 上海：上海文艺出版社

蒋建梅. 2008. 政府公共文化服务体系绩效评价研究［J］. 上海行政学院学报，(7)：60～65

蒋晓丽，石磊. 2006. 公益与市场：公共文化建设的路径选择［J］. 广州大学学报（社会科学版），(8)：65～69

克里斯托弗·胡德. 2004. 国家的艺术：文化、修辞与公共管理［M］. 彭勃，邵春霞译. 上海：上海人民出版社

孔凡河，蒋云根. 2006. 我国公共服务市场化的多维困境及其路径选择［J］. 学习与探索，(5)：73～76

李景鹏. 2005. 构建和谐社会的政治学探讨 [J]. 学习与探讨，(1)：13～17
李景源，陈威. 2007. 中国公共文化服务发展报告（2007）[R]. 北京：社会科学文献出版社
李军鹏. 2004. 公共服务型政府 [M]. 北京：北京大学出版社
李俊霞. 2004. 甘肃文化产业发展的重点领域 [J]. 甘肃社会科学，(6)：245～246
李少惠，曹爱军，王峥嵘. 2007. 行政变革中的公共文化服务及其路向 [J]. 中国行政管理，(4)：25～27
李少惠，王峥嵘. 2006. 论城市社区文化发展中的公共行政——基于新公共服务视角的探析 [J]. 经济体制改革，(5)：41～43
李世涛. 1999. 知识分子立场——民族主义与转型期中国的命运 [M]. 长春：时代文艺出版社
李书剑. 2006-08-21. 充分发挥农村文化社团的作用 [N]. 梅州日报
刘豪兴. 2004. 农村社会学 [M]. 北京：中国人民大学出版社
刘俊生. 2010. 公共文化服务组织体系及其变迁研究——从旧思维到新思维的转变 [J]. 中国行政管理，(1)：39～42
刘熙瑞，段龙飞. 2004. 服务型政府：本质及其理论基础 [J]. 国家行政学院学报 (5)：25～29
卢映川，万鹏飞等. 2007. 创新公共服务的组织与管理 [M]. 北京：人民出版社
吕方. 2007. 构建公共文化服务体系：当代中国发展的新基石 [J]. 学海，(6)：227～230
罗伯特·登哈特，珍妮特·登哈特. 2004. 新公共服务——服务，而不是掌舵 [M]. 丁煌译. 北京：中国人民大学出版社
罗伯特·基欧汉，约瑟夫·奈. 2002. 权力与相互依赖 [M]. 门洪华译. 北京：北京大学出版社
罗争玉. 2007. 文化事业的改革与发展 [M]. 北京：人民出版社
马克思·韦伯. 2002. 新教伦理与资本主义精神 [M]. 韩水法译. 西安：陕西师范大学出版社
牛维麟. 2007. 国际文化创意产业园区发展研究报告 [M]. 北京：中国人民大学出版社
彭国甫. 2004. 地方政府公共事业管理绩效评估研究 [M]. 长沙：湖南人民出版社
彭岚嘉. 2003. 甘肃文化资源的整合与开发 [J]. 西北师范大学学报（社会科学版），(6)：130～132
祁述裕. 2005. 中国和欧盟国家文化体制、文化政策比较分析 [J]. 中国社会主义研究，(2)：57～62
乔治·弗雷德里克森. 2003. 公共行政的精神 [M]. 张成福等译. 北京：中国人民大学出版社
萨米尔·阿明. 2003. 世界一体化的挑战 [M]. 任有谅等译. 北京：社会科学文献出版社
塞缪尔·P. 亨廷顿. 1998. 变化社会中的政治秩序 [M]. 王冠华等译. 上海：上海三联书店
塞缪尔·P. 亨廷顿. 1999. 文明的冲突与世界秩序的重建 [M]. 周琪等译. 北京：新华出版社
塞缪尔·P. 亨廷顿. 2002. 文化的重要作用——价值观如何影响人类进步 [M]. 程克雄等译. 北京：新华出版社
申维辰. 2005-12-30. 构建公共文化服务体系，发展社会主义先进文化 [N]. 光明日报
沈荣华. 2004. 论政府公共服务机制创新 [J]. 北京行政学院学报，(5)：12～16
世界银行. 1997. 1997 年世界发展报告——变革管理中的政府 [M]. 北京：中国财政经济出版社
宋立根，赵新峰. 2007. 地方政府公告服务部门改革研究 [M]. 北京：人民出版社
宋一. 2008. 社会主义和谐文化建设视野中的公共文化服务体系 [J]. 陕西理工学院学报（社会科学版），2008 (2)：21～24
孙萍. 2005. 文化管理学 [M]. 北京：中国人民大学出版社
孙潭镇，朱钢. 1993. 我国乡镇制度外财政分析 [J]. 经济研究，(9)：38～44
陶一桃. 2001. 经济文化论 [M]. 北京：冶金工业出版社
托比·米勒，乔治·尤迪斯. 2006. 文化政策 [M]. 蒋淑珍等译. 台北：巨流图书公司
万林艳. 2006. 公共文化及其在当代中国的发展 [J]. 中国人民大学学报，(1)：98～103

汪杰贵. 2006. 政府文化职能概念新论 [J]. 社会科学论坛，(1)：98～101
王沪宁. 1988. 行政生态学 [M]. 上海：复旦大学出版社
王鲁娜. 2005. 文化生产力是一种客观现实的物质力量 [J]. 学术论坛，(9)：47～49
王铭铭. 1997. 村落视野中的文化与权力 [M]. 北京：生活·读书·新知三联书店
王宁. 2002. 全球化与文化：西方与中国 [M]. 北京：北京大学出版社
王玮. 2001. 政府预算改革：我国构建公共财政框架的关键 [J]. 首都经济贸易大学学报，(5)：69～72
魏鹏举. 2005. 文化事业的财政资助研究 [J]. 当代财经，(7)：43～48
徐承英. 2007. 对社会主义新农村文化建设的思考 [J]. 探索与争鸣，(1)：40～43
徐浩. 2002. 农民经济的历史变迁：中英乡村社会区域发展比较 [M]. 北京：社会科学文献出版社
许士密. 2007. 文化生产力的价值理性与和谐社会的文化自觉 [J]. 求实，(2)：75～79
叶辛，蒯大申. 2007. 2006～2007 年：上海文化发展报告——构建公共文化服务体系 [M]. 北京：社会科学文献出版社
艺衡，任珺，杨立青. 2005. 文化权利：回溯与展望 [M]. 北京：社会科学文献出版社
于德运. 2003. 我国农民文化心态的变化与现阶段农村文化建设的价值取向 [J]. 社会科学战线，(3)：177～181
于小千，段安安，王京等. 2010. 公共服务绩效考核“海淀模式”实践与创新 [J]. 中国党政干部论坛，(1)：35～37
俞可平. 2000. 治理与善治 [M]. 北京：社会科学文献出版社
俞可平. 2008. 和谐社会与政府创新 [M]. 北京：社会科学文献出版社
俞楠. 2008.“文化认同”的政治建构：当代中国公共文化服务战略研究 [D]. 华东师范大学博士学位论文
约瑟夫·奈. 2005. 软力量——世界政坛成功之道 [M]. 吴晓辉译. 北京：东方出版社
张波. 2009. 政府公共文化服务职能创新研究 [D]. 吉林大学博士学位论文
张晓明，胡惠林，章建刚. 2004. 2004 年中国文化产业发展报告 [M]. 北京：社会科学文献出版社
钟晓敏. 2009-01-01. 公共财政与基本公共服务：浙江的实践与经验 [N]. 中华读书报
周浩然，李荣启. 2000. 文化国力论 [M]. 沈阳：辽宁人民出版社
周明海，吴兆雪. 2008. 基本公共服务均等化问题探讨 [J]. 学术界，(4)：135～144
朱文兴，白明. 2002. 西部大开发——农业·农村·农民 [M]. 北京：经济管理出版社
朱文镇，赵秋喜. 2004. 关于中国农村文化性贫困的若干思考 [J]. 农村经济，(1)：82～84

后　记

经济发展与文化进步是衡量一个社会文明程度的重要标志。文化权利是现代人的基本权利之一，保障人民基本的文化权利是对一个健康、文明社会的基本要求，也是一个国家、民族的文化形象和民族传统继承和弘扬之所必需。考察我国社会文化发展的态势，基层文化发展滞后是一个典型问题。推动全社会的公共文化建设重点在基层，难点在农村。本书对公共文化服务发展进行了多学科、多维度的综合研究，试图初步构建公共文化服务的理论体系，使其成为中国特色社会主义文化理论体系知识谱系的组成部分。

本书的写作由曹爱军、杨平两位同志合作完成。在初稿撰写中，曹爱军承担了序言、第一章、第二章、第三章、第四章、第六章、第八章和第十一章；杨平承担了第五章、第七章、第九章、第十章和第十二章。全书的思路形成、体系设计、内容修改和审定校对由两位同志共同完成。

在漫长的选题、结构设计和书稿写作过程中，我们深深地感触到学术探索的艰辛。而今书稿完成付梓之际，我们深感欣慰并充满期待，但学术理性也使我们清醒地意识到，书中点滴研究成果是在大量研读、参考并应用学者们已有研究成果的基础上完成的，并且不可避免地还有许多疏漏之处，恳请各位专家学者批评指正！最后，对本书写作过程中给予我们思想启发和无声援助的同仁表示诚挚的感谢！对科学出版社的各位编辑表示衷心感谢！

曹爱军　杨　平

2010年9月